ÉDOUARD DRUMONT

Mon Vieux Paris

OUVRAGE COURONNÉ PAR L'ACADÉMIE FRANÇAISE

Dessins de Gaston Coindre

PARIS. — Librairie Ernest FLAMMARION, 26, rue Racine. — PARIS.

MON
VIEUX PARIS

Il a été tiré de cet ouvrage :

20 exemplaires sur papier de Chine, numérotés de 1 à 20.

20 exemplaires sur papier du Japon, numérotés de 21 à 40.

20 exemplaires sur papier de Hollande, numérotés de 41 à 60.

ÉDOUARD DRUMONT

MON
VIEUX PARIS

OUVRAGE COURONNÉ PAR L'ACADÉMIE FRANÇAISE

100 DESSINS DE GASTON COINDRE

PARIS
ERNEST FLAMMARION, ÉDITEUR
26, RUE RACINE, PRÈS L'ODÉON

Tous droits réservés.

157, rue de l'Université.

AVANT-PROPOS

C'est une joie pour moi, je l'avoue, que de voir reparaître, commenté par un crayon passionnément épris de Paris, ce volume qui eut quelque succès, il y a déjà plus de douze années.

C'était mon premier livre, et j'y avais mis mon cœur de Parisien amoureux de sa ville, curieux de tous les spectacles de la cité aux multiples aspects, évoquant, en cheminant le long des jeunes boulevards, le souvenir des vieilles rues et la mémoire des ancêtres disparus.

a

Depuis, j'ai publié des livres qui ont eu un retentissement plus considérable dans le monde et qui sont d'un accent un peu différent; et les superficiels en concluront peut-être que j'ai changé..... Au fond, je ne crois pas que cela soit exact.

En me reportant vers l'époque où j'essayais de peindre ce mobile et captivant Paris, je fais mon examen de conscience : et je ne découvre absolument rien à me reprocher dans la phase militante qui a succédé à la phase artistique, contemplative et rêveuse. En écrivant, je n'ai jamais obéi à aucune ambition personnelle et, dans une œuvre qui, incontestablement, est, par moments, un peu passionnée et véhémente, je n'ai jamais été inspiré par aucune animosité privée.

On a attaqué, sans générosité et sans justice, nos traditions, notre foi, notre héritage de croyances et d'idées : tout ce qui constitue l'âme même de la Patrie; j'ai défendu, sans fausse douceur, ce qu'on attaquait sans mesure. La face rouge de soufflets, la tête pliant sous les outrages imprimés à cent mille exemplaires, plus d'un de nos insolents adversaires a trouvé, je le sais, qu'il était plus facile d'insulter de vieux prêtres, qui se contentent de prier et de bénir, que de répondre à un écrivain tel que moi qui, né de vraie souche française, n'a jamais eu sa langue dans la poche.

Dans la mesure de mes forces j'ai fait, en un mot, ce qu'ont fait nos sublimes paysans de Vendée. C'étaient de braves gens fort paisibles ; on n'avait jamais entendu parler d'eux : ils n'étaient pas bien exigeants, contents quand, le dimanche après Vêpres, ils pouvaient aller boire un pichet de vin et jouer aux boules sur la place du village. Les Jacobins ont eu, un beau jour, l'idée de venir démolir les clochers, et... dame ! les Vendéens ont tiré sur les envahisseurs : et ils en ont tué le plus qu'ils ont pu..... Cette résistance à l'oppression a rendu ces humbles immortels, et l'histoire ne parle d'eux qu'avec respect.

Aujourd'hui, on ne fait plus la guerre civile à coups de fusils : on la fait à coups de plume ; et il faut tâcher de se servir de cette plume avec toute l'énergie dont on est capable.

L'homme, cependant, n'est pas fait pour toujours haïr. Ceux qui ont trouvé la France Juive un peu violente, ne pourront adresser ce reproche à Mon vieux Paris. A défaut du texte, que j'abandonne à la critique, j'espère que le public prendra le même plaisir que moi à regarder ces dessins d'une variété si heureuse et d'un pittoresque si original, où se révèle un goût d'artiste et le sentiment d'un Paris inconnu du vulgaire, d'un Paris intime et charmant, qui ne se livre tout entier qu'à ceux qui l'aiment réellement.

E. D.

Soisy-sous-Étiolles, 31 août 1893.

Rue du 29 Juillet.

.... l'indéfini et l'indéfinissable.

MON VIEUX PARIS

PRÉFACE DE LA PREMIÈRE ÉDITION

Au moment où ce livre paraît l'Exposition n'est plus qu'une ruine où se hâtent pêle-mêle les démolisseurs. Kiosques japonais, Palais d'Orient, Alhambras moresques, Hôtel de ville des cités flamandes, manoirs anglais, chalets scandinaves, toutes ces figurations éloquentes ou singulières des civilisations lointaines, toutes ces manifestations de la vie d'autrefois, tous ces décors pittoresques qu'on admirait au soleil de mai ne sont plus que débris à travers lesquels pleure le vent glacé de janvier. On a emballé depuis longtemps la Pallas Athena qui, une branche d'olivier à ses pieds, semblait personnifier la société antique prêtant l'oreille au bruit des machines et regardant passer devant elle le vertigineux tourbillon du monde moderne.

Que deviendront les merveilles innombrables accumulées dans ces galeries? Que deviendront beaucoup de leurs possesseurs? Quelle sera la destinée de ces envoyés de tous les peuples que le hasard a amenés des extrémités les plus reculées pour les rapprocher les uns des autres et les mêler à la collectivité bruyante qui emplissait à l'heure de la fermeture l'avenue Rapp pleine de tumulte? Nul n'en sait rien. La vraie statue qu'il eût fallu placer au seuil de ce rendez-vous des nations eût été une *Isis voilée*.

Telles sont les réflexions qui vous venaient, en allant regarder une dernière fois au moment où on les mettait en caisse, et les Pauvres affreux qu'a peints Fildes, et les présents qu'ont offerts à l'Impératrice des Indes les rajahs fidèles, et les étoffes orientales où sont brodés des versets du Coran, et les *ikones* russes qui n'ont pas oublié qu'elles viennent de Byzance et qui veulent y retourner, et le portrait de lord Beaconsfield qu'a exposé l'Angeli et ce Wallenstein pensif qui s'arrête devant des fossoyeurs et qui fait songer à ce pourvoyeur de la mort qui est si souvent malade à Varzin...

L'avenir du monde est dans toutes ces caisses où chaque objet représente une passion, une foi, un fanatisme, une ambition, un désir de conquête. Quelques voitures aujourd'hui suffisent à les traîner.

Demain peut-être l'univers sera trop étroit pour contenir les maux que ces boîtes, plus funestes que celle de Pandore, verseront sur des gens qui auraient rêvé de finir leurs jours tranquilles dans le jardin aux feuillages sombres où le Japonais donne à manger à des poissons rouges ou rêve à la clarté discrète des lanternes.

Puis lassé de sonder ces problèmes et comme fatigué de cet agrandissement demesuré de la pensée, on s'éloigne de la contemplation de cet immense univers où s'agitent tant de points noirs et l'on revient vers ce Paris qui est aussi un monde à lui tout seul.

On s'aventure dans ces rues où s'est inspiré tour à tour le roman de Balzac, des Goncourt, de Daudet. Rues dormantes, rues trépidantes, rues calmantes, rues religieuses, rues laborieuses, rues paresseuses, rues fiévreuses, rues amoureuses, toutes vous rappellent une étape parcourue, toutes ont pour vous une allure bien distincte.

Parfois, au fond de quelque village perdu, vous fermez les yeux et vous entrevoyez ces rues telles qu'elles sont avec la foule spéciale qui les traverse incessamment, vous franchissez en imagination la porte des maisons, vous montez les escaliers et vous trouvez chacun à sa place.

Ici l'agitation règne toujours; là un apaisement immuable enveloppe les êtres et les choses. Voici le journal où chacun se presse, parle haut, écrit vite, et là-bas ces paisibles demeures de l'autre côté de l'eau où les années se succèdent monotones sans qu'on les entende s'enfuir. En ce café il vous souvient d'avoir ri de bon cœur, aux heures insouciantes de la jeunesse, alors que des mains maintenant glacées par la mort se renvoyaient de l'une à l'autre, comme un volant ailé sur une raquette d'or, quelque paradoxe sur l'Art. En ce couvent vous avez trouvé, en ces crises où le cœur brisé désespère, les paroles qui décident à vivre; et lorsque vous entendez tinter par-dessus les grands murs ces cloches qui rythment la vie monastique, vous songez aux hommes meilleurs et plus forts que vous qui ont tout quitté pour l'humble cellule où l'on prie pour ceux qui ne prient point.

Ainsi se dresse devant vous, à chaque pas que vous faites sur le pavé, ce Paris où chaque rue, chaque maison, chaque étage, a une signification pour vous. Est-il si différent de l'ancien Paris ce Paris moderne que vous aimez sans consentir à le subir entièrement? Cheminez quelque temps dans cette rue Saint-Antoine, houleuse, encombrée, murmurante, entrez dans ce qui fut la Culture-Sainte-Catherine et, non loin des anciennes Tournelles, à deux pas de l'hôtel des *Grands esbattements*, vous voilà chez Mme la marquise de Sévigné, dans cette *Carnavalette* qu'elle affectionnait tant. C'est dire que vous êtes loin de Paris en plein Paris et que la journée passera rapide au milieu des fantômes du Passé qui, de toutes parts, accourent pour converser avec vous.

En 1871, après la Commune et l'incendie, la Bibliothèque de la Ville comptait cinq volumes, et la bibliothèque de M. Jules Cousin, le bibliothécaire actuel, comptait quinze mille volumes, patiemment recueillis par quelqu'un, je vous le jure, qui connaît bien la bibliographie parisienne. La Bibliothèque enrichie

..... rues dormantes.....

d'abord par son bibliothécaire, puis par des acquisitions successives a pu présenter à nos visiteurs de l'Exposition un ensemble respectable de vingt-cinq mille volumes et de dix mille estampes. En revanche, dans la bibliothèque privée de l'aimable érudit qui s'est dépouillé pour permettre à tous de raconter son cher Paris, vous ne trouverez plus qu'un Musset...

C'est là, dans cette demeure doublement sacrée, qu'il faut suivre l'histoire de Paris qui vous invite du haut de tous ces rayons à s'occuper d'elle. Cette histoire, que de manières de la comprendre et que de façons de l'écrire! La liste de ceux qui se sont relayé dans cette tâche remplirait la moitié de ce volume, une étude spéciale sur tous les amoureux de la grande cité demanderait un ouvrage entier que nous entreprendrons peut-être quelque jour.

Saluons d'abord l'ancêtre vénérable, l'Hérodote bourgeois qui, sans discuter, recueillit toutes les fables, Gilles Corrozet, l'auteur des *Antiquités de Paris*, auquel, en descendants respectueux, nous consacrons un chapitre dans ce livre. De la boutique que Corrozet occupait au quatrième pilier de la grande salle du Palais, l'histoire de Paris entre dans le cloître des Bénédictins avec Dubreul, Félibien, Lobineau. Elle abjure là beaucoup des fables qui ont bercé son enfance, se dégage des fictions du commencement en passant par le creuset de la vraie science; elle fait vérifier ses titres chez ces travailleurs incomparables qui ont créé l'histoire de France en étudiant les chartes et les diplômes. Par contre, dans ces demeures fermées au monde, elle semble perdre un peu de sa couleur et de son accent.

C'est alors qu'apparaît l'essayiste, le dilettante, le badaud, le bourgeois curieux, celui qui sait voir et qui a l'habitude de regarder. Le règne des lourds *in-folio* est fini. Le *Tableau de Paris* de Mercier, représente plus fidèlement qu'aucune autre publication la nouvelle histoire de Paris, l'histoire sociale, l'histoire philosophique et pittoresque se préoccupant non plus seulement des pierres, mais des existences qui s'écoulent derrière ces pierres, s'intéressant à toutes les classes, compatissant à toutes les souffrances, fouillant tous les dessous, s'enquérant de toutes les excentricités.

Dans cette voie chacun tire de son côté, et plus nous avançons et plus les écrivains qui se sont donné pour mission de parler de Paris semblent se conformer à cette méthode de la division du travail. Seul l'admirable livre de Maxime Du Camp fait exception. Chacun choisit de préférence un coin, un aspect, une spécialité. L'un prend les boulevards ruisselants de lumière, l'autre les bouges où grouillent dans l'ombre des êtres sans nom; celui-ci dépeint le jour, celui-là essaye de raconter la vie nocturne de ce Paris qui ne s'endort jamais. Tandis que des lettrés comme Victor Fournel, Édouard Fournier, Louft, restituent la moindre habitation du Passé, d'autres s'occupent des spectacles du Présent. Il en est de certains sujets

.... les bouges....

comme des sujets anatomiques que cinq ou six médecins se disputent à la fois. Les excentriques de la rue, les phénomènes ont inspiré à deux écrivains, qui se ressemblent peu, à coup sûr, Charles Yriarte et Jules Vallès, la même curiosité, nous allions dire la même passion.

Les dernières années ont assisté encore à une transformation dans la façon de comprendre les études sur Paris. Sous prétexte de chercher la vie dans toute son acuité, on en était arrivé à une nervosité maladive ; on ne voyait plus Paris que dans certains milieux artificiels où observateurs et observés étouffaient faute d'air.

Ce que Roqueplan appelait la *Parisine* était une sorte d'essence exquise et meurtrière, un poison subtil qu'on enfermait dans le chaton d'une bague. Les patriciens singuliers que Fervacques nous montrait s'ébattant au sein d'un enfer joyeux en apparence, lugubre en réalité, éveillaient la même pensée d'épouvante et d'amertume. Il était presque admis que celui qui se consacrait à peindre ces tableaux était condamné à s'user vite dans ces efforts pour étreindre le fantôme corrupteur. Pareil à l'ouvrier qui respire la mort en exécutant ces glaces merveilleuses où toutes les élégances et toutes les grâces se reflètent, l'artiste se vouait à un trépas assuré en polissant ces miroirs où se réfléchissaient les mœurs du *high-life*.

Cette phase pourrait s'appeler la phase babylonienne. Les étrangers reproduisant les trois quarts du temps les seuls types qu'ils connussent, les types de l'*interlopisme* européen, traçaient de nous des portraits bizarres et affreux, et nous disaient la bouche en cœur : *Comme vous voilà !* Les compères, naïfs ou non, murmuraient : *Comme les voilà !* Et nous, bonnes gens, répétions pour ne chagriner personne : *Comme nous voilà !*

Il était convenu que Paris était Babylone. Pourquoi Babylone? Nul n'en savait rien au juste. On entrait dans les ateliers, on était assourdi du bruit honnête et joyeux que fait le travail. On frappait à la porte de l'artiste et on l'apercevait terminant pour le prochain Salon la composition ébauchée ou la statue commencée. L'écrivain peinait assis devant sa table où parfois venait le déranger la femme avec un encouragement amical, l'enfant avec quelque chanson. Les plus illustres, les anciens comme on dit au village, ceux qui auraient eu le droit de se reposer donnaient l'exemple. A cinq heures du matin, notre maître à tous, notre glorieux et bien-aimé Victor Hugo était debout et avant que le coq n'ait chanté, l'aigle avait déjà pris son vol.

N'importe! Nous n'en étions pas moins Babylone. Il n'était pas un bottier prussien qui, après nous avoir fait payer trop largement des chaussures trop étroites, ne mêlât sa voix à la clameur formidable qui servait comme d'accompagnement aux paroles de l'Apôtre. « Elle est tombée, elle est tombée la grande Babylone... Et les marchands de la terre pleureront et gémiront sur elle, parce que personne n'achètera plus leurs marchandises. Et la voix des joueurs de harpe et des musiciens, et la flûte des chanteurs et les trompettes ne retentiront plus en elle. Nul artisan ne se trouvera plus en son enceinte. »

Il est permis de supposer que cette conception a fini son temps et que les visiteurs de toutes les nations qui se sont rencontrés au Champ de Mars emportent de nous une idée bien différente.

..... l'écrivain peinait,.....

Tandis que notre Exposition attestait que quelques artisans se trouvaient encore dans l'enceinte de nos villes, quelques coups de feu inattendus tirés à Berlin, à Saint-Pétersbourg, à Madrid et à Naples démontraient que les passions étaient vives partout. « Le respect s'en va, » disait Royer-Collard en 1825, mais, depuis qu'il est parti de chez nous, il a fait joliment du chemin, et ce n'est pas chez nos voisins, je le crains bien, qu'il a été élire domicile.

Encore une fois ce côté fatal, terrible, exceptionnel, est déjà légèrement suranné. Sans doute une agglomération de deux millions d'hommes est féconde en surprises de plus d'un genre, bien des horreurs s'agitent dans les ténèbres souterraines au-dessous de la ville artistique et polie. Mais il y a loin de la constatation de cette évidence à faire de Paris où tout le monde travaille, où la moralité est bien supérieure à la moralité de Londres et de Berlin, un Paris baroque, effrayant, inventif dans ses débauches, qui serait le cloaque de l'univers.

A quoi bon, d'ailleurs, cette image factice d'une ville diabolique, mystérieuse, affolante, qui vous fascine avec des sourires de Lagide, ou vous magnétise avec des yeux d'idole monstrueuse chargés d'effluves qui tuent? Le Paris réel n'est-il pas plus étonnant encore? Il est l'indéfini et l'indéfinissable comme qui dirait un infini relatif. Il est précis par le détail, vague, brumeux, insaisissable dans son étendue démesurée. Sa hauteur se perd dans les nues, sa profondeur s'enfonce dans les abîmes, sa largeur va plus loin que tout horizon. De lui tout est vrai, et de lui tout est faux : tout est vrai parce qu'il n'est pas un trait magnifique ou odieux qui n'appartienne à sa kaléiodoskopique physionomie; tout est faux, car toute esquisse que l'on en trace, toute carte qu'on en dessine, tout livre qu'on en écrit, le limite à quelque particularité. Son immensité dépasse toutes les toiles, sa variété défie tous les pinceaux.

Ce qu'Ésope disait de la langue s'applique à Paris. Il est bon, il est mauvais. C'est un ascète, c'est un cynique, il se roule dans les délices comme Sardanapale et il est sobre comme un Spartiate; il est croyant, il est athée ; il est Héraclite ou Démocrite ; spirituel ou stupide.

Écrire un livre, même exact, sur Paris, c'est remplir un verre d'eau de la mer et vouloir par cet échantillon donner une idée de l'Océan. Que peut-on faire? Se promener dans Paris, se promener dans ses rues ou dans ses souvenirs, et c'est précisément ce que nous avons voulu faire.

Si vous le préférez, au portrait de la ville troublante dont nous parlions tout à l'heure, il nous a plu de substituer un portrait d'aïeule qui sait bien des choses et qui a vu les plus grands parmi les hommes s'efforcer de conquérir pour une minute sa difficile attention. Tout en badinant jadis à son heure, elle a rempli le monde du bruit d'événements formidables; elle aime à revenir maintenant dans toutes ces vieilles maisons où grandissent des fils et des petits-fils qui seront dignes d'elle : c'est là qu'elle révèle à l'écrivain ou à l'artiste qui l'interroge quelques fragments de cette histoire qui est la plus retentissante du genre humain et qui a été écrite par nos pères.

Grâce à notre naïveté, l'étranger effectivement a fait souvent la mode dans nos murs, quelquefois même il a fait la loi, nos pères ont seuls fait l'histoire. Commencée avec la petite Lutèce perdue dans les roseaux, cette histoire a été tant bien que mal jusqu'au Champ de Mars de 1878. Il nous semble opportun de nous rappeler ces traditions et de mettre en tête de ce livre où nous avons essayé de ressusciter quelques pages de l'existence d'autrefois et d'évoquer quelques personnages du Passé, ce titre à la fois respectueux et familier, ce titre qui constate une durée glorieuse et un âge vénérable et qui affirme aussi une affection juvénile et vivante : MON VIEUX PARIS.

Novembre 1879.

MON
VIEUX PARIS

LES

Expositions universelles

D'AUTREFOIS

---

i

Ce titre n'est point un paradoxe. Il y eut des expositions universelles autrefois à Paris, si l'on entend par ce mot exposition un endroit désigné à l'avance où les nations plus ou moins civilisées se donnent rendez-vous pour apporter les spécimens de leur industrie, les produits les plus intéressants de leur fabrication. Les Halles à partir du treizième siècle, la foire Saint-Germain à partir du quinzième, sont, non point des foires dans le sens qu'on prête à ce terme, mais des lieux de trafics considérables pour les négociants et de comparaisons utiles pour les artisans, où l'on essaye déjà le système de classement méthodique adopté au Champ de Mars.

Une visite aux vieilles Halles, d'ailleurs, est l'indispensable complément d'un livre sur l'ancien Paris. Ce coin de la capitale présente le singulier caractère d'être maintenant le quartier où l'on retrouve le moins de traces du Passé et d'avoir été peut-être le quartier où le Passé a le plus vécu.

Les anciennes Halles.

Rien n'est plus moderne d'aspect effectivement que les Halles. Ces constructions en fer, ces aménagements admirables qui permettent à des transactions colossales de s'opérer sans trouble en quelques heures, l'eau, le gaz, l'air circulant à profusion, tout contribue à faire des Halles centrales une des merveilles du Paris nouveau; pas un débris de monument, pas une pierre n'y vient rappeler la physionomie des Halles d'autrefois.

Les Halles furent cependant un des centres les plus importants de la vie populaire de jadis. Si le Louvre, le Palais de justice, Notre-Dame représentent le Paris féodal par ses côtés supérieurs et personnifient en quelque sorte les pouvoirs qui dirigeaient la société d'alors, c'est aux Halles qu'il faudrait aller si l'on voulait évoquer pour une minute l'antique cité dans ses manifestations extérieures, dans son existence de chaque jour, dans ses enthousiasmes, dans ses colères, dans ses plaisirs mêmes.

En cet espace étroit qui s'appela d'abord le *Marché des Champeaux*, la multitude attirée par les besoins journaliers ou par l'annonce de quelque déballage exceptionnel trouvait, de chaque côté qu'elle se tournât, un spectacle pour alimenter sa curiosité. A quelques pas de Saint-Eustache c'était le Pilori avec son toit en éteignoir, qu'a décrit M. Maxime Du Camp. Sur la plate-forme une roue horizontale percée de trous était portée sur un moyeux à pivot. Dans les trous on faisait entrer la tête et les mains du patient, on mettait la roue en mouvement et le malheureux était ainsi montré, circulairement et méthodiquement, aux regards de la foule. A côté était le gibet. Dans certains cas, les Halles remplaçaient la Grève; c'est là qu'on dressa l'échafaud, recouvert de velours, sur lequel Jacques d'Armagnac eut la tête tranchée. On l'avait emmené de la Bastille sur son cheval de bataille caparaçonné de noir et l'on avait disposé en chapelle la halle au poisson purifiée par le genièvre de toute odeur désagréable, afin qu'il y fît ses dernières oraisons.

Vers la rue de la Ferronnerie, le cimetière des Innocents, avec ses galeries voûtées en forme de cloître, était, en dépit des pensées sombres qu'il aurait dû inspirer, la promenade la plus fréquentée, la plus bruyante et la plus joyeuse de Paris.

Mais ces attractions multiples : représentation, le dimanche, de quelque Mystère devant Saint-Eustache par les confrères de la Passion, lecture de quelque édit royal par un hérault précédé de trompettes, exécutions, visites aux recluses dans leurs logettes, expositions de criminels n'étaient qu'une des formes extérieures de la vie active et turbulente des Halles. C'est au commerce que les Halles devaient l'animation qui y régnait tous les jours. Comment ce commerce était-il organisé ? quel emplacement spécial était assigné aux diverses industries? Ces questions, confuses jusqu'ici, viennent d'être résolues par un très intéressant et très savant mémoire publié par M. Léon Biollay, dans le Recueil de la Société de l'histoire de Paris, sous ce titre : *Les anciennes Halles de Paris.*

M. Léon Biollay a laissé en dehors tous les éléments pittoresques et descriptifs que comporte un si vaste sujet; il a voulu seulement, à l'aide de recherches poursuivies avec une sagacité sûre et une persévérance éclairée, indiquer, d'une façon précise, la situation de chaque corps d'état dans les Halles d'autrefois, restituer, pour mieux dire, la topographie exacte de l'ancien marché parisien depuis sa fondation au XII° siècle. C'est au XII° siècle, en effet, que les Halles des Champeaux commencèrent à exister. On étouffait déjà dans cette île de la Cité où les Parisiens se serrèrent pendant si longtemps les uns sur les autres pour se défendre contre l'ennemi. Le marché Palu était devenu insuffisant. Le marché des Champeaux fut installé sur un terrain situé alors en dehors de la ville et couvert de cultures, en pleins champs, en un mot, *Campelli*, de là le nom de Champeaux.

Le marché des Champeaux fut enfermé bientôt dans l'enceinte de Philippe-Auguste; le roi le fit entourer de murs, y construisit des abris et racheta à la Maladrerie de Saint-Lazare la foire établie en 1110. Les Halles devinrent ainsi le marché banal du Roi. Les marchands et les artisans de la ville durent fermer leur boutique deux jours par semaine, et ces jours-là venir commercer aux Halles. On comprend le but tout fiscal de cette mesure qui permettait de percevoir facilement les droits sur les marchandises et sur les ventes. Quelques corporations, pour se soustraire à cette obligation, se rachetèrent par une taxe fixe; c'est ainsi que les selliers et les lormiers, moyennant le payement d'une somme de quarante sous parisis par an, étaient « quittes d'aller en foires et marchés. » Les chapeliers de coton pouvaient vendre leur marchandise, aux

jours de marché, dans leurs maisons, et ils n'étaient pas tenus non plus d'aller au *marché le roy*.

Il ne faut pas s'y tromper, nous l'avons dit, les Halles n'étaient point comme maintenant le point central où se réunissent les immenses approvisionnements nécessaires à l'appétit de ce Gargantua qu'on nomme Paris. Gargantua était jeune alors et ses dents formidables n'avaient pas la longueur qu'elles ont aujourd'hui. Ces entrepôts privilégiés où la vente des vivres n'était qu'accessoire ressemblaient plutôt à un bazar où s'accumulaient, à côté des marchandises usuelles de toute nature, les étoffes, les joyaux, les merveilles de l'industrie du temps. En 1323, Jean de Landun, dans ses *Louanges de Paris*, parle avec admiration des belles choses qu'il a vu étaler aux Halles, il se tait sur les marchés exclusivement destinés à l'alimentation. A part les grains et les poissons de mer, on pouvait s'approvisionner partout aussi bien qu'aux Halles. On trouvait le poisson d'eau douce à la porte Baudoyer et au Petit-Pont, le beurre et les œufs au cimetière Saint-Jean et à la rue Neuve-Notre-Dame, la viande de boucherie, la volaille et le gibier à la Porte de Paris.

Les denrées, encore une fois, n'étaient pas exclues des Halles, mais le commerce dont elles étaient l'objet n'avait qu'une importance minime à côté des affaires auxquelles donnaient lieu les industries de luxe et d'usage vulgaire. Comment ces états si différents se partageaient-ils les places? Il faut, pour nous rendre compte de cette organisation, passer en revue les corporations du Moyen Age, presque toutes représentées aux Champeaux.

Tout d'abord, voici le marché au poisson de mer; il est installé près de la rue de la Fromagerie et il occupe deux halles, l'une la halle de la Marée, l'autre la halle de la Harangerie. La Lingerie, elle, se tenait dans une halle longue et étroite qui n'avait que deux rangées d'étaux. Deux bâtiments qui s'étendaient de la rue de la Lingerie à la rue de la Tonnellerie étaient réservés à la corporation des Drapiers ; l'un était destiné à la halle au drap au détail et à la halle aux toiles ; l'autre contenait la halle des tisserands de Paris, la halle des drapiers de Beauvais, et plus tard la bonneterie de Beauvais. Dans la halle aux draps au détail, les places se mesuraient à l'aune. Trois fois par an, à la Saint-Jean, à la Saint-Lazare et à la Noël, les Drapiers tiraient au sort le droit de choisir leur place. Cette opération s'appelait le *giet des drapiers*, le *giet des aunes*, et la date à laquelle elle avait lieu servait de règle pour certaines conventions.

Les Merciers qui, au Moyen Age, formaient une des plus puissantes corporations de Paris, devaient avoir leur place aux Champeaux. Le compte de 1320 attribue quatre halles aux Merciers ; les halles des Basses-Merceries louées 150 livres parisis, la halle aux Merciers sur les *sueurs*, c'est-à-dire basaniers ou fabricants de chaussures, ou encore *caveloniers de petits solers* louée 79 livres ; les étaux aux merciers « sur la ganterie », loués 104 livres ; enfin les étaux « assis en la ganterie sous la mercerie des

Champeaux », dont le revenu n'était que de 8 livres 1 sol 8 deniers. Les *Cordouaniers*, qui seuls avaient le droit de faire le commerce du cordouan ou cuir de Cordoue, constituaient au XIIIe siècle une corporation distincte de celle des basaniers ; une halle spéciale leur avait été assignée près de la Place aux Chaps.

Non loin de là se trouvait la halle des Chaudronniers, dont Sauval nous a indiqué l'emplacement. « Elle était, nous dit-il, vers la Halle du Cordouan, adossée contre la Ferronerie, près la Halle de Beauvais et la Lingerie. »

Les Fripiers, qui se déplacèrent à plusieurs reprises, étaient primitivement à quelque distance de la ganterie. La halle au blé, qui était le plus important marché de grains de Paris, puisqu'il nécessitait vingt-quatre mesureurs en 1350, occupait l'extrémité des Halles, au nord. Différentes halles, dont la situation positive est difficile à déterminer, recevaient les marchands forains. On comprend, d'ailleurs, quels changements s'accomplirent successivement dans les attributions premières. Ce qu'il nous importait de préciser, c'est le caractère particulier qu'eurent les Halles au moins jusqu'au XVIe siècle ; elles furent non point un marché exclusivement destiné aux approvisionnements, mais un bazar, une foire royale privilégiée, une exposition

La foire Saint-Ovide (place Vendôme).

en ce sens qu'à certains jours on était sûr de trouver là les objets venus des contrées les plus lointaines.

II

La Foire Saint-Germain.

La Foire Saint-Germain qui, avec la Foire Saint-Laurent et la Foire Saint-Ovide, joua un si grand rôle dans l'existence de nos pères, fut après les Halles le premier embryon de nos Expositions universelles (1).

(1) La foire Saint-Germain, on le sait, se tenait à la place où est maintenant le marché Saint-Germain.

A cette place s'était élevé jadis, au milieu des vignes, un palais habité par Philippe le Bon et par Charles le Mauvais.

Dès 1186, les religieux de l'abbaye de Saint-Germain, auxquels le terrain avait été cédé, avaient fait construire cent quarante loges, qu'on remplaça en 1511 par une construction couverte très hardie que tous les contemporains s'accordent à citer comme une merveille. C'était un vaste bâtiment divisé en deux halles qui ne constituaient qu'une seule et même enceinte. Ces halles avaient cent trente pas de longueur sur cent de largeur. Les loges qui bordaient les rues se composaient d'une boutique au rez-de-chaussée et d'une chambre au-dessus.

Les bâtiments, détruits par un incendie en 1762, furent rebâtis la même année.

La foire Saint-Laurent se tenait, comme la foire Saint-Germain, sur un territoire religieux. L'autorisation avait été accordée par Louis le Gros aux religieux de Saint-Lazare. L'aspect de la foire au siècle dernier était à peu près le même que l'aspect de la foire

Nous sommes un peu portés à ne regarder exclusivement de cette foire que l'aspect superficiel, folâtre, pittoresque. Ce côté, à coup sûr, est du plus haut intérêt pour étudier la physionomie de l'an-

Saint-Germain, sauf que l'une était couverte et que l'autre ne l'était plus depuis le commencement du XVIIIe siècle, où l'on avait trouvé plus gai de la diviser par des allées plantées de marronniers. On y rencontrait des bateleurs, des jeux divers, des salles de bal et la même foule bigarrée et diverse, réunie par le désir de s'amuser. Dès 1664, le gazetier Loret avait tracé de cette foire un tableau qui fut ressemblant jusqu'à la fin.

> Quatre assez spacieuses halles
> Où les marchandes, les marchands,
> Tant de la ville que des champs,
> Contre le soleil et l'orage,
> Avaient le couvert et l'ombrage.
> . . . .
> Outre les animaux sauvages,
> Outre cent et cent batelages,
> Les fagotins et les guenons,
> Les mignonnes et les mignons,
> On voit un certain habile homme,
> Je ne sais comment il se nomme,
> Dont le travail industrieux
> Fait voir à tous les curieux,
> Non pas la figure d'Hérodes,
> Mais le grand colosse de Rhodes,
> Qu'à faire on a bien du temps mis ;
> Les hauts murs de Sémiramis,
> Où cette reine fait la ronde :
> Bref, les sept merveilles du monde,
> Dont, très bien, les yeux sont surpris.
> Le tout se voit à juste prix.

Le *Voyageur fidèle* ou « le guide des étrangers dans la ville de Paris, qui enseigne tout ce qu'il y a de plus curieux à voir et dont le prix est de quarante-cinq sols », nous donne également une description enthousiaste de la foire Saint-Laurent.

« C'était au commencement du mois d'août, que les jours sont

cien Paris. On aime à se figurer cette éblouissante cohue où les grands seigneurs, les grandes dames, les bourgeoises, les courtisanes, les gens du peuple se coudoyaient, se pressaient, se heurtaient attirés

fort longs et que la foire Saint-Laurent est ouverte; nous n'y avions pas encore été; c'est ce qui nous détermina d'en faire la partie. Nous prîmes le boulevard pour y aller et passâmes sous la porte Saint-Martin.

« Cette foire est fort ancienne, puisqu'elle doit son établissement à Philippe-Auguste, qui en gratifia les religieux de Saint-Lazare. C'est aujourd'hui les Pères de la Mission qui en jouissent.

« Ces Pères ont fait beaucoup de dépenses pour la construction des loges qu'on y voit distribuées par rues ornées de marrons d'Inde plantés en allées. Ces loges sont autant de boutiques occupées par des marchands qui vendent diverses sortes de marchandises. Les caffés y sont magnifiques, tant par les illuminations qui les éclairent que par la propreté des meubles dont ils sont ornés.

« Rien ne manque à cette place pour y goûter le plaisir qu'on souhaite; spectacles agréables, bons cabarets, liqueurs excellentes, riches ameublements et belles femmes; tout cela y attire une grande affluence de peuple de tout état. »

La foire Saint-Laurent mourut de consomption à la fin du XVIII° siècle, ruinée par le voisinage du boulevard qui lui soutirait tous ses clients. Voyez pour l'histoire de cette foire le charmant et très intéressant volume publié l'année dernière par M. Arthur Heulhard.

La gare du chemin de fer de l'Est ne donne guère l'idée de l'ancienne foire Saint-Laurent dont elle occupe la place; la foire Saint-Ovide étonnerait davantage sur la place Vendôme si les échoppes et les baraques d'autrefois reparaissaient tout à coup dans ce cadre d'hôtels superbes et de maisons magnifiques.

En 1771, la foire Saint-Ovide fut transportée place Louis XV, où elle ne retrouva pas la vogue qu'elle avait place Vendôme, tant la place Louis XV, ce lieu si passager aujourd'hui, était en ce temps-là éloigné du mouvement parisien.

2

par les curiosités de toutes sortes. Il semble revoir ces magasins innombrables, ces cafés éclatants, ce monde de danseurs de corde, de faiseurs de tours sollicitant de toutes parts l'attention de la foule qui se donnait rendez-vous en cette kermesse joyeuse. On suit avec intérêt les luttes perpétuelles que ces théâtres forains, qui portèrent des noms célèbres depuis : théâtre des Variétés, de l'Ambigu-Comique, théâtre des Grands-Danseurs et des Associés, eurent à soutenir contre leurs puissants rivaux, la Comédie-Française et l'Académie de musique. L'une leur interdisait de parler, l'autre leur défendait de chanter. Et c'était, pour éluder des prohibitions formelles, les artifices les plus ingénieux et les subterfuges les plus amusants qui rappellent un peu les biais imaginés naguère par les cafés-concerts. Tantôt un acteur, seul en scène, dialoguait avec un acteur resté dans la coulisse, tantôt on mettait bien deux acteurs en scène, mais un seul ouvrait la bouche, l'autre se contentait de s'exprimer par gestes. Une autre fois, des écriteaux qu'on montrait au public expliquaient ce qu'on ne pouvait dire et faisaient comprendre aux spectateurs l'enchaînement de l'intrigue et les péripéties de la pièce.

Évidemment ces éléments contribuèrent puissamment à la vogue qu'eut la foire Saint-Germain pendant de longues années, mais ils ne constituaient que l'accessoire, le décor, l'attrait du plaisir se greffant sur une institution essentiellement sérieuse.

Entourée de murailles, divisée d'après un ordre méthodique, minutieusement surveillée, la foire Saint-Germain fut une véritable exposition, le lieu unique où l'on était sûr de trouver les derniers perfectionnements, apportés par chaque corps d'état dans son industrie spéciale, le rendez-vous annuel où les pays étrangers envoyaient ce qu'ils avaient de plus parfait et de plus recherché. Une ancienne gravure populaire, d'une extrême rareté mais reproduite en réduction dans le volume des publications de la Ville consacré au faubourg Saint-Germain, nous montre, sous sa physionomie sérieuse, cette foire que nous sommes habitués à considérer surtout au point de vue fantaisiste et mondain. C'est une page de l'histoire du travail qui vient s'ajouter à une chronique galante.

Cette distribution intérieure, en effet, est le pendant ou plutôt le modèle de la division par groupes, adoptée par la commission de l'Exposition de 1878. Elle place, en quelque sorte sous nos yeux, un résumé de l'industrie d'autrefois et surtout elle nous en indique bien les classifications diverses. L'estampe, sans date, est de la première moitié du

XVIIᵉ siècle. Voici l'ordre dans lequel se présentent les pavillons en remontant successivement chaque galerie de gauche à droite :

1ʳᵉ *Galerie.*

Pavillon 1. Chapeliers. — Parcheminiers. — Chiens de Bologne (1). — Papetiers. — Cartonniers.
Pavillon 2. Perruquiers. — Chauderoniers. — Mᵈˢ de Calottes. — Mᵈˢ de Marroquins.
Pavillon 3. Corroyeurs et Curatiers. — Coffretiers. — Boettiers. — Instruments de Musique.
Pavillon 4. Fourbisseurs. — Arquebusiers. — Serruriers. — Armuriers.
Pavillon 5. Graveurs en cachet. — Lanterniers. — Esperonniers. — Mᵈˢ de St-Claude.

2ᵉ *Galerie.*

Pavillon 1. Hebenistes et Affiquets. — Marchandise de la Chine. — Mᵈˢ de Miroirs et de Lunettes. — Mᵈˢ Gantiers et Parfumeurs.
Pavillon 2. Mᵈˢ de Dentelles de filet. — Fustainiers. — Lingers. — Toiliers.
Pavillon 3. Mᵈˢ d'Angleterre. — Mᵈˢ de Flandre. — Mᵈˢ d'Hollande. — Mᵈˢ d'Allemagne.
Pavillon 4. Mᵈˢ de bas de laine. — Plumassiers. — Espingliers. — Drapiers.
Pavillon 5. Chirurgiens. — Barbiers. — Cloutiers. — Fondeurs.

(1) Les chiens de Bologne étaient alors les chiens à la mode, les chiens que les petites maîtresses gâtaient à l'envi. Ils avaient dans le monde l'importance qu'ont eue tour à tour, selon les caprices changeants, les King-Charles, les carlins et les havanais.

3e Galerie.

Pavillon 1. M^{ds} Potiers et vaisselle d'estain. — Chandeliers. — M^{ds} Ciergiers et Vanneticrs. — Ferratiers.
Pavillon 2. Change pour le Roy. — Horlogeurs. — Joailliers. — Orphevrie.
Pavillon 3. M^{ds} de dentelles d'or et d'argent. — M^{ds} de Rubans. — M^{ds} Merciers. — M^{ds} de soye.
Pavillons 4. Tableaux à la détrempe. — M^{ds} de tailles douces. — Tableaux à l'huile. — M^{ds} Libraires.
Pavillon 5. — Passementiers. — Bimbelotiers. — Botonniers. — Indiennes.

4e Galerie.

Pavillon 1. M^{ds} de Laine et de Couvertes. — Tapissiers. Chausseticrs. — Brodeurs et Gaigniers.
Pavillon 2. Vin d'Espagne. — Oranges de Portugal. — Double bière. — Fruitiers, Rossolio.
Pavillon 3. Marionnettes. — Voltigeurs. — Orvietan. — Blanqueurs.
Pavillon 4. Gasteaux, Pain d'Episses. — Saucissiers jambonniers. — Espiciers. — Confituriers.
Pavillon 5. Sculpteurs. — Menuisiers. — Charpentiers. — Tourneurs.

5e Galerie. — *Pourtour.*

A gauche : Oyseliers, Fayanciers, Oyseliers.
A droite : Lingiers.

Petits bâtiments, à gauche, en dehors de l'enceinte.
Conciergerie.

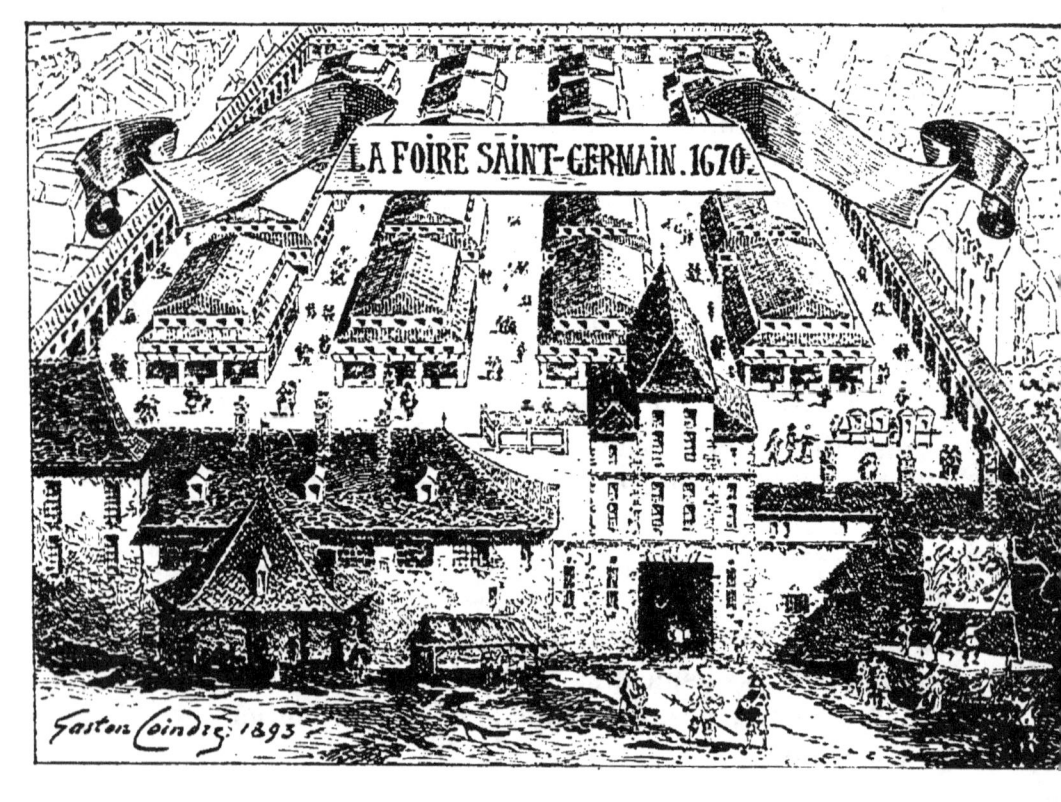

Bien certainement il y a loin, de cette foire, aux prodiges que le génie humain, surexcité par l'émulation, offrait aux visiteurs du Champ de Mars en 1878, aux prodiges qu'on a pu contempler en 1867. Mais les contemporains, en voyant tant de belles choses apportées de si loin et rassemblées sous les regards de la foule, n'en avaient pas moins quelque droit d'imiter l'auteur de cette gravure, et d'appeler la foire Saint-Germain « *un raccourci des délices et des merveilles du monde...* »

Cette foire, où se rencontraient des marchands d'Italie, d'Allemagne, d'Angleterre, où l'on pouvait admirer les productions de cette Chine, qui passait alors pour une contrée fabuleuse, était réellement une exposition universelle, un centre de négociations commerciales et de marchés importants. Brioché et ses Marionnettes, Audinot et son spectacle d'enfants, Misler et ses parades, le théâtre de la foire tout entier avec ses chefs-d'œuvre de verve burlesque, l'arménien Pascal et ses garçons porteurs de café, toutes les attractions, en un mot, qui vinrent successivement se disputer la vogue, ne représentèrent jamais, dans cette foire, qu'un élément très populaire, sans doute, mais très accessoire. Ils furent, avec plus d'originalité et d'esprit, ce qu'étaient, autour de l'Exposition de 1867, ces établissements de tout genre, buffets, cafés-concerts, théâtres qui attiraient les oisifs sans empêcher les travailleurs de poursuivre tranquillement leur œuvre. *Nihil novi sube sole*, c'est toujours à cela qu'il faut en revenir, même quand, à propos de la grande exhibition du Champ de Mars, on s'efforce de se figurer, par la pensée, ce que devait être une *Exposition universelle* au XVIIe siècle...

III

Les Expositions au Champ de Mars.

Le 22 septembre 1798, c'est-à-dire il y a quatre-vingts ans, le Champ de Mars présentait un magnifique aspect, au point de vue pittoresque ; il donnait au point de vue philosophique et social, un exemple qui a porté depuis des fruits merveilleux. Dans cet immense espace, qu'a rempli toute cette année la foule des visiteurs de tous les pays, une exposition de l'industrie avait lieu pour la première fois, sous ce nom du moins, à l'occasion de l'anniversaire de la fondation de la République. Des récompenses étaient décernées, des encouragements étaient adressés aux manufacturiers et aux industriels.

L'observateur et l'artiste qui, avec les documents et les gravures du temps sous les yeux, évoquent pour un instant devant eux le souvenir de ces fêtes lointaines, ne peuvent se défendre de partager, jusqu'à un certain point, l'enthousiasme des assistants. Sous toute cette friperie un peu carnavalesque, sous toutes ces draperies théâtrales des fêtes républicaines, il y avait une jeunesse et une sincérité d'impression très réelles. Ces mots pompeux, ces formules retentissantes et emphatiques, dégonflées maintenant et usées comme des aérostats qui ont servi à cinquante solennités, possédaient alors toute leur magie.

On ne riait point quand les Directeurs apparaissaient en leurs costumes d'une si bizarre splendeur, accompagnés de l'école des trompettes, des hérauts, des régulateurs et appariteurs des fêtes, de tout ce monde éblouissant et baroque que Chataignier a dessiné tant de fois en grande tenue d'audience ou de réception d'apparat. On ne riait pas davantage quand des chars de forme antique, ornés de drapeaux et des emblèmes de la souveraineté de la nation, promenaient à travers l'arène des groupes de citoyens qui figuraient le Peuple français et portaient des couronnes de chêne et de laurier. La Victoire enlevait à toute cette mise en scène tout caractère ridicule, et quand les chœurs de vieillards et de jeunes filles, chantant les hymnes de Chénier, s'arrêtaient une minute à certains passages, pour saluer les grenadiers immobiles sous les armes, c'étaient les vainqueurs de l'Europe, après tout, qu'ils remerciaient d'avoir sauvé la Patrie...

Si vous y consentez, nous laisserons de côté ces éléments pleins de couleur et d'animation; nous n'irons point vers la carrière qu'indiquent des piquets et des cordons tricolores et où vont avoir lieu les courses à pied; nous négligerons le stade pour les courses à cheval et les courses de chars. Nous n'assisterons ni au triomphe du peintre Karl Vernet, qui faillit arriver premier dans la course de chevaux, ni à l'ovation faite au citoyen Pierre Oriot, âgé de trente-trois ans, boucher, demeurant à Paris, rue de la Grande-Truanderie, et vainqueur dans la lutte de force. Nous n'écouterons point les hérauts qui convient à un repas fraternel ceux qui ont pris part à ces combats divers. Nous nous dirigerons vers le temple de l'Industrie...

Entre l'arène et l'amphithéâtre avaient été construits, autour d'une enceinte carrée, des portiques d'une architecture élégante distribuée en soixante-huit arcades. Au centre de l'enceinte, un temple élevé à l'Industrie, invitait, pour parler le langage du jour, « à rendre hommage à cette divinité tutélaire dont la statue occupait le milieu du temple ». Sous les portiques étaient étalés les produits les plus précieux des fabriques et des manufactures françaises soumis au jugement du public.

Le jury avait déjà visité les objets exposés et désigné ceux qui lui paraissaient les plus dignes du prix. Ces objets avaient été séparés des autres et installés dans l'intérieur même du temple de l'Industrie.

On le voit, ce qui s'affirmait ainsi au milieu d'une fête, c'était le principe même de nos expositions modernes : le concours. Pour la première fois, on associait l'industrie aux récompenses données publiquement aux actes de dévouement, aux chefs-d'œuvre de la littérature, aux ouvrages les plus remarquables soit en peinture, soit en sculpture. Sans doute, la foule ne comprenait qu'à demi l'avenir réservé à cette innovation ; elle ne prévoyait guère le prodigieux mouvement qui allait sortir de cette exposition. En tous cas, le ministre de l'intérieur, François de Neuchâteau, sembla se rendre compte très nettement de l'importance de ces prix si solennellement distribués. Faites la part du style alors à la mode, des préjugés inhérents à l'époque, des déclamations obligatoires contre les tyrans, et vous trouverez que le discours qu'il prononça, en déclarant l'exposition ouverte, serait encore d'actualité aujourd'hui.

« Ces arts, disait-il, que l'idiome de l'ancien régime avait cru avilir en les nommant arts *mécha-*

niques, ces arts abandonnés longtemps à l'instinct et à la routine, sont pourtant susceptibles d'une étude profonde et d'un progrès illimité. Bacon regardait leur histoire comme une branche principale de l'histoire et de la philosophie. Diderot souhaitait qu'ils eussent leur académie; mais que le despotisme était loin d'exaucer son vœu! qu'il était loin de le comprendre! Il n'envisageait dans les arts que des esclaves d'un vain luxe et non des instruments du bonheur social. Aussi, la plupart de ces arts sont restés dans l'enfance, parce qu'on les a méprisés. Cependant l'Industrie est fille de l'Invention et sœur du Génie et du Goût. Si la main exécute, l'imagination invente et la raison perfectionne. Les arts les plus communs, les plus simples en apparence, s'éclairent au foyer de la lumière des sciences, et les mathématiques, la physique, la chimie, le dessin appliqués aux arts et métiers, doivent guider leurs procédés, améliorer leurs machines, simplifier leurs formes, et doublant leur succès, diminuer la main-d'œuvre.

« Ah! rendons enfin aux artistes la justice qui leur est due! Que les arts nommés libéraux, bien loin d'affecter sur les autres une injuste prééminence, s'attachent à les faire valoir! Que l'éducation publique fasse connaître à nos enfants la pratique et la théorie des arts les plus utiles, puisque c'est de leur exercice que notre Constitution fait sagement dépendre l'admission au rang de citoyen. »

Par une disposition qui prouve l'influence des idées de l'auteur d'*Émile* sur la Révolution française, un des articles de la Constitution de l'an III portait en effet :

« Les jeunes gens ne peuvent être inscrits sur les registres civiques, s'ils ne prouvent qu'ils savent lire et écrire et exercer une profession mécanique. Les opérations manuelles de l'agriculture appartiennent aux professions mécaniques. Cet article n'aura d'exécution qu'à compter de l'an XIIe de la République. »

Sans aller aussi loin que les législateurs de l'an III, il est certain que le discours de François de Neufchâteau avait une incontestable portée à cette heure décisive où une société nouvelle allait se constituer sur les ruines de l'ancienne. Ces souvenirs, d'ailleurs, empruntent un vif intérêt au rapprochement qu'ils éveillent avec ce grand concours international qui n'a pas eu assez, pour étaler toutes les merveilles du travail de l'univers, de ce Champ de Mars au milieu duquel étaient à l'aise les productions de notre industrie encore bien timide et bien rudimentaire en 1798. Citons, parmi les noms des fabricants récompensés : Breguet (horlogerie), Lenoir (instruments de physique),

Pierre-Firmin Didot et Herhan (imprimerie), Clouet (métallurgie), Dihl et Guérard (porcelaines), Desarnos (foyers économiques), Conté (crayons de toute espèce), Gremin et Barré (toiles peintes), Porter (poteries), Pain fils (bonneterie), Deharnes (tôles vernies), Jussieu (filature de coton).

Le jury avait distingué en outre les mouchoirs et étoffes de Cholet, les fabriques du Gros-Caillou et du Creusot (cristaux), les machines présentées par les citoyens Roth pour fendre et diviser les cuirs, et les cardes croisées fabriquées par le citoyen Fages, de Toulouse.

Après la distribution des récompenses, on proclama le nom des citoyens auxquels avaient été expédiés, en l'an IV, des brevets d'invention qui, sans impliquer tout à fait la garantie de l'État, avaient alors plus de signification qu'aujourd'hui. On nous saura gré peut-être de reproduire cette liste qui aide à se rendre compte des tentatives de l'industrie française à l'extrême fin du XVIIIe siècle. Les titulaires de ces brevets sont : Bardel à Paris, pour les étoffes de crins mêlés à des substances végétales; Chenavard à Lyon, pour papiers peints imitant la mousseline; Argand et Montgolfier à Paris, pour une machine nommée bélier hydraulique; Herhan à Paris, pour de nouveaux moyens d'imprimer avec des formes solides; Firmin Didot à Paris, pour d'autres procédés tendant au même but; Gatteaux à Paris, pour d'autres procédés du même genre; Fulton à Paris, pour un nouveau système de canaux navigables; Breguet à Paris, pour un nouvel échappement libre et à force constante dans l'horlogerie; William Robinson, pour l'importation d'une machine à filer le chanvre; Érard frères, pour de nouveaux perfectionnements ajoutés à la harpe; Commard, pour de nouveaux réverbères.

Qui ne voit se dessiner déjà toutes les découvertes et tous les progrès qui modifieront si complètement la vie moderne? Les tentures à bon marché, les papiers peints vont rendre élégants les plus simples intérieurs. En même temps que Philippe de Girard invente la *lampe hydrostatique*, Carcel perfectionne cette lampe qui portera son nom et qui, transformée plus tard en *régulateur* à bas prix, égayera, le soir, les plus modestes foyers. La stéréotypie permettra de multiplier à l'infini les exemplaires des chefs-d'œuvre. Fulton, le breveté de l'an VI, demandera dans quelques années une audience à Bonaparte pour lui offrir l'empire des mers, avec cette navigation à vapeur que le grand soldat ne comprendra qu'un peu plus tard, quand, à bord du *Bellerophon*, il apercevra sur l'immense Océan la fumée d'un navire américain. Tout ce qui, dans la Révolution, est institution politique et imitation des républiques grecques et romaines disparaîtra rapidement; c'est précisément ce côté industriel, auquel beaucoup des hommes du moment ne prêtent qu'une médiocre attention, qui se développera le plus vite et produira les plus étonnants résultats...

Il faut une autre féodalité pour remplacer celle que l'échafaud vient de décimer, que la confiscation vient de ruiner. Cette féodalité, Napoléon croira la créer par les procédés d'autrefois, en prenant les plus braves pour en faire des ducs, des comtes et des barons. Là encore, la destinée trompera tous ses calculs; l'avenir n'est point dans ces officiers superbes de la garde du Directoire, qui deviendront les colonels de la garde impériale ou les généraux de la grande armée. A peine une génération sera-t-elle écoulée que les fils de ces hommes intrépides seront aussi dégénérés que les descendants des barons croisés l'étaient après cinq ou six siècles. L'avenir est dans les successeurs de ces industriels de l'an VII. C'est la noblesse future, moins large et moins facile à vivre que l'autre, infiniment moins respectueuse de l'intelligence, moins spirituelle, un peu plus prude sans être au fond plus honnête, mais ayant pour elle qu'elle n'argue d'aucun privilège traditionnel et que, si vous inventez une machine, demain vous serez l'égal des plus riches, tandis qu'on n'aurait pas admis autrefois que Papin fût l'égal d'un duc et pair qui trichait au jeu.

En tous cas, il nous a paru curieux, au moment où finit l'Exposition de 1878, de visiter le Champ

de Mars tel qu'il était le 22 septembre 1798, c'est-à-dire le 1er vendémiaire an VII. Nous pouvons ajouter qu'il faisait cette année-là un temps admirable. Nous n'irons pas jusqu'à prétendre, comme on l'écrivait alors, que « l'astre qui règle les saisons s'était levé majestueux à l'horizon et semblait

3.

s'applaudir de se trouver en rapport avec la terre de l'Égalité. » Nous ignorons si le soleil s'est autant applaudi ce jour-là; nous constaterons simplement qu'il ne pleuvait pas et que toute la soirée des orchestres en plein vent, installés dans les Champs-Élysées, faisaient danser les citoyens et les citoyennes, pendant que le Directoire, les ministres et le corps diplomatique soupaient au Luxembourg...

Paris en 1600

Les Anciens Plans de Paris

Les visiteurs de l'Exposition ont trouvé au Champ de Mars une collection complète des plans de Paris. Les uns, les plus anciens, ont été reproduits par la photographie; les autres, plus modernes et moins précieux naturellement, figuraient à l'état d'originaux. Cette collection, dont les visiteurs français n'ont peut-être pas apprécié toute la valeur, paraissait avoir pour les étrangers un très réel intérêt. L'étranger, en effet, sait mieux que nous se reconnaître sur un plan, et ces documents graphiques ont été vraisemblablement consultés avec plus d'attention par les curieux de toutes les nations que par les véritables Parisiens.

Rien cependant n'est plus attrayant que de suivre ainsi, avec un plan sous les yeux, les développements de la ville prodigieuse, de la regarder se constituer, s'étendre, grandir. Plus encore que nos cartes modernes, multipliées à l'infini, les anciens plans sont instructifs et saisissants à ce point de vue. C'était une affaire aux siècles passés que de publier un plan original, et chaque plan nouveau, séparé du précédent par un long intervalle, était, en quelque façon, l'expression d'un Paris différent, le résumé des transformations accomplies pendant tout un règne.

Nous n'avons pas, bien entendu, l'intention de faire longuement l'histoire des plans de Paris, ce qui serait tout simplement refaire l'histoire entière de la capitale. Un examen même superficiel des caractères particuliers de chacun d'eux nous entraînerait trop loin, car il faudrait en quelque manière montrer dans sa vie et son fonctionnement chacun des Paris successifs que nous représentent ces plans changeant de siècle en siècle. Nous voudrions simplement rappeler d'une façon brève les tentatives qui se sont succédé pour fixer l'image, pour *faire le pourtraict*, comme on disait autrefois, de la capitale.

Il n'est point nécessaire pour cela de remonter bien haut. L'existence du Moyen Age, nous le verrons plus d'une fois dans ces essais sur Paris, était essentiellement ramassée sur elle-même, étroitement circonscrite aux limites d'un quartier. Beaucoup vivaient et mouraient sans avoir dépassé, même par l'imagination, l'espace restreint que dominait cette église qui les avait accueillis enfants et qui disait sur eux les dernières prières, quand le terme de leurs jours mortels était arrivé.

Ce n'est qu'au XVIe siècle, alors que l'imprimerie, la découverte de l'Amérique, la Renaissance ont élargi tout à coup l'horizon, que l'on trouve trace d'un plan de Paris. Encore ce plan nous vient-il de l'Allemagne, c'est le *plan de Munster*, croquis grossier, ébauche informe où l'on s'est efforcé de tracer un rudimentaire aperçu du Paris de 1530.

Quelque temps après paraissait, à l'étranger toujours, dans la *Cosmographie* de Georges Braün, *Civitates orbis terrarum*, un plan de Paris dit *Plan aux trois personnages*, à cause d'un groupe de deux cavaliers saluant une dame que l'on aperçoit au bas. Celui-ci est très fin, très précis pour l'époque, et, bien que publié seulement vers 1570, il a été exécuté d'après un dessin original français, tracé avant 1540 et dont il fait vivement regretter la disparition.

Ce ne fut que sous Henri II, vers 1550, que la municipalité, le Corps de Ville, songea pour la première fois à dresser un plan officiel. Gilles Corrozet, le premier historien de Paris, nous a conservé l'édit du roi rendu dans ce sens et ordonnant « de faire le pourtraict et dessin de la closture et fortification de tout Paris compris les fauxbourgs tant de l'Université que de la Ville avec permission de bastir et édifier maisons dedans cette closture. »

D'après le plan manuscrit levé officiellement, deux plans furent exécutés par et pour le commerce, l'un le plan dit de Du Cerceau, l'autre le plan de Truschet, dont il ne reste qu'un exemplaire découvert en 1873 à la Bibliothèque de Bâle.

Il n'existe du plan de Du Cerceau que trois exemplaires connus. Le premier, qui appartenait à l'abbaye de Saint-Victor, fut transporté à l'Arsenal au moment de la Révolution et réclamé récemment, en vertu de son droit de prélévation, par la Bibliothèque nationale où il se trouve aujourd'hui. Le second fut acheté 2.000 francs par M. Destailleur, dans la collection duquel il est actuellement conservé. Le troisième a été acquis, il y a deux ans, pour le compte de la bibliothèque Carnavalet. Un autre exemplaire avait été découvert par M. Gilbert, maître sonneur à Notre-Dame et collectionneur passionné, et de ses mains il avait passé dans la bibliothèque de l'Hôtel de Ville, où il fut détruit par les incendies de la Commune. Le nombre des exemplaires connus demeure donc jusqu'ici réduit à trois.

Hâtons-nous de le dire, ce plan n'a nul droit à porter le nom de Du Cerceau. Il n'est ni signé, ni signalé dans l'œuvre du maître. L'exécution irrégulière et sans homogénéité est indigne du célèbre artiste et révèle partout un travail fait de plusieurs mains et de mains de simples ouvriers, une œuvre destinée au commerce et non point entreprise par l'architecte du roi sur l'ordre de son souverain. Les indications des rues sont tantôt en petites capitales, tantôt en cursive ; les inscriptions latines sont étrangement défigurées, on écrit par exemple : *ci asia* au lieu de *gymnasia*. Enfin la forme même des fleurs de lis, des ornements et des accessoires révèle une origine étrangère.

Qu'était donc ce plan dit de Du Cerceau ? C'était vraisemblablement un document graphique destiné à être intercalé dans une de ces nombreuses topographies publiées en Allemagne. En examinant avec soin l'exemplaire que possède l'hôtel Carnavalet, il est facile de se rendre compte qu'il a dû être plié en quatre et annexé à quelque publication d'où on l'aura détaché plus tard. Ce plan n'en offre pas moins un réel intérêt ; s'il n'est, comme son frère jumeau, que le troisième plan de Paris par la date, il est en réalité le premier plan officiel ou du moins le premier plan gravé d'après des documents officiels.

Quant au plan de Truschet et Hoyau, signé de ses auteurs et édité à Paris même, il est plus rare encore, puisque l'on n'en connaît qu'un seul exemplaire et il a précédé celui-ci de quelques années.

Nous avons raconté, il y a trois ans, comment M. Sieber, bibliothécaire de l'Université de Bâle, en inventoriant des pièces non classées, découvrit ce plan inconnu. M. Jules Cousin, bibliothécaire de la ville de Paris, se rendit à Bâle pour constater l'authenticité de la trouvaille et tâcher de rapporter à tout prix ce document, dont la véritable place était dans la bibliothèque de la Ville de Paris. Mais une loi rigoureuse interdisant en Suisse l'aliénation de tout ce qui appartient au domaine public, il ne put obtenir que l'autorisation de faire reproduire l'œuvre de Truschet par la photographie. Il en a donné depuis un fac-similé complet, publié par la Société de l'histoire de Paris.

Une légende très précise indique nettement que ce plan était une entreprise de librairie. « *Ici*, lisons-nous sur un cartouche, *est le vrai pourtraict naturel de la ville, cité, université et fauxbourgs de Paris, où sont justement figurées toutes les rues et ruelles correspondantes l'une à l'autre, ainsi qui sont de présent situées... A Paris, par Olivier Truschet et Germain Hoyau, demourant en la rue de Montorgueil, au chef Saint-Denis.*

Bien des renseignements précieux seraient à recueillir dans ce plan, mais cette étude sortirait de notre cadre. Nous tenons simplement, sans nous attacher à aucun détail, à constater la filiation des premiers plans de Paris : 1° la grossière image de Munster ; 2° le plan intercalé dans la *Cosmographie* de Braün ; 3° un plan officiel manuscrit, exécuté par ordre du roi, le premier plan véritablement français d'où sont sortis comme d'une source commune le plan de Truschet dont l'unique exemplaire est à Bâle, le plan dit Du Cerceau dont le troisième exemplaire connu est entré à la bibliothèque Carnavalet, et enfin un plan de Belleforest, réduction sans importance du même original, joint à la *Cosmographie* de cet auteur, publiée vingt-cinq ans plus tard. Malgré la différence des formats, qui passent de l'immense in-folio en huit feuilles, au petit in-folio de la grandeur du livre ; malgré la différence des temps de 1550 à 1578, malgré les variantes introduites par les éditeurs pour tenir leurs plans *au courant,* on peut hardiment affirmer que ces plans de Truschet, de Du Cerceau et de Belleforest ne sont que trois *états* successifs d'un seul et même plan original exécuté par ordre du roi en 1550.

Il faut citer encore le plan dit « de la Tapisserie » qui, d'un intérêt moins sérieux au point de vue historique, à cause des retouches que ses copies ont subies avant d'arriver jusqu'à nous, est plus curieux peut-être que les précédents au point de vue pittoresque. Il faisait partie d'une suite de cinq immenses tapisseries exécutées par l'ordre des Guise vers 1540 et représentant les plans de Constantinople, de Rome, de Venise, de Jérusalem et de Paris. Sauval, Félibien, Germain Brice mentionnent ce plan. « Le plus ancien plan de Paris, lisons-nous dans Germain Brice, et le plus conforme aux titres, est celui des tapisseries de la Ville : il a déjà servi plusieurs fois de règle dans les contestations portées au parlement pour juger de l'ancien état où étaient les lieux avant le règne de Charles IX. »

On a cru longtemps que ces tapisseries avaient été données à la Ville par les Guises au temps de la Ligue. Une lettre anonyme adressée au *Journal de Paris* et datée du 20 mars 1788, semble indiquer que la Ville les avait achetées, en vente publique. « Sous la prévôté de Turgot, dit cette lettre intéressante à plus d'un égard, les officiers de la Ville de Paris ont fait l'acquisition de cinq morceaux de

Le plan de Tapisserie, fragment.

tapisseries qui ont appartenu à la maison de Guise, sur lesquels sont figurés la carte d'Italie (d'autres disent le plan de Constantinople), les plans de Rome, de Venise, de Jérusalem et de Paris. Ces tapisseries ont été exposées jusqu'à présent le long de la façade de l'Hôtel de Ville le jour de la Fête-Dieu toute la journée, et le jour de l'Octave jusqu'à midi. Mais faute d'y avoir fait de temps en temps quelques réparations, elles étaient l'année dernière, dans le plus grand délabrement. Hier, on n'a exposé que le morceau le moins endommagé, qui offre Paris tel qu'il était il y a environ deux cent cinquante ans, c'est-à-dire sous François Ier ».

Ce plan de tapisserie paraît avoir été exposé pour la dernière fois en 1788. On le revit, dit-on, à un bal de l'Hôtel de Ville, étendu comme tapis sur le parquet, et depuis on n'en a plus entendu parler. M. de Mauperché, auteur d'une histoire de Paris inachevée, se mit en 1809 à la recherche du précieux tapis ; il alla chez l'ancien tapissier de la Ville, M. Choiseau, qui demeurait rue Saint-Jacques, 30, hôtel de la Poste. Choiseau était mort ; son fils, qui lui avait succédé, avoua que, vu l'état de pourriture de la tapisserie, il l'avait « jetée dans le ruisseau ». Cette allégation a toujours paru très invraisemblable ; il nous semblerait plus naturel de nous en rapporter à une autre tradition administrative, qui affirme que, tombée en débris et réduite à un lambeau, cette tapisserie a servi enfin de tapis de table dans les bureaux de l'Hôtel de Ville.

Au XVIIIe siècle, on avait eu l'idée de faire reproduire cette tapisserie en une immense gouache en neuf morceaux de la grandeur de l'original. La précaution eût été inutile, car la gouache elle-même a péri dans l'incendie de 1871, si l'on n'avait songé, dans ces derniers temps, à faire reproduire la gouache elle-même par la photographie. Sans cette inspiration heureuse, il ne fût rien resté du « plan de la Tapisserie » qu'un petit dessin de Gaignières qui est à la Bibliothèque nationale et qui a été gravé sous la Restauration, mais horriblement mal gravé, par Mlle Caroline Naudet. Ce dessin et ce fac-similé ont néanmoins le mérite considérable d'être des reproductions de la tapisserie telle quelle et non des imitations enjolivées.

Avec Quesnel, nous entrons dans le XVIIe siècle. Quesnel, peintre du roi, dont le grand plan parut entre 1607 et 1609, nous montre le Paris de Henri IV. C'est le dernier des plans rarissimes. On n'en connaît qu'un exemplaire conservé à la Bibliothèque nationale. Après Gomboust, auteur du premier plan géométral et rigoureusement exact (1652), ces documents deviennent moins clairsemés; leur histoire ne présente plus les mêmes obscurités;

4.

aussi nous contenterons-nous de les examiner rapidement. Le plan de Gomboust, quoiqu'il n'ait été publié que sous la régence d'Anne d'Autriche, représente Paris tel qu'il était sous le règne de Louis XIII. Le plan de Bullet et Blondel, ingénieurs et architectes du roi, édité en seize feuilles en 1676, avec nouveaux tirages en 1680 et 1710, peut être considéré comme une représentation du Paris définitif de Louis XIV. Enfin, sous Louis XV, le prévôt des marchands, Louis-Étienne Turgot, fit exécuter un plan magnifique infiniment précieux à consulter; c'est en effet le dernier plan à vol d'oiseau, et il donne la configuration non seulement de tous les monuments, mais encore de tous les couvents et hôtels de Paris.

Citons encore le plan peu connu de Bernard Jaillot en 1708 (qu'il ne faut pas confondre avec son homonyme Michel Jaillot en 1775), le plan de Lacaille en 1718, plan destiné à l'Édilité et à la Police, dressé par quartier et indiquant les réverbères, les bouches d'égouts, le nombre des portes, tous les détails de voirie en un mot; enfin le plan trigonométrique en soixante-douze feuilles, auquel Verniquet avait travaillé pendant vingt ans, et qui ne fut terminé qu'en 1792, en pleine révolution. Ce travail du patient ingénieur ne reçut point l'accueil qu'il méritait et qu'il eût obtenu en des

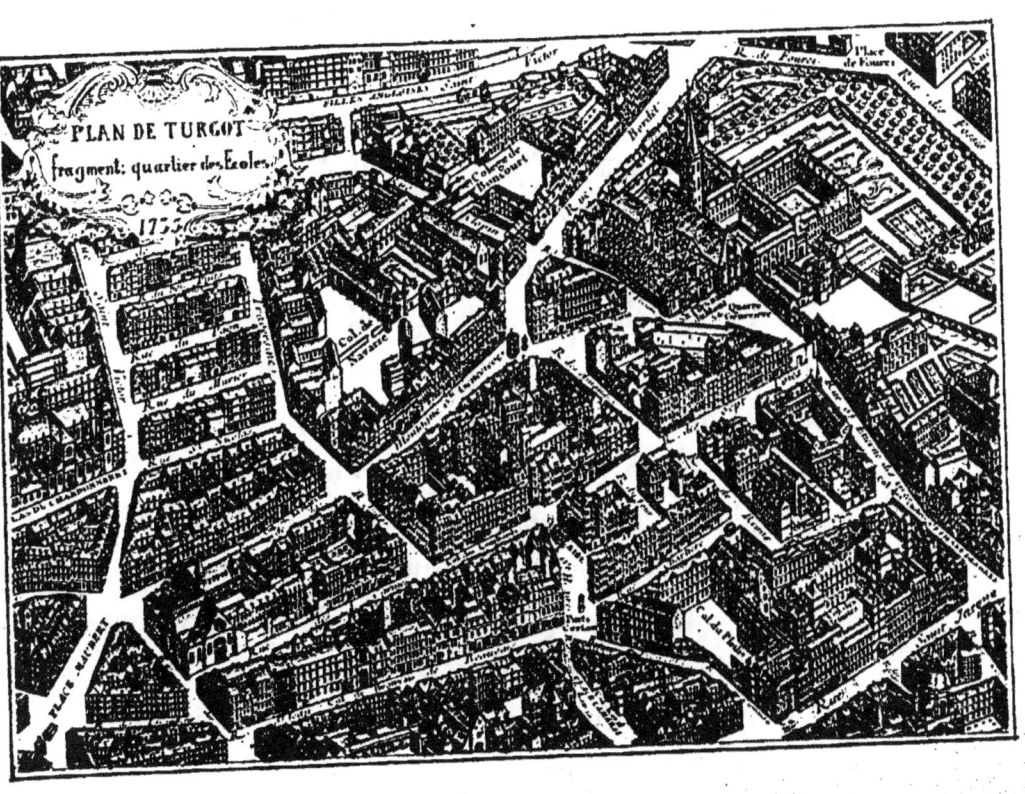

temps plus calmes. Ce plan n'en a pas moins servi de base à tous les plans géométriques publiés depuis; on s'en est même aidé pour le grand plan trigonométrique exécuté sous l'administration de M. Haussmann, et dont les minutes ont été brûlées dans l'incendie de l'Hôtel de Ville.

On voit que la fatalité semble avoir poursuivi jusqu'à nos jours les plans de Paris. On éprouve un profond étonnement à considérer combien disparaissent vite ces publications, tirées cependant à très grand nombre. Que reste-t-il du plan de Du Cerceau? trois exemplaires; du plan de Truschet? un seul exemplaire qui est à l'étranger; du plan de Quesnel? un seul exemplaire également.

Sans doute, quelque coin inconnu, quelque bibliothèque de province, quelque grenier recèle encore de ces plans rarissimes, mais ces témoins du Passé risquent de demeurer oubliés de longues années avant que le hasard ne les fasse découvrir; peut-être à l'heure où j'écris, une main ignorante allume-t-elle le feu avec quelque vieux plan qu'un amateur payerait bien cher.

On ne peut donc qu'applaudir au zèle que met l'édilité actuelle à faire reproduire, et la bibliothèque Carnavalet à rassembler en originaux ces documents indispensables pour l'étude des temps écoulés. En les recueillant dans des salles ouvertes à tous, cette bibliothèque n'aide point seulement le travailleur soucieux d'élucider un point particulier, elle crée autour de ces questions un mouvement utile et fécond; elle invite les Parisiens à apprendre l'histoire de cette ville merveilleuse qu'ils connaissent si imparfaitement, à entreprendre des recherches par eux-mêmes dans ces archives familiales qui nous livreraient certainement bien des richesses si on pensait à les interroger.

LE PREMIER
HISTORIEN DE PARIS

I

Il n'est pas de jour qui ne voie naître un livre sur Paris. Historiens, archéologues, peintres de mœurs, essayistes, fantaisistes se sont imposé pour tâche de décrire les moindres coins de la prodigieuse capitale, de ne laisser sans solution aucune des énigmes du Passé, de ne léguer aucune énigme à deviner aux générations qui viendront. Il nous a semblé intéressant de remonter aux origines de ce mouvement historique, de rechercher les ancêtres des innombrables écrivains que passionne l'étude de Paris.

Sans doute on s'est occupé de Paris bien longtemps avant Gilles Corrozet. *Le Dit des rues de Paris* de Guillot, *les Crieries de Paris* par Guillaume de Villeneuve, *la Relation* de l'anonyme de Senlis, *les Satires* de Rutebœuf, *la Description de Paris* de Guillebert de Metz, et celle intercalée par Raoul de Presles dans sa traduction de *la Cité de Dieu* de saint Augustin, fournissent de précieuses indications sur le Paris du Moyen Age.

Gilles Corrozet n'en est pas moins le premier historien de Paris. *La Fleur des antiquitez, singularitez et excellences de la plus que noble et triumphante ville, cité et université de Paris, capitalle du royaume de France; avec ce, la généalogie du roi François Ier de ce nom. On les vend au premier pilier de la grant salle du palais, par Denys Janot,* 1532, — tel est le titre exact du premier livre imprimé sur Paris, du livre qui a donné naissance à tant de milliers d'ouvrages, *principium et fons*.

Il serait difficile de définir exactement le caractère de ce tout petit livre semé de vers et d'anagrammes. L'auteur, en réalité, semble ne pas savoir s'il doit écrire cette histoire en prose ou la chanter en vers; il prend le parti d'alterner, et la page qu'on vient de lire en prose se retrouve presque absolument identique, mais versifiée cette fois, dès que vous avez tourné le feuillet. Peut-être l'écrivain, devinant le système mnémonique de l'abbé Gautier, avait-il vu là le moyen de fixer plus sûrement dans la mémoire certaines dates ou certains faits. Quoi qu'il en soit l'ouvrage participe à la fois de la chronique rimée et de l'histoire, il tient du guide en offrant une liste complète des rues, palais, hôtels, églises et couvents, il rappelle les romans de chevalerie par les personnages singuliers qu'il mêle à la fondation de Paris. Voici la généalogie de François 1er jusqu'à Francus, fils du preux Hector de Troyes; puis, à choisir, des origines toutes plus fabuleuses les unes que les autres.

« Aux illustres et notables bourgeois et citoyens de la ville de Paris, Gilles Corrozet donne salut. »

Nobles bourgeois, source grecque ou troyenne,
Francs citoyens de Paris l'ancienne,
Auparavant appelée Luthesse
Et puis Paris, par titre de haultesse.

Voici maintenant une autre étymologie :

> Hercules en Gaulle passant,
> Trouva une isle dedans Seine,
> En ce lieu rafreschissant
> Ses gens, comme bon capitaine,
> D'édifier print grosse peine,
> Y laissant les Pharrasiens
> Qui depuis en gloire haultaine
> Furent nommés Parisiens.

Ne croyez pas à une fantaisie poétique ; l'auteur, au contraire, se livre à de très graves dissertations pour expliquer la filiation entre François Ier et Francus, duc très puissant en bataille. Il est curieux d'observer, au moment où l'histoire de Paris essaie ses premiers balbutiements, la nature des légendes qui entourent son berceau. Corrozet, d'ailleurs, nous le constaterons par la suite, n'était pas seulement un poète, c'était, par essence et par tempérament, un bourgeois très épris de sa ville. Il était Parisien de famille, il fit souche de vrais Parisiens qui longtemps s'enorgueillirent de lui. Il représente donc très fidèlement la tradition parisienne, et cette tradition, si étrangement égarée, vaut la peine de nous y arrêter un instant.

Un brouillard où apparaissaient pêle-mêle, et sans que nulle date distinguât les époques et différenciât les nations, Priam, les ducs de Gothie, Pharamundus et Francus, Hercule et Marcomirus, telle était l'impression du Parisien et du Français quand, par hasard, il sondait la question des origines. Des luttes de la Gaule contre César, de Vercingétorix, une notion très vague; de la vieille Celtique, pas un mot. Je ne crois pas que nul pays au monde ait plus complètement perdu le sens de sa race, se soit moins douté des traditions qu'il représentait.

Cette ignorance est plus significative en ceci qu'elle contraste avec l'attachement que chaque famille avait pour sa filiation à elle, pour le dépôt transmis par le père aux enfants. Si le gentilhomme savait à quinze ans la généalogie de toutes les maisons de France, il en était absolument de même chez les bourgeois, au moins chez ceux de la même corporation. L'enseigne avait ses titres de noblesse, son blason, comme l'écusson du grand seigneur. Par un phénomène bizarre, la découverte des véritables origines de la Patrie a coïncidé avec l'affaiblissement de l'esprit de caste et de famille, avec les progrès de l'individualisme. Il en fut de même dans les arts, on ne se douta qu'après 89 des merveilles que le Moyen Age avait produites; on n'a compris que dans les temps nouveaux l'inimitable et naïf génie de ces obscurs artisans d'autrefois qui furent de si prodigieux artistes.

Corrozet n'était point tourmenté par le souci de

ces origines précises. Il avait, avec la *Fleur des antiquitez*, créé l'histoire de Paris, instinctivement peut-être et sans y penser beaucoup, mais il avait eu cependant le rare mérite de se juger sévèrement lui-même et de s'apercevoir, le premier, des erreurs, des insuffisances, des vides d'un pareil opuscule. Quelques années après, il publiait un travail nouveau et définitif: les *Antiquitez et singularitez de Paris*.

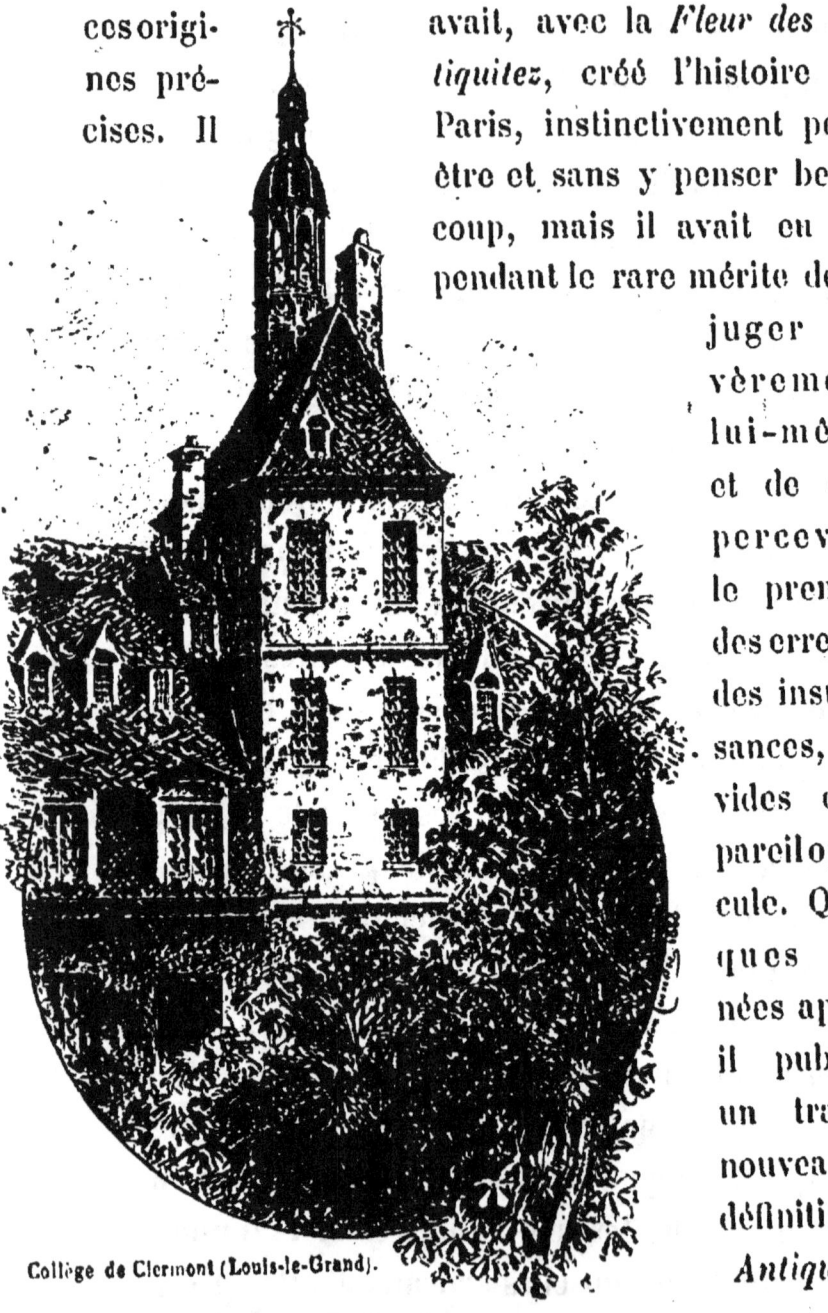

Collège de Clermont (Louis-le-Grand).

Ce livre, absolument distinct du précédent, est

dédié à noble seigneur monseigneur Claude Guiot, *secrétaire et conseiller du roy notre sire, controlleur de l'audience de la chancellerie de France et Prévost des marchands de la ville de Paris.*

L'auteur en énumérant les églises, les monuments, les hôpitaux qu'il va décrire, fait bon marché de sa *Fleur des antiquitez, un petit livret,* dit-il, *lequel j'ai supprimé et mis à néant, emendant ses erreurs et fables et faisant cestuy ci tout neuf par forme de mémoire et cronique.*

Nul rapport, il convient d'insister sur ce point, n'existe entre la *Fleur des antiquitez* et les *Antiquitez.* Le premier ouvrage, nous l'avons vu, n'est guère qu'une sorte de chronique rimée ; le second est une véritable description de Paris avec des détails relatifs aux institutions religieuses, civiles et militaires, des données approximatives sur les transformations de la capitale, des indications sur les travaux exécutés sous chaque règne. Sans doute bien des erreurs se sont glissées là quant aux faits particuliers ; mais les renseignements les plus utiles y abondent. Quant à l'histoire générale, nous n'en parlons pas ; elle est aussi fabuleuse, du moins en ce qui concerne les origines, que dans la *Fleur des antiquitez.* Il ne faut point s'en étonner encore une fois. Cette légende troyenne n'est pas propre à Corrozet, elle était admise par tous les chroniqueurs du Moyen Age, par les bénédictins de Saint-Denis notamment. Jean Lemaire de Belges et Nicole Gilles la répètent tout au long ; elle vécut jusqu'à la fin du XVI° siècle et ne parvint à s'effacer définitivement qu'à partir du XVII° siècle au moment où l'on s'efforça enfin d'écarter les broussailles qui cachaient les sources de notre histoire.

II

Les *Antiquitez* furent pour Corrozet un double succès, succès d'auteur et succès d'éditeur. Corrozet était devenu libraire, en effet. Si *la Fleur des antiquitez* porte cette mention : *Chez Denis Janot*, les *Antiquitez* publiées en 1550 donnent cette adresse : *Au palais en la boutique de Gilles Corrozet*. Corrozet avait épousé la fille de Denis Janot, son premier éditeur, et il avait fini par reprendre le fonds de son beau-père.

Qu'était donc ce Corrozet, libraire et écrivain à la fois ? Les renseignements, quoique peu circonstanciés, ne nous manquent pas sur son compte : « Gilles Corrozet, Parisien, nous apprend la *Bibliothèque française* de Lacroix du Maine, naquit en la ville de Paris le quatrième jour de janvier l'an 1510.

Celui-ci encore qu'il n'eût été entretenu aux études, toutefois ayant un grand jugement et esprit émerveillable, il n'a laissé d'apprendre les langues latines, italiennes et espagnoles et se voient tant de son invention que de sa traduction plusieurs livres qu'il a lui-même imprimés. »

Corrozet, effectivement, semble avoir pris une très large part au mouvement intellectuel qui se produisait alors, mouvement légèrement désordonné où se confondaient toutes les littératures, mais d'où sortit discipliné et mûri ce XVIIe siècle qui fut un siècle si réellement français. La première devise du libraire — avant son fameux : *Plus que moins* —

Collège Forget (rue Valette).

In corde prudentis revirescit sapientia, entourant un cœur avec une rose au milieu, allusion à son nom, se retrouve sur une infinité de publications. Il publia entre autres ouvrages, tant en prose qu'en vers, une *Traduction des Fables d'Ésope*, la *Tapisserie de l'église chrétienne en huitains pour l'intelligence des figures de l'histoire de N.-S. Jésus-Christ*, la *Plaisante et agréable histoire d'Apolinus prince de Thyr en Afrique*, l'*Histoire d'Aurelio et d'Isabelle*, des *Epitomes*, des *Histoires* des rois d'Espagne, de Castille, d'Aragon, de Hongrie, de Bohême et des maisons d'Augsbourg et d'Autriche, le *Trésor de l'histoire de France*, etc., etc.

Le tout, nous dit Niceron, fut imprimé et recueilli par lui-même. Il est à croire néanmoins qu'il endossa plus d'une fois les productions d'autrui, en un temps où la propriété littéraire n'existait guère. En tout cas ces renseignements nous montrent bien le savant, l'éditeur infatigable et actif, ils nous laissent ignorer l'homme.

Un livre de Corrozet, *les Blasons domestiques contenant la décoration d'une maison honnête et du ménage étant en icelle*, pourrait suppléer à cette lacune. Ce livre est d'un tout autre ton que les autres poésies de l'auteur, on n'y trouve plus trace du fatras pédantesque, mythologique, mortellement ennuyeux, ignorant à la fois de la vraie antiquité et de la vraie France, fatras auquel le XVIe siècle se complut, malgré bien des tentatives contraires.

Rien de sincère, de pénétrant, de bonhomme comme ces *Blasons* où l'on rencontre à chaque page cette description des humbles bonheurs de la vie, ce sentiment de l'intimité auquel notre nouvelle génération littéraire a dû tant d'heureuses inspirations. Tous les objets parlent dans ce livre d'un accent exquis à force d'être familier, depuis le balai jusqu'à l'escabelle, depuis le coffre compagnon du *dressouer* jusqu'au cabinet où l'on voit *maintes belles images et les heures pour servir à Dieu*, depuis le miroir jusqu'à la table de famille, la table honneste.

> Table où l'on faict le grand banquet,
> A jours de fête, à jours de nopces,
> Table où l'on parle de négoces,
> Puis de la paix, puis de la guerre,
> Puis de France, puis d'Angleterre,
> Puis de vertu, puis de folie.

En réalité, l'éditeur qui avait préparé avant de mourir le Parnasse de 1571, *Les plus riches et graves sentences des poètes français modernes, leurs discours, descriptions et doctes enseignements*, est plus près du Parnasse contemporain que Boileau. Il s'est inspiré directement de la poésie domestique, et en écrivant ces simples chefs-d'œuvre, où il n'est pas question de Priamus, il a, sans s'en douter, effleuré le filon que l'on devait creuser trois cents ans après. Lisez une petite pièce, *Le Lit :* elle vous donnera l'idée du charme profond de ces vers, où tout est dit naturellement, ce qui n'était pas commun à cette époque :

> Lict délicat, doux et mollet,
> Lict de duvet et très douillet,
> Lict de plume tant bonne et fine,
> Lict de courtil blanc comme un cygne.
> Lict dont ce blanc courtil incite
> Le dormir quand il est licite.
> Lict dont le chevet est si doux
> Qu'il semble que ce soit veloux
> Quand on y prent ung bon repos,
> Lict à dormir apte et dispos,
> Lict dont les draps (come on demande)
> Sentent la rose et la lavande,
> Lict dont la riche couverture
> Résiste contre la froidure
> Et musse les corporels membres ;
> O lict ! le parement des chambres,
> Lict d'honneur plein de toute joie,
> Beau lict encourtiné de soye
> Pour musser la clarté qui nuit,
> Lict qui attend la trouble nuit
> Affin qu'on se repose et couche,
> Lict soutenu en une couche
> Ouvrée de menuiserie,
> D'images et marqueterie,

Lict très gentil tant qu'il peult estre,
Lict béni de la main du prestre,
Lict séparé de tout délit;
O lict prodigue! ô chaste lit!
Où la femme et le mari cher
Sont joincts de Dieu en une chair;
Lict d'amour saint, lict honorable,
Lict somnolent, lict vénérable,
Gardez votre pudicité
Et évitez lascivité,
Afin que votre honneur pullule
Sans recevoir nulle macule.

Bien des merveilles seraient à citer encore parmi ces *Blasons*, qui nous promènent dans un intérieur de bourgeois riches du XVIe siècle, du jardin qui fleure bon la rose et le romarin à la cuisine où se préparent les joyeux festins qu'aimaient les lecteurs de Gargantua, qui nous montrent tout, depuis les poëlles, les bassines, les plats, les nappes et les serviettes, jusqu'aux livres bien choisis qui garnissent l'estude ou la librairie et les bibelots qui égayent le

    Cabinet paré de médailles
    Et curieuses antiquailles.

Encore une fois il y a là une note toute moderne qui relie le premier historien de Paris à ces amoureux du détail et de la description, à ces romanciers, à ces poètes qui guettent l'effet d'un rayon de soleil sur quelque vieux cuivre, qui ressentent si vivement et rendent avec une si incomparable habileté la vie latente que contiennent même les objets inanimés.

L'homme qui écrivit *Le Lit* fut, dans son acception la plus complète, un bourgeois d'autrefois, estimant la poésie, parce qu'elle se vendait alors, mais au fond vivant en prose, ou du moins en prose poétique; aimant, une fois la boutique du Palais fermée et l'huis barricadé, à faire danser ses enfants sur ses genoux, descendant lui-même le dimanche, quand il s'agissait de fêter quelques vieux amis, dans cette cave pleine de nos vins français :

De Beaulne, d'Anjou, d'Orléans
Et vins Françoys qui sont céans
Vins d'Angoulmoys, de Sens, d'Auxerre,
Qui rendent la place embausmée
De leur odeur et grand fumée.

Nous ne saurions voir en lui, comme le pense le bibliophile Jacob, un guide se mettant à la disposition des voyageurs et les promenant dans Paris. L'éminent et ingénieux érudit suppose que Corrozet avait appris l'espagnol et l'italien parce que les étrangers, qui visitaient la capitale, étaient des Espagnols et des Italiens plutôt que des Allemands. Rien n'est moins démontré, et le fait de la publication en Allemagne, dans les *Cosmographies* de Braün, des premiers plans de Paris suffirait à attester que la curiosité qu'excitait déjà la merveilleuse cité était égale chez toutes les nations. Nous admettons cependant ce mot de *guide*, mais en l'appliquant au livre et non à l'homme. Les *Antiquitez de Paris* représentent un guide comme le *Guide-Joanne*, le premier guide que pût consulter le voyageur. Ce fut là la caractéristique de l'écrivain et l'incontestable mérite de l'œuvre. Ce fut à ce côté pratique et instrumentaire que les *Antiquitez* durent une vogue qui se maintint, ainsi que nous pourrons nous en convaincre tout à l'heure, bien longtemps après la mort du premier historien de Paris.

III

Gilles Corrozet, le précurseur de tous les historiens de Paris, l'ami des Estienne, l'écrivain instruit qui fut en même temps un négociant habile, mourut à Paris le 4 juillet 1568, âgé de cinquante-huit ans. Il alla dormir l'éternel sommeil chez les Carmes de la place Maubert, où longtemps on montra son épitaphe dans le cloître :

> L'an mil cinq cent soixante-huit,
> A cinq heures devant minuit,
> Le quatrième de juillet,
> Décéda Gilles Corrozet,
> Agé de cinquante-huit ans,
> Qui libraire était en son temps.
> Son corps repose en ce lieu-ci,
> A l'âme Dieu fasse merci !

Dans la même église reposait déjà celle qui avait été la seconde compagne de sa vie. Nous n'avons d'autre renseignement sur ce second mariage, que les quelques lignes qu'on lisait sur une pierre tombale : « *Cy dessous repose le corps de Marie Harelle, jadis femme de Gille Corrozet, laquelle décéda le*

quatrième jour de mai 1652. Par la miséricorde de Dieu l'âme soit en paradis. »

Cette famille de bonne bourgeoisie continua à prospérer sur le sol parisien, en grandissant doucement et sans hâte, comme c'était la coutume en ce temps-là. A la fin de ses *Blasons domestiques*, Corrozet avait affirmé combien il prisait plus haut que tout le reste l'héritage d'honneur qu'un père laisse aux siens, et avait indiqué quel était pour lui l'idéal d'une maison vraiment prospère.

<blockquote>
Et quant on voit la dame vertueuse
Le serviteur ou le fils ou la fille
Telle maison est riche et somptueuse
L'honneur en est au père de famille.
</blockquote>

Le fils de Gilles Corrozet, Guillot Corrozet, succéda à son père. Plus tard, les enfants changèrent un peu de condition, mais sans abandonner le voisinage du Palais, ni s'éloigner beaucoup des traditions de l'aïeul. Le souvenir de leur grand-père l'historiographe restait cher aux petits-fils. Dans l'*Officine pratique des notaires, par M° Estienne Corrozet, notaire et garde-nottes au Chastelet de Paris* (1650), nous trouvons un témoignage de cette piété envers la mémoire de l'écrivain. Le notaire termine ainsi sa préface :

Tes ayeux, Corrozet, t'ont laissé le désir
D'imiter leurs vertus et leur trace tenir.
Ton paternel a fait à Paris un présent
 De ses *Antiquitez*;
Tes maternels se sont comme lui sainement
 De leur charge acquittez.

Ces stances égarées au milieu d'un Guide du notariat sont déplorables, je l'avoue, et ne valent ni les stances du *Lict* ni les stances du *Lac*, mais elles prouvent une sorte de culte gardé au souvenir du premier historiographe de Paris; elles montrent bien comment les vieilles familles d'autrefois se perpétuaient et en arrivaient à trouver une certaine poésie à la charge dont les *maternels* s'étaient acquittés avec honneur.

L'œuvre de Corrozet méritait ce respect, moins par sa valeur intrinsèque, que par l'impulsion qu'elle avait donnée. Il n'avait pas évidemment écrit l'histoire de Paris, mais il avait affirmé que cette histoire était à écrire. Il avait incontestablement créé un grand mouvement autour de cette idée. Il suffit pour être convaincu de ce fait de regarder la reproduction du plan de Truschet que la société de l'Histoire de Paris a publiée, puisque malheureusement l'original n'a pu être acquis par la ville et demeure exilé dans la bibliothèque de Bâle. Dans ce plan deux cartouches sont occupés par un long poème qui débute ainsi :

Gentils lecteurs, amateurs d'écriture,
Ioyeuls esprits, regardez la stature
Le bastiment et la fondation,
L'accroissement et l'augmentation,
Et la façon comment Paris la Ville
S'est augmentée en matière civille.
Considérez la sienne antiquité,
Où mainetz cas sont de singularité;
Regardez bien tous ces beaulx édifices;
Recognoissez ses louanges propices
Où on comprend sa valeur et noblesse,
Son hault estat, sa douce gentillesse
Et tous les biens qu'on peut en vérité
Totalement dire d'une cité.

Ce poème dont, par crainte d'ennuyer nos lecteurs, nous ne citons que le début, est celui qui termine la *Fleur des antiquitez*. Isolez les lettres initiales de chacun de ces vers, et vous trouverez le nom de *Gilles Corrozet*. Les vers sont plus prétentieux et moins heureux que ceux des *Blasons*, mais ils nous révèlent que Corrozet peut ajouter à la gloire d'avoir publié le premier livre sur Paris, la gloire d'avoir édité, sinon publié, le premier grand plan de Paris. Le savant bibliothécaire de l'hôtel Carnavalet, M. Jules Cousin, si compétent en ces matières, nous apprend, dans une très attachante notice sur le plan de Truschet, que cet exemplaire, unique aujourd'hui, fut apporté à Bâle en même temps qu'un magnifique exemplaire du livre des *Antiquitez* (édition de 1550). Le plan et le livre se vendaient ensemble en la boutique de Gilles Corrozet, au Palais.

Ainsi le nom de Gilles Corrozet se trouve mêlé à tout ce qui touche aux premiers essais de l'histoire de Paris. A ceci rien d'étonnant. Le livre des *Antiquitez*, augmenté, perfectionné, légèrement modifié dans ses divisions, resta près d'un siècle le livre unique, le livre type. Faire l'histoire de l'œuvre serait plus intéressant encore que faire l'histoire de l'écrivain, mais il faudrait nous engager dans des détails bibliographiques qui nous entraîneraient trop loin. Contentons-nous d'indiquer rapidement les formes diverses de ce volume, qui fut certainement, avec des titres un peu variés, répandu à plus de cent mille exemplaires. Du vivant même de Corrozet, M. Bonnardot compte neuf éditions. Dès 1560, nous voyons se produire assez timidement d'abord, l'édition avec additions : *Les antiquitez, histoires, croniques et singularitez de la grande et excellente cité de Paris, ville capitale et chef du royaume de France avec les fondations et bastiments, les lieux de sépulture et épitaphes des princes, princesses et autres personnages illustres. — Auteur en partie Gilles Corrozet, mais beaucoup plus augmentée par N. B., Parisien.*

N. B. c'est Nicolas Bonfons, libraire, rue *Neuve*

Notre-Dame à l'enseigne Saint-Nicolas et au *quatrième pilier en la grande salle du Palais* qui, jugeant l'ouvrage d'un bon débit, s'était efforcé de le rajeunir et avait glissé ses initiales à côté du nom de Corrozet.

Ce livre est déjà différent du précédent; il contient plus de cinquante gravures, recueillies par Jean Rubel, maître peintre; vue de l'abbaye de Saint-Germain-des-Prés, tombeaux de Saint-Denis, des Célestins, de Saint-Paul, dont quelques-uns, comme les tombeaux de Quélus et de Maugiron, furent détruits presque aussitôt après avoir été élevés et n'ont jamais été gravés que là.

Nicolas Bonfons n'avait opéré que quelques additions; son fils, Pierre Bonfons, remania l'ouvrage de fond en comble, et lui-même explique les obstacles qu'il rencontra pour mettre au courant ce livre, dont, nous le répétons, la réputation était consacrée, qui était comme une sorte d'enseigne à laquelle la clientèle restait fidèle.

« Mon père, écrit Pierre Bonfons, voulant réimprimer l'ancien recueil des Antiquitez de Paris premièrement fait par Gilles Corrozet et depuis augmenté d'un second livre notamment enrichi de plusieurs figurines, je fus persuadé de l'achever en espérant de n'épargner ni ma diligence ni ma peine; mais j'ai retrouvé mille fois plus de difficultez et de contrariétez en la poursuite de ce dessein, car la stupidité m'a teu, l'antiquité m'a desnié et la curiosité m'a recélé beaucoup de choses qui eussent éclaircy ce qui est demeuré en doute, ce dont il n'est plus de mémoire. »

Sous ces titres divers, les éditions du livre de Corrozet s'étaient succédé en 1586, 1588, 1605, 1606, 1607. En 1608 apparaissent les *Antiquitez et choses plus remarquables de Paris recueillies par M⁰ Pierre Bonfons, controlleur au grenier et magasins à sel de Pontoise, augmentées par le Père Jacque du Breul, religieux octogénaire de l'abbaye de Saint-Germain-des-Prés de Paris.*

L'intervention de Jacques du Breul indique une seconde phase dans les recherches. On devine aisément comment les choses durent se passer. Les Bonfons reconnurent leur impuissance à rajeunir encore une fois ce livre déjà si vieux. Ils avaient annoncé quatre livres dans leur dernière édition et ne purent en donner que trois. Peut-être l'emploi de Pierre Bonfons dans le grenier à sel ne lui laissait-il pas le loisir nécessaire à une pareille entreprise. L'urgence se faisait cependant sentir d'une édition toute nouvelle qui satisfît ce Paris d'Henri IV, si peu semblable au Paris de François I⁰ʳ et d'Henri II. On prit le parti de s'adresser à un véritable érudit et l'on frappa à la porte de l'abbaye de Saint-Germain-des-Prés.

Il est certaines besognes qui tentent. Le savant bénédictin auquel Bonfons a eu recours, ne songe d'abord qu'à remanier une fois de plus l'ouvrage de Corrozet et Bonfons, et il publie cette édition in-8, de 1608; mais il se voit bientôt amené, malgré son âge, à écrire un ouvrage original et personnel. Au lieu de réparer encore cette maison si souvent étayée et dont les fondations menacent ruine, on bâtit une maison neuve plus majestueuse et plus vaste. La science bénédictine se prépare à transformer ces questions; comme le dit Dubreul, elle veut s'inspirer, non *des rhapsodiens qui souvent écrivent sans caution, ains des anciens tiltres qui seront communiqués*. *Rhapsodiens* s'appliquait-il aux souvenirs de la Troade qu'évoquent sans cesse Corrozet et ses successeurs, aux récits invraisemblables qu'ils se transmettaient sans les contrôler jamais? Nous ne savons.

En tous cas l'ère des rhapsodiens est terminée; une autre école plus sérieuse, plus éclairée dans sa méthode, préoccupée davantage des archives, des chartes et des textes authentiques va substituer l'Histoire à la Fable. Le règne de Corrozet finit après avoir, nous en avons eu la preuve, duré, avec quelques transformations, près d'un siècle entier, de 1532, année où parut la *Fleur des Antiquitez*, à 1612, année où parut le livre définitif de Dubreul. L'auteur avait pris pour devise ces trois mots touchants chez un travailleur déjà chargé de tant d'années : *Spe labor levis*. L'ouvrage, en un fort volume in-4°, avait pour titre : *Le Théâtre des Antiquitez de Paris où est traicté de la fondation des églises et chapelles de la cité, université, ville et diocèse de Paris, comme aussi de l'institution du parlement, fondation de l'université et collèges et autres choses remarquables ; divisé en quatre livres, par le R. P. Jacques Dubreul, Parisien religieux de Saint-Germain-des-Prés*.

Rues Saint-Jacques et des Grès (aujd.) 1863-93

PROMENADES DANS PARIS

Du

Corps législatif

à la Bastille

PAR LE BOULEVARD SAINT-GERMAIN

I

Les fleuves, a dit Pascal, sont des routes qui marchent. Les rues, pourrait-on dire également, sont les rives d'un fleuve à double courant, dont les passants sont les ondes fuyantes. Un boulevard, c'est un fleuve. L'avenue est une rivière. Rue et ruisseau sont la même chose et presque le même mot. La rue est un ruisseau d'hommes, de voitures, de chevaux, de camions qui s'écoule entre deux quais de maisons.

Fleuve, rivière ou ruisseau, le cours d'eau est un miroir. Il réfléchit tous les paysages et tous les spectacles qu'il aperçoit sur son chemin et, selon qu'il s'avance à travers des pays heureux ou mélancoliques, il est souriant comme au printemps une forêt en fleurs, ou désolé comme les steppes de la Sibérie. Incolore par lui-même, il prend le reflet de tout ce qu'il traverse et, s'imprégnant en quelque sorte des pays et des terrains qu'il sillonne, il semble tour à tour rouler dans ses flots les paillettes d'or des moissons ou la boue noire des cités.

Ainsi fait la rue, l'avenue ou le boulevard. Chacun des quartiers, différents d'aspect et d'habitudes, teint de couleurs dissemblables ce ruban de macadam ou de pavés qui n'est monotone que pour celui qui n'observe pas. Telle partie d'un même boulevard indique la prospérité, telle autre révèle le travail acharné ou la misère sans travail.

Vous plaît-il de remonter, de son embouchure à sa source, un de ces fleuves qui portent, au lieu de bateaux, les omnibus, les fiacres et les équipages? L'occasion est bonne. Le boulevard Saint-Germain terminé nous permet de passer en revue le vieux Paris vivant encore sous le boulevard moderne. Pour l'étranger nulle excursion ne sera plus féconde en leçons que cette promenade du Corps législatif à la Bastille.

Du *Corps législatif à la Bastille!* ce titre ne résume-t-il pas l'histoire complète de Paris, oscillant sans cesse du lieu où se font les émeutes au lieu où se font les lois ?

En enfermant le sujet dans une synthèse plus étroite, un semblable trajet contiendrait à lui tout seul l'histoire

de la Révolution. Rue de *Lille,* rue des *Saints-Pères*, rue *Taranne,* voici les grands hôtels du XVIIIe siècle hospitaliers aux doctrines nouvelles, les *Bureaux d'esprit,* le club de l'*Entresol* — la Révolution des idées. Plus loin, voici la cour du *Commerce*, la rue de l'*École-de-Médecine*, la rue de l'*Ancienne-Comédie* où demeurent Danton, Desmoulins, d'Églantine, — la Révolution bouillonnant dans les cœurs de vingt ans. Enfin, voici la place de la Bastille, — la Révolution s'armant des bras du peuple. Les cerveaux, les âmes, les muscles, tels sont le logique enchaînement et le progressif développement. Si l'on prétend vous montrer rue Saint-Honoré ou place de Grève le chemin des insurrections, n'en croyez rien, c'est par le boulevard Saint-Germain qu'elles ont passé en réalité et il serait facile de vous en signaler les étapes : le *Bureau d'Esprit*, de Mme de Tencin, rue de *Lille;* le cercle du baron d'Holbach, vis-à-vis la maison de Diderot, rue *Taranne;* le café Procope à peu de distance de la rue *Taranne*, et le club des Cordeliers qui surgit rue de l'*École-de-Médecine*, à cinq minutes du café Procope et à quelques pas du logis de Marat.

Mais c'est trop nous retarder à examiner dans son ensemble ce boulevard le long duquel, à tous les angles de mur, à tous les coins, sur chaque pavé, nous verrons se lever l'Histoire et nous entendrons murmurer la Légende.

Rien n'est beau comme le débouché de ce boulevard, j'allais dire comme l'embouchure de ce fleuve que nous allons remonter ensemble. Après avoir traversé des quartiers sombres et des quartiers éclatants, il semble se précipiter à l'extrémité du pont de la Concorde dans un océan d'air et de lumière. A droite, le Corps législatif élevé sur les ruines du palais, bâti par Girardini, l'Assurrance et J. Gabriel, pour la duchesse douairière de Bourbon, agrandi par le prince de Condé qui y ajouta l'hôtel de Lassay, métamorphosé par Napoléon qui fit construire le pé-

7.

ristyle de style grec, frontispice de la salle des séances tant de fois remaniée depuis. A gauche, la façade élégante du Cercle agricole qui paraît placé là pour recommander aux législateurs de ne point se perdre dans les théories et de songer à l'agriculture et aux pommes de terre.

Devant le boulevard, les quais et la Seine, les Champs-Élysées et les Tuileries, forment un merveilleux panorama. Bien au delà sur l'horizon, les collines lointaines esquissent vaguement des lignes bleuâtres. Par-dessus tout, dominant la grandeur du tableau, une impression d'étendue sans fin prête à ce paysage urbain une majesté sans pareille, un caractère d'apaisement profond.

Le boulevard a respecté, à droite, un tout petit tronçon de la rue de Courty, percée jadis sur les jardins du prince de Dombes, fils du duc du Maine. Il a seulement atteint à son extrémité la rue de Lille, qui laisse encore entrevoir, à gauche, ses héraldiques demeures pleines de souvenirs qu'il serait trop long de mentionner.

La rue de *Lille* est vieille, en effet; elle fut ouverte en 1640 sous le nom de rue de Bourbon, en même temps que la rue de *Verneuil* par Henri de Bourbon, fils d'Henri IV et de la marquise de Verneuil, qui, en sa qualité d'abbé de Saint-Germain-des-Prés, fit percer ces deux voies publiques sur la

traversé des quartiers sombres et des quartiers éclatants, il semble se précipiter à l'extrémité du pont de la Concorde dans un océan d'air et de lumière. A droite, le Corps législatif élevé sur les ruines du palais, bâti par Girardini, l'Assurrance et J. Gabriel, pour la duchesse douairière de Bourbon, agrandi par le prince de Condé qui y ajouta l'hôtel de Lassay, métamorphosé par Napoléon qui fit construire le pé-

7.

ristyle de style grec, frontispice de la salle des séances tant de fois remaniée depuis. A gauche, la façade élégante du Cercle agricole qui paraît placé là pour recommander aux législateurs de ne point se perdre dans les théories et de songer à l'agriculture et aux pommes de terre.

Devant le boulevard, les quais et la Seine, les Champs-Élysées et les Tuileries, forment un merveilleux panorama. Bien au delà sur l'horizon, les collines lointaines esquissent vaguement des lignes bleuâtres. Par-dessus tout, dominant la grandeur du tableau, une impression d'étendue sans fin prête à ce paysage urbain une majesté sans pareille, un caractère d'apaisement profond.

Le boulevard a respecté, à droite, un tout petit tronçon de la rue de Courty, percée jadis sur les jardins du prince de Dombes, fils du duc du Maine. Il a seulement atteint à son extrémité la rue de Lille, qui laisse encore entrevoir, à gauche, ses héraldiques demeures pleines de souvenirs qu'il serait trop long de mentionner.

La rue de *Lille* est vieille, en effet; elle fut ouverte en 1640 sous le nom de rue de Bourbon, en même temps que la rue de *Verneuil* par Henri de Bourbon, fils d'Henri IV et de la marquise de Verneuil, qui, en sa qualité d'abbé de Saint-Germain-des-Prés, fit percer ces deux voies publiques sur la partie du grand Pré-aux-Clercs dépendant de l'abbaye. Cette rue a vu depuis les gloires les plus contraires et les célébrités les plus diverses prendre possession de ses vastes hôtels : hôtels de Lauraguais, de Valentinois, d'Ozombray, de Praslin, de Montmorency, de Charrost, d'Humière; hôtel de Salm, devenu le palais de la Légion d'honneur

après avoir été occupé par Mme de Staël, Lafayette, Condorcet, Étienne, Carle Vernet, le prince Eugène de Beauharnais, Mlle Clairon, les maréchaux Ney, Masséna, Mortier, ont successivement habité dans cette rue. Au n° 75 était le *Bureau d'esprit* de Mme de Tencin, qui eut tant d'influence sur le XVIIIe siècle. C'est là que fut dit par Marivaux ce mot devenu célèbre : « Voltaire, c'est la perfection des idées communes. » Au n° 105 était l'hôtel Forcalquier, où se tenait une coterie dite du Salon vert qui, du moins par l'amour qu'elle avait pour les mauvais propos, a inspiré une bonne comédie : *Le Méchant*.

A la hauteur du n° 73, le boulevard traverse la rue de l'Université. Là encore il faudrait stationner longtemps, si nous voulions citer tous les hôtels illustres à un titre ou à un autre, démolis ou subsistant en totalité ou en partie : hôtels de Broglie, de Noailles, de Guéménée, de Villeroy, de Mailly, de Soyecourt, d'Harcourt, de Périgord.

A cet endroit, le boulevard dégage complètement le ministère de la guerre, dont la nouvelle et magnifique façade est entièrement terminée. Cet hôtel, on le sait, occupe l'emplacement de l'ancien hôtel de Loménie de Brienne, qui fut habité quelque temps par Lucien Bonaparte, puis par Mme Lœtitia. Quand Loménie de Brienne quitta le ministère, en 1787, quelques jeunes gens essayèrent de mettre le feu à son hôtel et furent repoussés par ordre du maréchal de Biron.

Après avoir franchi la rue de Bellechasse, ouverte sur les débris du couvent-prieuré des chanoinesses du Saint Sépulcre de Jérusalem, dites religieuses de Bellechasse, le boulevard est resté longtemps stationnaire, il s'immobilisait net comme s'il de-

mandait des fonds pour aller plus loin; c'est sur

le seuil du ministère des travaux publics que s'arrêtait le travail.

A cette hauteur, entre le n° 63 et le n° 64, le boulevard épouse complètement la rue Saint-Dominique, mariage d'inclination, j'allais dire d'inclinaison, autant que de raison, et qui a lieu sous le

régime de la communauté. La rue agrandie se confond sur ce point avec le boulevard. Le boulevard donne son nom à la rue qui lui donne ses immeubles, ses quartiers de noblesse et ses quartiers de moellons.

Plus tard, quand on continua les travaux, rien n'était pittoresque comme l'aspect que présentaient les démolitions entre les rues de Bellechasse et la rue des Saints-Pères.

Les démolisseurs avaient pris possession des hôtels aristocratiques, et ces demeures sévèrement closes, imposantes à regarder, et conservant une sorte de grandeur triste qui contraste avec la physionomie plus gaie des hôtels modernes, étaient là ouvertes à tout venant. Le passant contemplait, étonné, ces larges escaliers de pierre, ces pièces hautes de plafond, ces vastes dépendances où l'espace n'est mesuré nulle part. Dans les cours, où poussait l'herbe, s'étalaient pêle-mêle des débris de boiseries, des tuyaux de poêles, des plâtras. Sur tous les murs on voyait des écriteaux : *Matériaux à vendre, cheminées modernes et anciennes, porte cochère sculptée époque Louis XVI.*

Ce qui tombait là c'était le Faubourg, le fameux *Faubourg* dont rêvait Balzac et dont il fut le peintre passionné; le Faubourg, avec ses salons où l'on rencontre ces charmeresses qui se nomment la duchesse de Langeais, la marquise de Listomère ou Mme de Sérizy. Que d'autres après lui les ont décrits, ces vieux hôtels auquel la foule s'intéressait, justement parce que la porte passait pour tourner difficilement sur ses gonds, et quelle jolie étude à tenter: *Le faubourg Saint-Germain dans la littérature!* Quel curieux spectacle que de voir ces écrivains, qui avaient contribué à détruire cette aristocratie, la relever de leurs propres mains, la poétiser, l'idéaliser, la ressusciter eux-mêmes comme si elle leur manquait déjà !

Le passage de la Visitation.

L'hôtel de Luynes, que vous apercevez sur votre droite dès que vous avez franchi la rue du Bac, semble la plus saisissante personnification de ces splendides habitations d'autrefois. Tout le monde sait qu'il fut construit par Le Muet, en 1650, pour la duchesse de Chevreuse, qui partagea, avec Mᵐᵉ de Longueville, les tendresses rétrospectives de Cousin. Fille aînée d'Hercule de Rohan, grand veneur de France, Marie de Rohan-Montbazon avait épousé, en 1617, le favori de Louis XIII, qui ne devint duc de Luynes qu'un peu plus tard. A la mort du duc, elle se remaria avec Claude de Lorraine, prince de Joinville, duc de Chevreuse. Elle n'eut point d'enfants de son second mari, et, quand elle mourut, les biens et l'hôtel revinrent aux enfants du premier lit. L'hôtel actuel se trouve donc être à la fois l'hôtel de Chevreuse et de Luynes.

Il est resté, il était resté, du moins jusqu'à présent, tel qu'il était au XVIIe siècle, tel qu'il est gravé dans le livre de Blondel, non point élégant et luxueux, mais magnifique par son étendue, admirable de simplicité grandiose. Nous revoyons encore par l'esprit l'immense cour et tout autour ces dépendances qui s'étendent à l'aise; à gauche, la chambre du portier, une petite cour, une remise de carrosses, une chambre de concierge, une basse-cour; à droite, les communs, le garde-manger, les cuisines, les salles du commun, la sommellerie. Tout cela était vaste, aéré, disposé pour recevoir cette armée de valets de tout genre qu'un grand seigneur entretenait à ses dépens sans savoir la plupart du temps le nombre de gens qu'il employait. C'est la disparition de tout ce monde affairé, bruyant, empressé à faire croire qu'il travaillait à quelque chose qui explique l'impression de profonde tristesse qui vous enveloppe maintenant dès qu'on franchit le seuil de ces demeures, qui semblent abandonnées même lorsqu'elles sont habitées.

Là encore les regards rencontraient partout des écriteaux : *Cheminées, glaces anciennes et modernes, matériaux à vendre.* Dans la cour gisaient en désordre quelques plaques de fonte assez curieuses, mais que les démolisseurs prétendaient vendre à prix d'or, des bustes tout étonnés de se voir par terre, d'immenses bouteilles fermant à clef.

Hâtons-nous de dire que l'hôtel de Luynes n'est pas menacé d'être démoli ; on a détruit seulement les deux avant-corps, le boulevard passe sur l'emplacement de la cour, qui donnait au chef-d'œuvre de Le Muet un caractère si majestueux. L'hôtel reste ce qu'il est et conserve ce jardin verdoyant qu'on entrevoit à travers les portes vitrées du vestibule.

La vue de ces jardins, que les démolitions faisaient apercevoir tout à coup derrière ces murailles un peu graves, était un des enchantements de cette promenade parmi les moellons. A chaque pas, en remontant vers la place Taranne, on les retrouvait, ces belles frondaisons claires, mettant leur note verte sur tous ces murs noirs, apparaissant à travers toutes les fenêtres privées de persiennes, à travers toutes les ouvertures béantes que fait la pioche.

Que de souvenirs, d'ailleurs, rappelleraient toutes ces ruines si on avait le temps de les interroger ! Au n° 19, rue Saint-Dominique, habitait Mlle de Lespinasse, dont les frères de Goncourt nous ont esquissé

un si ravissant portrait dans *La Femme au dix-*

huitième siècle. Que d'esprit s'est dépensé dans la maison de cette femme, presque pauvre, qui ne pouvait donner à souper, comme Mme Geoffrin ou Mme du Deffant, et qui se contentait de faire ouvrir tous les jours, par le seul valet qu'elle eût, les portes d'un salon où se pressaient, depuis cinq heures jusqu'à neuf heures, des hommes d'église, des hommes de cour, des hommes d'épée, des hommes de lettres.

Au débouché du boulevard, sur la place Taranne, l'aspect change soudainement. Le faubourg Saint-Germain, proprement dit, finit à cet endroit. La rue des Saints-Pères accentue nettement la ligne de démarcation qui sépare la fin du faubourg Saint-Germain du commencement d'un quartier qui n'est plus le noble faubourg aux rues tranquilles, aux habitations silencieuses, aux cafés rares et qui n'est pas encore le pays latin aux joyeuses rumeurs.

L'Académie de Médecine, qui occupe la chapelle de l'ancien couvent de la Charité, est maintenant isolée. L'air circule à travers cet espace, jadis si resserré, et nous pouvons nous arrêter une minute à réfléchir à tous les souvenirs qu'éveille cette rue Taranne, si insignifiante en apparence.

Au coin de la rue *Saint-Dominique* et de la rue des *Saints-Pères*, au n° 48, voici l'ancienne demeure du duc de Saint-Simon dont M. Armand Baschet a si admirablement reconstitué l'existence dans son livre : *Le duc de Saint-Simon et son cabinet.* Le terrible historien, qui mourut à quelques pas, rue de Grenelle, ne résida là que fort peu de temps, au moment de son mariage. Sans doute il avait installé déjà en ce logis cette galerie de tableaux où l'on admirait surtout des maîtres de l'école italienne, des Michel-Ange, des Titien, des Véronèse, des Corrège, des Léonard de Vinci, des tapisseries de Flandres à grands personnages et

rue de l'Égout

cette vaisselle d'argent dont il parle dans ses *Mémoires.* Sans doute, il avait déjà recueilli et mis sous clef bien des documents pour son livre implacable, et ce n'est pas sans respect que l'on passe devant cette demeure où le génie a médité.

Voyez le contraste! Savez-vous qui habita, un siècle après, la maison de ce duc et pair si entiché de ses privilèges? Le fils d'une fruitière, Augereau, duc par la grâce de la Victoire et pair par la grâce du roi.

Au coin de la rue *Saint-Benoît*, autrefois la rue de l'*Égout*, habitait au quatrième étage celui que les contemporains appellent le philosophe de la rue Taranne, Diderot, le prodigieux et l'étrange, le seul écrivain d'autrefois que l'on ose comparer à Saint-Simon. Tous deux en effet ont un tempérament avant d'avoir un style, tous deux sont peintres par dessus tout, tous deux possèdent au même degré la faculté de trouver ces mots pittoresques et hardis qui ressuscitent un événement en deux lignes ou racontent un homme en deux traits.

Bien des fois les gens du quartier le virent cheminer, ce fougueux et passionnant Denis Diderot, remuant dans sa tête sans cesse en ébullition, quelque projet de roman ou de drame, quelque paradoxe sur l'Art, allant s'asseoir pour causer avec lui-même, sur le banc d'Argenson, au Palais-Royal. C'est place Taranne que Jules Janin, dans *La Fin d'un monde*, fait rencontrer l'auteur de *Jacques le fataliste* et le neveu de Rameau en face la fontaine, « ornement de la rue Taranne, fontaine moins poétique et moins claire que cette source aimable où le poète Horace a puisé tant de douces chansons. »

Proche voisin de Mlle de Lespinasse, Diderot pouvait également se rendre en pantoufles chez le baron d'Holbach qui réunissait au n° 12 un petit cercle où, sous prétexte de philosophie et d'athéisme, on buvait beaucoup, paraît-il, et dont Jean-Jacques Rousseau ne parlait jamais qu'en faisant un méchant calembour : « Ce cercle Holbachique ! *O le bachique !* »

Marmontel était un des familiers de ce cercle et sans doute ne passait jamais pour s'y rendre devant la maison du duc de Saint-Simon sans songer à ces *Mémoires* du Tacite français dont, avec l'abbé Voisenon, il eut le premier connaissance comme historiographe de France, et qui lui confièrent à lui le premier leurs colères si longtemps contenues et leurs secrets si patiemment gardés.

Considérez encore les jeux de la Destinée. C'est presque en face de la maison du duc de Saint-Simon que se réunirent avant d'aller à Ménilmontant les premiers disciples de cette école Saint-Simonienne qui exerça une si considérable influence sur le mouvement de notre siècle. Enfin, c'est au n° 14 que M. Émile Boutmy avait fondé cette école des Sciences politiques, maintenant transportée rue Saint-Benoît, qui jamais ne fut plus nécessaire que dans le Présent, grâce aux gens d'esprit du Passé.

Nous nous sommes attardés rue *Taranne*; il convient de nous hâter et de ne jeter qu'un regard rapide sur cet espace immense où le boulevard Saint-Germain, démolissant une partie de la rue *Saint-Benoît*, à gauche, opérant sa jonction avec la rue de *Rennes*, à droite, arrive devant Saint-Germain-des-Prés.

L'église, presque absolument délivrée du voisinage des maisons qui l'entouraient, apparaît souriante et toujours jeune, comme la Foi, dans son vêtement de pierre qui date du XIIe siècle.

Nous avons essayé ailleurs de reconstituer ce coin de Paris tel qu'il existait jadis. Nous n'avons pas à revenir sur ce sujet.

Il faut passer sans même examiner quelques vestiges d'enceinte, quelques traces de portes qui de loin en loin, comme un jalon oublié, indiquent l'étendue de cette abbaye qui, avec ses dépendances et ses annexes, représentait un bourg fortifié, une ville à elle toute seule, dont l'église bâtie par Childebert était le clocher.

Pensons, au lieu de nous perdre dans le lointain des âges, à serrer de près notre boulevard moderne. Il dégage, nous l'avons dit, la façade méridionale de Saint-Germain-des-Prés, s'ouvre un chemin à travers la rue d'*Erfurth* en renversant l'imprimerie

Simon Raçon, et débouche au coin de la rue *Sainte-Marguerite* (devenue *rue Gozlin*) et de la place *Sainte-Marguerite* (devenue *place Gozlin*).

Ici se présentent encore des souvenirs de l'abbaye, souvenirs sinistres, ceux-là. Le boulevard passe précisément sur l'emplacement de la prison abbatiale, dite prison de l'Abbaye, où commencèrent les massacres de septembre. Peut-être les Suisses se précipitant sur les piques ont-ils râlé à l'endroit où roule cet omnibus. Peut-être Mlle de Sombreuil a-t-elle bu sur ces pavés mêmes le verre de vin ensanglanté par les mains des travailleurs de Maillard. Les cinq rues qui aboutissent *place Gozlin* dépendaient toutes de l'Abbaye (1).

La rue *Montfaucon*, qui porte le nom d'un des plus savants religieux de la Congrégation de Saint-Maur, s'était d'abord appelée rue de Bissi en mémoire du cardinal de Bissi, abbé de Saint-Germain, qui fit reconstruire les bâtiments de la fameuse foire Saint-Germain, remplacée aujourd'hui par le marché Saint-Germain. La rue du *Four-Saint-Germain* était ainsi désignée à cause du four banal de l'Abbaye établi à cet endroit. La rue de l'*Échaudé* se nommait, au XVIe siècle, *la ruelle qui va du guichet de l'abbaye à la rue de Seine*. La rue de *Buci* se recommande par des traditions plus profanes. Là

(1) Voir l'*Abbaye Saint-Germain-des-Prés*.

était l'*illustre théâtre* où Molière débuta avant de courir la province.

A la place *Gozlin* le boulevard s'est engagé dans l'étroit boyau de la rue de l'*École-de-Médecine* qu'il a anéanti entièrement. N'oublions pas qu'elle portait deux noms autrefois, cette rue de l'*École-de-Médecine*. De la rue de *Buci* à la rue de l'*Ancienne-Comédie* elle s'appelait rue des *Boucheries*, à cause de vingt-cinq étaux de bouchers installés là. Un de ces étaux appartenait au conventionnel Legendre. De la rue de l'*Ancienne-Comédie* à la rue de *La Harpe*, elle s'appelait rue des *Cordeliers* ou rue des *Cordèles*, à cause du grand couvent des Cordeliers.

Après avoir suivi quelque temps la rue de l'*École-de-Médecine* et traversé la rue de Seine, le boulevard parvient au carrefour de l'*Odéon*. Ici, nous sommes en plein quartier des Écoles ; mais le pays latin n'a plus, de ce côté, l'animation qu'il avait autrefois. Toute l'activité s'est portée aux environs du boulevard Saint-Michel.

A l'entrée de la rue de l'*Ancienne-Comédie*, un souvenir mérite de nous retenir quelques instants. Le boulevard, en effet, a effleuré, heureusement sans la détruire, la maison d'un marchand de papiers où habita le peintre Gros. On y voit encore les derniers restes du théâtre de l'ancienne Comédie-Française, qui a donné son nom à cette rue, d'abord

Rue de l'Éperon.

appelée rue des *Fossés-Saint-Germain*, parce qu'elle
avait été ouverte sur l'emplacement de l'enceinte de
Philippe-Auguste. Renvoyés de la rue Mazarine
comme trop voisins du collège des Quatre-Nations,
les comédiens du roi achetèrent le jeu de paume de
l'Étoile et chargèrent l'architecte François d'Orbay
d'y édifier un théâtre, qui fut inauguré le 18 avril 1689
par *Phèdre* et le *Médecin malgré lui*. La Comédie-
Française resta là jusqu'en 1770.

En face du théâtre était et est encore le café Procope, qui joua un rôle si important dans l'histoire du XVIII° siècle. Là venaient aboutir toutes les nouvelles de la Cour et de la Ville, tous les bruits de gazettes, de boudoirs et de salons. Là, on faisait et on défaisait les réputations. Tous les écrivains de l'époque passèrent dans ces salles, où l'on montre encore aujourd'hui la table où s'asseyait Voltaire. Dans un coin, les philosophes renversaient toutes les religions en prenant leur café; et, en attaquant le ciel, préparaient, sans s'en douter, le bouleversement de la terre. A l'autre bout, Piron lisait ses vers grivois, Fréron rédigeait son feuilleton que Voltaire lui fera payer par la comédie de *L'Écossaise*. Dans le fond, Diderot, venu de la rue Taranne, écoutait quelque éloquent et monstrueux système développé par le neveu de Rameau. Les conversations politiques et les discussions littéraires, l'histoire des coulisses et les coulisses de l'histoire, l'Encyclopédie, ses ennemis et ses amis, les amours de la Guimard, les rivalités des danseuses, les prodigalités des marquis, les sottises des traitants, tout

était mis sur le tapis ou plutôt sur le marbre des tables.

Nous n'avons pas besoin de chercher bien loin pour apprendre comment finira cette société si spirituelle et si corrompue, si charmante et si téméraire. Le boulevard Saint-Germain, après avoir épargné cette maison de la comédie, démolit ce passage du *Commerce*, passage endormi et morne aujourd'hui, vivant et bruyant autrefois, et qui eut son retentissement particulier dans le drame révolutionnaire.

C'est là que l'on battit le premier rappel au 20 juin et au 10 août. L'imprimerie de l'*Ami du peuple* de Marat était au n° 1. La plupart des acteurs de ces scènes tragiques logeaient dans les environs et se communiquaient les uns aux autres l'ardeur fiévreuse qui les dévorait. Danton habita la cour du *Commerce*, puis la rue des *Cordeliers* (rue de l'*École-de-Médecine*). Fabre d'Églantine demeurait carrefour de l'*Odéon*, Billault-Varennes rue *Saint-André-des-Arts*, Simon, le geôlier de Louis XVII, rue des *Cordeliers*. Camille Desmoulins se maria rue de l'*Odéon*, avec Mlle Anne-Philippine Laridon, celle qu'il appelait sa Lucile, celle dont il pressait le portrait sur son cœur en marchant à l'échafaud. Les deux témoins de Camille furent Pétion et Robespierre, deux camarades de Louis-le-Grand. Ce fut l'abbé Béradier, ancien principal du collège Louis-le-Grand, qui maria Desmoulins. Ceux qui l'avaient conduit à l'autel de l'Hyménée, comme on disait dans ce temps-là, devaient l'envoyer à la guillotine.

L'ancien couvent des Cordeliers, le *grand couvent de l'observance de Saint-François*, où saint Bonaventure et Jean Scott avaient étudié, avait été transformé en club. Toute cette jeunesse, toute cette vitalité entassée en ce coin étroit, dégageait je ne sais quelles magnétiques effluves où le vertige de l'enthousiasme fit bientôt place au vertige du sang.

Après avoir éventré le passage du *Commerce*, le boulevard Saint-Germain a absorbé la rue *Larrey* (ancienne rue du *Paon*) et l'impasse *Larrey* (ancienne impasse du *Paon*). Il a démoli la maison où fut assassiné Marat, maison qui portait le n° 20 rue de l'*École-de-Médecine*, pour dégager au nord l'École de médecine qui aura une façade monumentale sur le boulevard. De l'impasse on voit les murs noirs qui représentent les derrières de cette École.

C'est à ces murs que s'arrête le boulevard Saint-Germain, qui ne touche à l'École que pour lui faire du bien, pour guérir cette guérisseuse, s'il est permis de s'exprimer ainsi, d'une paralysie de côté. Il convient de s'immobiliser ici quelque temps et de nous efforcer de ressusciter l'aspect que ce quartier avait jadis.

De l'autre côté de la rue, sur l'emplacement qu'occupe aujourd'hui la clinique de l'École de médecine s'élevait ce couvent des Cordeliers, dont nous venons de parler; couvent immense et plébéien, d'où sortirent beaucoup d'orateurs populaires de la Ligue; couvent aux moines innombrables, au réfectoire pantagruélique, « dont la marmite était si grande, dit Piganiol, qu'elle était passée en proverbe, et dont le gril monté sur quatre roues, était capable de contenir une mannequinée de harengs. »

Ce fut dans ce réfectoire que fut installé le club des Cordeliers; ce fut dans le jardin du couvent que fut transporté le corps de Marat auprès duquel on voyait la baignoire et la chemise pleines de sang.

Ce fut là que tout Paris vint pleurer. Quelque monstrueux que semble le fait il est réel, Marat fut pleuré et les documents, les gravures du temps sont là pour l'attester. Regardez ce curieux dessin, d'après nature : le *Tombeau de Jean-Paul Marat, dessiné et gravé d'après le monument élevé sur la tombe de Marat, cour des ci-devant Cordeliers.* Sur des rochers groupés d'une façon pittoresque s'élève un mausolée que surmonte une urne : « Ici, lit-on sur le tombeau, repose Marat, l'ami du peuple, assassiné par les ennemis du peuple, le 13 juillet 1793. » Tout autour on aperçoit des arbres magnifiques, les arbres séculaires de ce jardin de couvent qui versèrent si longtemps leur ombre sur les méditations des religieux. Rien ne peut exprimer la poésie de ce paysage à la Gesner, qui donne un peu l'impression du tombeau de Jean-Jacques à Ermenonville. Il semble qu'on sente courir à travers ces ombrages la brise rare des belles soirées de juillet qui rafraîchit la ville, tandis que les commères, assises sur le pas des portes, devisent du grand événement de la veille. A gauche, des hommes et des femmes s'embrassent dans l'attitude d'un véritable désespoir; deux jeunes filles agenouillées joignent les mains et prient; un garde national à droite semble faire jurer à son fils de venger Marat; un sectionnaire monte la garde la pique au poing; enfin, devant le tombeau, ou plutôt devant l'autel, une femme est, non plus agenouillée, mais prosternée, embrassant le sol et tenant à la main une corbeille de fruits dont elle semble faire hommage à l'Éternel, c'est-à-dire à Marat!

Cela est ainsi, et n'est qu'une très sincère traduction des impressions de l'époque. Desmoulins, le mari de Lucile, le lettré exquis qui ne pouvait travailler qu'avec des fleurs à côté de lui, appelait le *divin* Marat cet homme hideux, couvert d'une lèpre horrible, suant par tous les pores la lâcheté et le crime. Il est impossible de ne pas s'arrêter devant ces spectacles quand on les rencontre sur son passage; on éprouve, en effet, devant eux, ce sentiment de colère que cause un fait dont on ne peut se rendre compte. Faites abstraction de votre personnalité, identifiez-vous avec les individualités du Passé; évoquez, en fermant les yeux, le milieu, l'atmosphère d'idées, le temps qu'il faisait le jour où tel événement s'accomplissait, et vous arriverez à comprendre les types les plus étranges et les moins sympathiques. Les honneurs divins rendus à ce médecin des chiens et à cet aboyeur de la guillotine, sont une des deux ou trois choses dans l'histoire qui restent inexplicables aux plus habiles à tout analyser.

Le boulevard a supprimé la rue du *Jardinet*, où nous avons été rêver bien des fois. Rien n'était curieux comme ce coin de Paris. Bâtie sur l'emplacement des jardins d'un ancien collège de Vendôme,

rue des Poitevins.

la rue était restée pleine de nids et pleine d'enfants. Partout des institutions de garçons et de filles envoyaient par-dessus les murs les rires joyeux des récréations, ou les bourdonnements des heures d'études. Partout des branches se faufilaient on ne sait comment entre deux hautes murailles, ou se montraient par-dessus les treillages, pour écouter marcher le passant. C'était plaisir que de déambuler dans cette rue en zigzag, où s'ouvraient toutes sortes d'échoppes en plein vent, dans lesquelles s'entassaient des traités de médecine, des livraisons illustrées, des objets de ménage.

le passage de Rohan

Et de la rue du *Jardinet*, on allait rue *Serpente*, rue de l'*Éperon*, rue *Mignon*, rues serpentantes et sinueuses, s'enfermant entre elles dans le dédale de leurs pavés raboteux. Le soir, au clair de la lune, toutes ces maisons irrégulières ont des allures bizarres; il semble qu'on se promène dans une ville de province, dans une vieille cité féodale. Le boulevard Saint-Germain a passé là, et c'est à peine si quelques arbres saupoudrés de la poussière blanche des démolitions témoignent de la physionomie qu'avait ce quartier champêtre autrefois. Nous pouvons nous amuser quelques instants à parcourir cette rue Hautefeuille, ainsi nommée des hautes futaies qui la couvraient jadis. Bien des maisons seraient curieuses à interroger, bien des inscriptions de la vie monastique, bien des escaliers d'autrefois sont demeurés, bien des tourelles nous rappelleraient peut-être les hôtels disparus, l'hôtel de Fécamp, l'hôtel de Forez qui existèrent là. Là étaient le collège et le prieuré des religieux Prémontrés. Il y a quelques mois encore l'église servait de café; on criait pour avoir des billes et des chopes sous ces voûtes, qui jadis avaient résonné des chants religieux. L'église des Prémontrés de Paris, convertie en café, quelle conversion ! Et en même temps le superbe couvent des Prémontrés, situé à Prémontré, près de Laon, sert d'hôpital pour les fous. L'alcoolisme, dans l'ancienne église de Paris, ôte la raison à ceux que l'ancien couvent essaiera de calmer à la campagne.

Tout chemin mène à Rome, dit-on. Le boulevard Saint-Germain y conduit. Voici en face de nous l'ancien palais des Thermes et la grande ombre des Césars. Il nous faut suspendre un instant notre voyage, car la course fournie est suffisante déjà et passablement

Rue Hautefeuille

accidentée. C'est ici qu'on peut comprendre, après un si long trajet à travers tant de souvenirs, l'inscription antique : *Sta viator, Cæsarem calcas*.

II

Le spectacle est tout différent de celui que nous avons aperçu jusqu'à présent sur notre route. Le boulevard Saint-Michel est de nos jours le centre d'activité du quartier Latin. Sans cesse parcouru par la population des écoles, incessamment empli de conversations sonores que la nuit interrompt à peine, sillonné par les voitures qui se croisent en tous sens, bordé de boutiques et de cafés toujours animés, il forme un saisissant contraste avec le palais des Thermes.

Le palais habité par Constance Chlore et par Julien, occupé par les rois de la première race, étendait jadis ses vastes jardins de la Seine à la Sorbonne. Et en voyant s'écouler devant le palais antique toute cette jeunesse que le boulevard moderne emporte en un va-et-vient perpétuellement renouvelé, on se demande involontairement ce que Paris sera demain en songeant à ce qu'il était hier. Hier, c'est-à-dire il y a quatorze cents ans, dans ces Thermes, Julien, quittant le *tepidarium* pour le *frigidarium*, se délassait des fatigues du bain en méditant Platon ou en écrivant la *Satyre de*

César; les nautes parisiens guidaient leurs barques à travers les roseaux qui couvraient le fleuve, et, dans tout cet immense espace destiné à devenir la capitale du monde, on ne rencontrait que des prés

verdoyants, des forêts profondes, des marais à perte de vue.

Demain, c'est-à-dire dans quatorze cents ans, quand bien des soleils se seront couchés sur cette

Seine, ce qui aura été Paris dormira peut-être dans la poussière des Ninive et des Babylone ; et, parmi les herbes repoussées, le pâtre heurtera du pied une inscription qu'il ne saura déchiffrer, l'enseigne de l'un des cafés du boulevard Saint-Michel !...

> Dictes moy ou, n'en quel pays
> Est Flora la belle Romaine,
> Archipiada, ne Thaïs
> Qui fut sa cousine germaine.

Ainsi chantait Villon, l'habitué de toutes les ruelles sombres que le boulevard Saint-Germain traverse, le compagnon des innombrables écoliers qui grouillaient dans les innombrables collèges dont les vestiges sont semés sur notre chemin, compagnon de jeu et non de travail, comme il le dit si bien, à l'heure des jours amers, cet aïeul de tous les bohèmes. Ainsi chantait Villon, et des hétaïres grecques couronnées de roses et accompagnant l'hymne à Éros sur le mode ionien, il passait aux beautés altières du Moyen Age. Devant ses contemporaines triomphalement coiffées du gigantesque hennin que les prédicateurs vouaient au diable, il évoquait les trépassées.

> La royne Blanche comme ung lys
> Qui chantait à voix de sereine
> Berthe au grand pied, Bietris, Allys,
> Harambourges qui tint le Mayne.

Elle habitait là, dit-on, *la royne Blanche comme ung lys* dans cette rue *Boute-Brie* que nous rencontrons sur notre gauche après avoir jeté un coup d'œil sur les débris de la rue de la Harpe. On montrait encore, il y a quelques années, une élégante maison, l'ancien hôtel de Marle, que la tradition assurait avoir été occupé par la reine Blanche. Par malheur ce charmant hôtel du XVI° siècle, ne pouvait faire remonter sa généalogie au delà du règne de Henri II, et la *reine*

Blanche — c'est-à-dire la reine *veuve* — eût été la sombre Catherine de Médicis, à laquelle ne conviendraient ni l'épithète trop candide, ni le logis trop modeste.

La rue *Boute-Brie*, ainsi baptisée d'Erembourg de Brie, s'appela successivement rue *Erembourg-de-Brie, bout de Brie, Bouttebrie*. On la nomma aussi rue des *Enlumineurs*. Voisine de la rue de la *Parcheminerie*, la rue *Boute-Brie* donnait asile, en effet, à tous ces artisans qui étaient des artistes, à tous ces travailleurs amoureux de leur art qui nous ont conservé tant de précieuses chroniques, qui ont enrichi tant de vieux missels d'enluminures naïves, et fraîches encore aujourd'hui comme au temps où les seigneurs et les clercs, s'aventurant dans le dédale de ces quartiers, allaient admirer les Vierges souriantes sur fond d'or, et les belles lettres onciales, et les Empereurs de Rome habillés en Sarrazins.

A gauche encore, nous rencontrons la rue *Domat*, ancienne rue du *Plâtre*, où était le collège de Cornouailles.

A droite et à gauche, voici la rue *Saint-Jacques*, rue murmurante, montueuse, escarpée. Les rumeurs confuses qui jadis s'élevaient du soir au matin entre ces deux rives de hautes maisons ont perdu de leur intensité aujourd'hui.

Tant de débouchés ouverts de tous les côtés ont fini par avoir raison de ce bourdonnement qui toujours montait et descendait le long de ces pavés anguleux. C'est une des rues de Paris où ont passé le plus d'intelligences, cette rue *Saint-Jacques* qui successivement, s'est appelée de tant de noms différents : *via Superior*, au temps où elle était une voie romaine, *Grande-Rue près Saint-Benoît le Bestourné, Grande-Rue près du chevet de l'église Saint-Severin, Grande-Rue Oultre le Petit-Pont, Grande-Rue Saint-Mathelin.*

Il serait trop long de rappeler tous les souvenirs de la rue *Saint-Jacques*, depuis la chapelle de Saint-Yves, patron des gens de Bazoche, jusqu'au Collège de France entièrement dégagé, qui vit se presser devant ses portes, depuis 1530 jusqu'à nos jours, depuis Pierre Danès, Ramus, Budé jusqu'à Villemain, Michelet et Saint-Marc Girardin, tant de générations d'étudiants faisant retentir le voisinage de leurs admirations expansives ou de leurs hostilités véhémentes.

N'oublions pas, cependant, un souvenir auquel l'inauguration du buste d'Ulric Gering à la bibliothèque Sainte-Geneviève prête une sorte d'actualité. C'est dans cette rue que fut établi, en 1473, par Gering et ses compagnons Martin Crantz et Michel Friburger, la première imprimerie, à l'enseigne du

Soleil-d'Or; mais c'est de la Sorbonne même qu'était sorti trois ans plus tôt le premier livre imprimé à Paris, les *Épîtres de Gasparin Barzizi,* terminé par cette précieuse attestation signé des premiers pères de la typographie parisienne.

> *Primos ecce libros, quos hæc industria finxit*
> *Francorum in terris.....*
> *Michael, Uldericus, Martinusque magistri*
> *Hos impresserunt : ac facient alios.*

Un exemplaire de ce précieux volume vient de passer à la vente Firmin Didot; il a été adjugé au prix énorme de 17.550 francs à un libraire de Londres, au grand désespoir de notre bibliothécaire de la Ville obligé de dire, comme à Fontenoy : « Après vous, messieurs les Anglais. »

Cette petite rue enfoncée en quelque sorte sous la terre, qui s'étend en contre-bas le long de la chaussée et a l'air comme honteuse de paraître si vieille à côté de ce boulevard si jeune, cette rue que l'on regarde du haut d'une rampe de bois et qui semble représenter le Passé, se dissimulant dans les profondeurs du sol, tandis que le Présent s'affirme orgueilleusement en plein soleil, c'est la rue des Noyers. Jadis une avenue de noyers s'étendait là. Un poète lyrique dont les épigrammes valent mieux que les odes, J.-B. Rousseau, a habité cette rue.

Deux rues qui débouchent dans la

St-Jean-de-Beauvais en 1863.

rue des *Noyers* méritent d'attirer une minute notre attention sur la droite : la rue *Saint-Jean-de-Beauvais* et la rue des *Carmes* ouvertes toutes deux sur le clos Bruneau.

Rue *Saint-Jean-de-Beauvais* était le collège de Dormans-Beauvais où professèrent saint François-Xavier et Rollin. Au n° 17 se trouvait la célèbre imprimerie de Robert Estienne. Sans doute, à cette enseigne de *l'Ollivier* plus d'un écolier s'arrêta longuement pour lire les épreuves affichées à la porte et tâcher de gagner la somme promise par les Estienne à qui découvrirait une *coquille*.

Rue des *Carmes* étaient les collèges des Lombards ou d'Italie, de Dace et de Presles où Ramus fut assassiné la nuit de la Saint-Barthélemy.

Nous sommes arrivés place *Maubert* (1).

Le marché des Carmes s'élève sur l'emplacement de l'ancien couvent des Carmes. Le cloître, curieux spécimen de l'art du XIV° siècle, était orné de peintures murales représentant la vie d'Élie, le prophète du Carmel, que les Carmes considérèrent comme le fondateur de leur ordre.

C'est dans le cloître des Carmes (1) qu'était enterré Gilles Corrozet, libraire, notre ancêtre à tous, qui le premier essaya cette description de Paris que tant d'autres devaient tenter après lui.

(1) Voir *le Premier historien de Paris*.

humble historiographe, auquel nous consacrons une étude dans ce volume et qui, du moins, eut le mérite d'être un précurseur et de penser à transmettre aux générations futures quelques indications sur le Paris où il avait vécu.

Tandis que nous songeons au vieux libraire qui prit pour devise *Plus que moins*, nous oublions de contempler le spectacle de notre boulevard.

Voici à droite la rue de la *Montagne - Sainte - Geneviève*, à droite encore la lumineuse percée de la rue *Monge*, qui laisse entrevoir sur une hauteur l'École polytechnique, tandis que sur la gauche on distingue Notre-Dame : l'École, qui est le temple des sciences exactes, et l'Église, qui est l'école de la Vérité vivante.

L'École polytechnique dont il serait impossible d'énumérer toutes les illustrations, occupe la place du collège de Navarre, qui fut fondé en 1304 par Jeanne de Navarre, femme de Philpipe le Bel, et qui était, dit Jaillot, l'école de la noblesse française et l'honneur de l'Université. « C'est là, dit l'historien Mathieu, que Henri IV fut institué aux bonnes lettres et qu'il eut pour compagnons le duc d'Anjou, qui fut son roi, et le duc de Guise, qui le voulut être. » Richelieu et Bossuet furent également élevés au collège de Navarre (1).

(1) Puisque nous passons à quelques pas de l'École polytechnique, rappelons en quelques lignes la disparition du dernier bâtiment qui restait des constructions de l'ancien collège de Navarre. Ce bâtiment, qui formait saillie à droite sur la grande cour des élèves et qui jadis était limité de l'autre côté par la rue Clopin, était l'ancien réfectoire.

A vrai dire, il ne présentait qu'un intérêt relatif; il avait été, d'ailleurs, à plusieurs reprises, l'objet de réparations qui en avaient dénaturé le caractère. Le rez-de-chaussée avait été coupé en deux par un plancher pour y pratiquer un second étage. Au moment des travaux ordonnés, il y a quelques années, pour étayer le bâtiment qui menaçait ruine, l'architecte, M. Henry, a mis à jour des sépultures partout où le sol a été fouillé. Ces sépultures se ressemblent toutes; ce sont de simples cercueils en plâtre de Paris et, sous la tête, un petit bloc de plâtre en manière d'oreiller; on n'a découvert aucune inscription ni aucun de ces objets qui se présentent dans certaines sépultures gallo-romaines Ce réfectoire était utilisé en dernier lieu comme salle d'escrime et comme dépôt d'armes.

La salle du haut, où Charlet et Léon Coignet ont appris le dessin aux polytechniciens, était destinée jadis au cours de théologie;

Le collège de Navarre est le cinquième collège que nous rencontrons sur nos pas, et il faudrait une page si nous voulions les signaler tous : collège de la Marche, collège de Laon, collège des Trente-Trois, collège de Séez, de Fortet, de Lisieux, etc. L'Université n'en comptait pas moins d'une soixantaine.

Fondés par la libéralité d'un grand seigneur ou d'un évêque pour un nombre très restreint d'écoliers d'une province déterminée, ces collèges s'enrichissaient d'ordinaire, des legs d'anciens boursiers, de princes pieux, de régents qui se souviennent d'avoir été accueillis là pauvres et abandonnés de tous, et qui, après avoir réussi dans la vie, se remémorent en mourant l'établissement qui leur a servi de famille. Celui-ci lègue des rentes pour une bourse, celui-là une maison ; un troisième sa bibliothèque ; un autre des tapisseries et des meubles.

on y dressait ces deux chaires rivales où Dieu et le Diable parlaient tour à tour par la bouche de quelque rhéteur scolastique, et sans doute, de Jean Gerson à Bossuet, plus d'une voix éloquente y passionna un auditoire enthousiaste par la force de son raisonnement ou la subtilité de sa casuistique. La bibliothèque du collège était installée là au XVIIIe siècle.

Les combles étaient peut-être la partie la plus curieuse à cause du système des fermes très original et très habile à la fois ; ces poutres, qui dataient de quatre cents ans, étaient encore en parfait état de conservation, grâce à l'antipathie que le bois de châtaignier a le privilège d'inspirer aux araignées et aux termites.

M. Le Feuve, dans ses *Anciennes maisons de Paris*, fournit là-dessus à propos du collège de Presles des renseignements fort utiles pour refaire une très intéressante étude sur les petits collèges d'autrefois, pour peindre l'existence de ces boursiers tout heureux de s'élever par la science au-dessus de leur condition et si différents des externes libres et des tumultueux escholiers qu'on appelait alors *martinets* ou *galoches*, et qui emplissaient le Pré-aux-Clercs de l'éclat de leur gaîté et du bruit de leurs querelles.

Ces quelques lignes sur les collèges ne nous éloignent pas de la place *Maubert*, elles nous y ramènent au contraire. Elles aident à comprendre l'aspect bruyant, effervescent, tumultueux qu'avait jadis cette place, la *Halle* de la rive gauche, entourée de maisons dès le XIIe siècle, qui eut l'écho de toutes les séditions du vieux Paris, qui servit de théâtre à de fréquentes exécutions et qui vit constamment commencer les barricades depuis la Ligue jusqu'en 1848.

Les ardeurs de la jeunesse se réunissaient aux ardeurs populaires. A l'époque de la Renaissance particulièrement l'enseignement était un apostolat et un combat. L'enthousiasme de toutes ces civilisations retrouvées se communiquait des professeurs aux élèves. Songez aussi quel grand trouble et quel étonnement à la fin du XVe siècle : les premières imprimeries imprimant, la joie de ceux qui rapportaient les feuilles encore humides, la curiosité de ceux qui rôdaient autour de ces ateliers où dans la crainte et dans l'espérance, des ouvriers presque effrayés de leur puissance naissante essayaient ce formidable instrument !

Songez aux propos qu'entendirent ces ruelles populeuses quand les premiers volumes succédèrent aux derniers manuscrits, quand tous ces jeunes gens sentant qu'ils étaient nés en des temps où l'on assisterait à du nouveau, devisaient de la surprenante découverte et se demandaient ce qui en allait advenir.

Après avoir entendu Ramus au collège de France, regardé entrer François Ier chez Robert Estienne, les élèves de ces divers collèges se répandaient dans les alentours mêlant les rivalités de province aux rivalités d'idées, ajoutant leur tumulte au bruit que faisaient les blanchisseuses de la rue des Lavandières, et les marchandes en plein vent qu'abrite maintenant le marché des Carmes.

Suivant une tradition la place *Maubert* avait été elle-même un collège, collège forain, collège primitif où les écoliers, assis sur des bottes de foin, écoutaient Albert le Grand, maître Albert (de là *Maubert*) dont on a donné le nom, croyait-on, à une rue voisine (ancienne rue *Perdue*). Mais les *Recherches* de Jaillot nous apprennent que *Maubert* n'est qu'une corruption du nom d'Aubert, abbé de Sainte-Geneviève, au commencement du XIII° siècle qui fit édifier en ce lieu les premières maisons et y fonda un marché.

Nous avons dit que la place *Maubert* servait aux exécutions capitales. C'est là que fut brûlé, le 3 août 1546, Étienne Dolet, « condamné pour blasphème, sédition et exposition de livres prohibés et damnés. à être mené dans un tombereau depuis la Conciergerie jusqu'à la place Maubert où serait plantée une potence autour de laquelle il y aurait un grand feu auquel, après avoir été soulevé en ladite potence, il serait jeté et brûlé avec ses livres, son corps converti en cendres ».

C'était sur la place Maubert qu'était l'étude de maître Allain, chez lequel Voltaire fut clerc quelque temps.

III

Nous avons laissé le boulevard Saint-Germain au coin de la rue de *Bièvre*, devant l'emplacement d'un ancien hôtel qui aurait eu quelque temps pour locataire la marquise de Brinvilliers dont l'hôtel historique existe encore rue Charles V, occupé par une communauté vouée au soulagement des malades. Rappelons que la rue de *Bièvre* possédait elle aussi, un collège : le collège de Chanac, nommé également collège de Saint-Michel, où le Cardinal-Ministre Dubois fut domestique, puis boursier.

La rue de *Bièvre* est redevable de son nom à l'ancienne embouchure de la Bièvre qui, détournée de son cours naturel dès le XIIIe siècle pour couler à travers l'enclos de l'abbaye Saint-Victor, rejoignait la Seine à cet endroit.

Le Boulevard passe devant le chevet de l'église Saint-Nicolas-du-Chardonnet. Reconstruite en 1709 sur les ruines d'une chapelle bâtie en 1230 dans un terrain rempli de chardons, l'église Saint-Nicolas contient quelques tableaux remarquables de Coypel, de Mignard, de Lebrun et de Valentin, les tombeaux du peintre Lebrun et de sa mère, de Santeuil et de la famille d'Argenson.

Rue de *Pontoise*, à droite, au coin du boulevard, ces hurlements plaintifs nous révèlent les Magasins de la fourrière de la Préfecture de police.

C'est là, en cet établissement qui mériterait par ses contrastes singuliers une description détaillée, que viennent s'échouer toutes les épaves de la voie publique. C'est le bureau des objets perdus de

grande dimension. Voitures abandonnées, camions sans conducteurs, charrettes délaissées au seuil d'un cabaret, animaux errants, colis jetés par les voleurs poursuivis, boîtes au lait oubliées, tout arrive à *Pontoise*. Le cheval pur sang qui s'est enfui en renversant son cavalier et le cheval de fiacre fourbu y

sont réunis. Toutes les races de chiens sont représentées, depuis le King-Charles bien-aimé que l'on pleure en quelque riche demeure jusqu'au caniche dont l'aveugle est mort dans un grenier. Ils gémissent tous en chœur, car ce lieu est plein de précédents funèbres. Sur 900 animaux amenés là par mois, 600 sont condamnés à mourir d'une mort lamentable. S'ils ne sont pas réclamés au bout de huit jours on les pend.

Rue de *Poissy*, du côté droit, ces murs fraîchement badigeonnés, au pied desquels un sapeur-pompier monte la garde, valent la peine de nous retenir quelques instants. Ce pompier à casque tient la place d'un moine à capuchon. Cette caserne de sapeurs-pompiers est installée dans les restes de l'ancien couvent des Bernardins. Le cloître, transformé en manège, subsiste encore presque complètement, et du dehors on se rend compte parfaitement de la situation des bâtiments dont le réfectoire monumental est seul resté debout.

Sur la gauche, après avoir dépassé la rue insignifiante du *Cardinal-Lemoine*, où se trouvait encore un important collège, le collège du Cardinal-Lemoine, disposé pour 24 boursiers, une maison d'un grand style apparaissant à travers des arbres, attire le regard. C'est l'ancien hôtel de Clermont-Tonnerre, construit par Gabriel Leduc, sous Louis XIV, et habité jadis par M. Leroy Saint-Arnaud, frère du maréchal. L'entrée de cet hôtel, admirablement conservé, est au 27, quai de la Tournelle.

Nous avons parcouru d'un bout à l'autre le nouveau boulevard Saint-Germain qui devrait ici s'appeler boulevard Saint-Victor, et à cette halte dernière, le panorama, cette fois encore, est merveilleux.

Devant nous voici la Seine que nous avons longée de loin depuis le pont de la Concorde et que nous retrouvons là avec un paysage moins majestueux peut-être, plus accidenté et plus mouvementé en tous cas.

A droite la Halle aux vins si pittoresque d'aspect cache sous la verdure de ses grands arbres ces pavillons légers, ces comptoirs, ces bureaux qu'entourent des parterres pleins de fleurs. En ce lieu où s'opèrent de si importantes transactions, où l'on vend par millions d'hectolitres les vins et les eaux-de-vie, retentissaient jadis les hymnes religieux.

La Halle aux vins, en effet, s'élève sur les ruines de la célèbre abbaye de Saint-Victor fondée par Louis le Gros en 1110, où séjournèrent saint Bernard et saint Thomas de Cantorbéry et où fut enterré Hugues de Sully, évêque de Paris.

A gauche s'étend le quai de *la Tournelle*, quai paisible et mélancolique aujourd'hui, qui jadis fut un des centres d'activité de la capitale.

Ce Paris dont le mouvement se déplace si facilement se plaisait au temps de Louis XIV en cet endroit où la campagne commençait. Là était la porte de la Tournelle ou porte Saint-Bernard que l'architecte Blondel avait remplacée, en 1674, par un arc de triomphe dans le style de la porte Saint-Denis.

Le long de la Seine s'étendait une avenue d'arbres ombreux, promenade chère au *high-life* du XVIIe siècle, où les grands seigneurs, les belles dames, les bourgeoises de bon ton se donnaient rendez-vous pendant les jours d'été. « Tout le monde connaît, dit La Bruyère, cette longue allée qui borde et resserre la Seine au moment où elle entre dans Paris avec la Marne qu'elle vient de recevoir. Les hommes s'y baignent au pied durant les chaleurs de la canicule ; on les voit de fort près se jeter dans l'eau, on les en voit sortir. C'est un amusement. Quand cette saison n'est pas venue, les femmes de la ville ne s'y promènent pas encore ; et quand elle est passée, elles ne s'y promènent plus. »

Par plus d'un trait, on le voit, le point d'arrivée ressemble au point de départ. Nous avons croisé devant le Corps législatif les voitures emportant au Bois les habitants des hôtels du faubourg Saint-Germain ; nous nous retrouvons au quai de la Tournelle, devant le rendez-vous des élégances du Passé, à l'endroit qui fut une promenade à la mode, comme le *tour du lac* l'est aujourd'hui.

Une curieuse similitude de nom ajoute à la ressemblance. L'architecte qui a construit une partie du boulevard Saint-Germain, et notamment l'hôtel du cercle agricole, que nous avons aperçu au début de notre voyage, s'appelle Blondel, comme l'architecte de cette porte Saint-Bernard, qui s'élevait jadis à la place où le boulevard Saint-Germain commence actuellement.

Si, au temps où l'arc de triomphe de Blondel ouvrait ses deux arches surmontées de l'inscription : *Ludovico magno abundantia parta*, le Plaisir s'aventurait volontiers sur ce quai, la Charité s'y trouvait également représentée. Devenue veuve à seize ans, Mme de Miramion avait établi là un couvent, à côté de l'hôtel de Nesmond, sur le terrain qu'occupe la pharmacie centrale des hôpitaux civils. Des jeunes filles pauvres, les *Miramiones*, recueillies par celle que Mme de Sévigné a appelée une Mère de l'Église, se consacraient au traitement des malades et à la visite des blessés.

Mme de Miramion avait eu dans ces parages un prédécesseur illustre, saint Vincent de Paul, qui avait obtenu que les forçats attendissent, en de meilleures conditions qu'à la Conciergerie, dans un des bâtiments dépendant de l'ancienne porte Saint-Bernard, le départ de la chaîne.

Bien des causes contribuaient à donner alors au quai de la Tournelle un mouvement qu'il n'a plus aujourd'hui. Là était le bureau du coche d'eau pour la haute Seine et la Marne; là aussi se trouvait le port aux Tuiles où les chalands apportaient avec des tuiles les pommes et les fruits, et le grand marché des vins dont les arrivages se partageaient entre le port Saint-Paul et le port Saint-Bernard.

Si ce coin de Paris ne montre plus l'animation joyeuse d'autrefois, il a gagné à son abandon je ne sais quelle poésie apaisée qu'alimentaient de sujets de méditation, il y a une année, tous les monuments qui projetaient leur masse imposante de ce côté des quais : Notre-Dame, les ruines lointaines de l'Hôtel de Ville remplacées maintenant par des échafaudages, les bâtiments tristes de l'Hôtel-Dieu aujourd'hui complètement démolis.

VI

Ici le nouveau boulevard franchit la Seine sur un pont biais de quatre arches coupé par un terre-plein à la tête de l'île Saint-Louis. Il atterrit sur le quai de *Béthune*, appelé successivement quai du *Dauphin*, quai des *Balcons*, et quai de la *Liberté*, de 1792 à 1806.

Le décor change encore une fois. Rien de calme, de silencieux, d'imposant comme cette île, nous dirions volontiers cette petite ville Saint-Louis. Tandis que Paris s'agite, se hâte, trépide, se remue, se passionne dans sa vie à outrance, l'île Saint-Louis vit doucement sa bonne vie paisible. Une impression d'apaisement pénètre en vous quand on parcourt ces rues dormantes. Les visages eux-mêmes ont je ne sais quoi de moins troublé et de moins nerveux. On voit là de ces figures de vieux serviteurs, comme on en rencontre encore en province. On est à deux cents lieues de Paris, on est à deux cents ans en arrière. Ces maisons ont gardé leur aspect austère d'autrefois. Par la porte cochère, on aperçoit les escaliers monumentaux; par les fenêtres ouvertes les hauts plafonds.

Ce quartier d'apparence si grave est cependant relativement jeune. Au XVIe siècle, l'espace compris maintenant sous le nom d'île Saint-Louis était divisé en deux îlots tranchés jadis pour raisons stratégiques, par le prolongement du fossé de Philippe-Auguste : l'île *aux Vaches* et l'île *Notre-Dame*. Ces deux îlots verdoyants étaient abandonnés, moyennant redevance, aux bestiaux et aux lavandières. En 1614, une société composée de Marie, Le Regrattier et Poultier, mettant à exécution un des nombreux projets édilitaires de Sully, obtint le droit de bâtir sur ces deux îles dépendant du chapitre de Notre-Dame, à la condition de les réunir entre elles en comblant l'étroit canal qui les séparait. Les noms du *Pont Marie*, des rues *Regrattier* et *Poultier* rappellent ces travaux et font songer aux temps lointains où, ombragée de peupliers et couverte d'herbages, l'île Saint-Louis n'avait encore vu s'élever aucun des hôtels somptueux qui s'y pressèrent à la fin du XVIIe siècle.

On pourrait appliquer à tous les anciens hôtels du quai de *Béthune*, ce que Tallemant des Réaux dit de l'hôtel Bretonvilliers en particulier : « Après le sérail de Constantinople, c'est le bâtiment du monde le mieux situé. » En dépit du temps et des changements qu'il a apportés à la physionomie de ce coin de Paris, on peut se rendre compte du panorama pittoresque qu'on embrassait de la terrasse de ces hôtels, qui, situés eux-mêmes à l'intérieur de la ville, avaient vue sur la pleine campagne. De l'autre côté du fleuve, on distinguait le mouvement incessant des promeneurs et des promeneuses du quai Saint-Bernard. En face, contrastant par ses allures sévères avec cette animation de la vie mondaine, l'abbaye Saint-Victor étendait ses masses de verdure que surmontait le svelte clocher et la majestueuse nef de la splendide église. A gauche, le *vieux chemin d'Ivry* conduisait aux champs, et le dimanche bien des familles parisiennes, dépassant la porte triomphale de Blondel, s'en allaient par ce chemin, emportant dans les paniers de quoi dîner gaiement sur l'herbe.

Rien d'étonnant à ce que la promenade sur l'eau tint une place considérable dans les habitudes des propriétaires de ces hôtels. Chaque demeure avait son escalier souterrain qu'il est facile de retrouver encore ; l'escalier souterrain conduisait à une porte d'eau devant laquelle une barque élégante, une gondole légère était amarrée. Bien des escaliers descendant du quai de Béthune à la Seine attestent les goûts nautiques de cette époque. L'enfant qui vient jouer là, le pêcheur à la ligne qui attend flegmatiquement que *cela morde*, ne se doutent point que sur ces marches bien des cavaliers du temps jadis ont tendu la main à quelque grande dame pour s'élancer sur le bateau. C'était la mode ; on naviguait comme à Venise, à la clarté des étoiles, durant les nuits d'août alors que, après avoir chanté *Complies*, les moines dormaient dans l'abbaye voisine, alors que dans la ville, les bourgeois attardés pressaient le pas sous les rares lanternes aux lueurs indécises, alors que le boulevard si brillant aujourd'hui était désert comme le sont maintenant les boulevards extérieurs à minuit, et incomparablement plus dangereux à fréquenter puisque nous voyons les habitants eux-mêmes, comme le sculpteur Simon Guillain, un voisin de la porte Saint-Denis, obligés de faire la police en personne, à coups de casse-tête à leurs risques et périls.

Le nouveau pont débouche précisément sur l'emplacement d'une grande demeure historique, l'hôtel Bretonvilliers, qui vient de disparaître et dont le terre-plein actuel représente à peu près la terrasse célèbre.

Construit par Du Cerceau pour le Ragois de Bretonvilliers, l'hôtel, comme presque toutes les demeures de ce quartier, était décoré de peintures dues aux artistes les plus illustres du temps : Vouet, Mignard, Bourdon. Occupé successivement par l'administration générale des fermes, puis par une manufacture d'armes, il avait perdu à toutes ces transformations son caractère architectural. On reconnaissait encore cependant dans la maison du quai de Béthune, qui portait le n° 18, des vestiges rappelant les dispositions de l'ancien hôtel, un vieil escalier, quelques débris du jardin et la trace du passage souterrain qui conduisait à une porte d'eau.

Dans la rue Bretonvilliers, nous trouvons les ruines d'un ancien hôtel de Richelieu, hôtel démantelé, dénaturé, défiguré, morcelé qui, de même que l'hôtel de Bretonvilliers, est reconnaissable malgré tout au milieu des constructions voisines. Il appartint à la duchesse douairière de Richelieu, en premières noces marquise de Noailles, qui le légua à son beau-fils, le duc de Richelieu, de galante mémoire ; lequel l'avait sans doute occupé du vivant de son père, entre 1711 et 1715, quand il n'était encore que duc de Fronsac, après son mariage avec Catherine de Noailles, fille de sa belle-mère.

Le boulevard, après avoir renversé l'hôtel Breton-

villiers, a heureusement respecté le magnifique hôtel Lambert qui se trouve sur son alignement.

Lebrun, Levau, Lesueur, 1640, tels sont les noms que l'on lit au fronton de cet hôtel, et vraiment il est bien à eux ce palais superbe où deux grands peintres se surpassèrent eux-mêmes pour compléter l'œuvre d'un grand architecte.

Édifié pour le président Lambert de Thorigny, celui que l'on nommait Lambert le Riche, l'hôtel Lambert mit aux prises les deux maîtres du XVIIe siècle, Lebrun et Lesueur.

Lebrun peignit les noces d'Hercule et d'Hébé, le combat d'Hercule et des Centaures, l'apothéose d'Hercule.

Lesueur peignit le salon de l'Amour, le cabinet des Muses, l'appartement des bains, l'escalier et l'antichambre ovale du premier étage.

« Rien, dit M. Vitet, ne peut donner une plus juste idée de l'admirable organisation de Lesueur, rien ne fait mieux connaître la souplesse de son esprit et son aptitude à percevoir la beauté sous toutes ses formes, que les charmantes et si nombreuses compositions créées par lui pour l'hôtel Lambert. Son imagination presque dévote accepta sans restriction, quoique avec une chaste réserve, toutes les données de la mythologie. Il semblait qu'il voulût frayer la route à Fénelon pour passer du cloître à l'Olympe en lui apprenant comment on peut mêler aux plus sévères parfums d'antiquité, cette tendresse d'expression et cette sensibilité pénétrante qui n'appartiennent qu'aux âmes chrétiennes. »

Le vainqueur incontestable en cette lutte fut en effet Lesueur. Il est vrai que semblable au coureur antique il tomba en touchant le but. Fatigué des neuf années de travail assidu qu'il avait consacrées à la décoration de l'hôtel Lambert, il mourut en 1655, un an après l'achèvement de l'édifice.

Les œuvres admirables qui couvraient les murs de l'hôtel Lambert n'y séjournèrent que quelque temps. Le second possesseur de l'hôtel, M. de La Haye, fermier général, vendit les peintures du salon des Amours et du cabinet des Muses. Le Louvre possède les cinq compositions représentant les Muses et le plafond d'Apollon.

De M. de La Haye, l'hôtel passa au fermier général Dupin, puis à Mme du Châtelet, qui y donna l'hospitalité à Voltaire. M. de Montalivet habitait là sous l'Empire. A partir de cette époque, l'opulente demeure fut soumise à de fréquentes vicissitudes, et courut de sérieux dangers. Une institution de jeunes filles et un magasin de lits militaires l'occupèrent pendant trente ans. Enfin, en 1842, la princesse Czartoryska s'en rendit acquéreur, après une vaine tentative d'adjudication, sur la mise à prix de 180.000 francs, et depuis ce jour l'hôtel, a repris son ancienne splendeur.

Les travaux modernes qui détruisent tant de souvenirs d'autrefois ont donné à cet hôtel dont la situation sur la Seine est véritablement enchantée, une vue plus merveilleuse encore.

Nous voici arrivé au quai d'*Anjou*, au point où le boulevard traversant de nouveau le fleuve sur un pont biais d'une seule arche d'une grande hardiesse, vient rejoindre la rive gauche au quai des Célestins.

Avant de quitter le quai d'*Anjou*, il nous faut jeter un coup d'œil à l'hôtel Pimodan, dont le balcon artistement travaillé donne sur la Seine. *Hôtel Lauzun*, 1637, lit-on sur la façade. Ici, en effet, a habité l'irrésistible Lauzun, dont l'existence fut si romanesque et qui tomba des marches d'un trône dans un cachot de Pignerol. S'il revenait aujourd'hui en son hôtel, Lauzun retrouverait encore les merveilleuses décorations de l'époque pieusement conservées et servant d'écrin aux splendides collections du baron Pichon, le savant bibliophile, l'heureux possesseur des plus belles pièces d'ancienne orfèvrerie française. Lauzun mena là grand train en sortant de prison et mourut nonagénaire dans un appartement reculé de l'hôtel de Créquy, quai des Augustins. Cet appartement communiquait avec le couvent des Augustins. Ce grand séducteur expira presque au milieu des moines. Ce courtisan habitué de tous les palais, maître de toutes les élégances, s'éteignit loin du monde et plus près de Dieu que des hommes.

Le duc de Lauzun occupa l'hôtel du quai d'Anjou après un riche traitant, Le Gruin des Bordes, fils du propriétaire du célèbre cabaret de la *Pomme de Pin*. Enrichi dans les gabelles, Le Gruin des Bordes fut mis en prison au moment où il allait s'installer dans l'hôtel qu'il avait fait construire. A Lauzun succéda la petite nièce de Mazarin, puis M. Ogier, receveur du clergé. Ce ne fut qu'en 1752 que la famille Pimodan prit possession de l'hôtel, loué quelque temps après elle par Roger de Beauvoir, et qu'habite aujourd'hui le baron Pichon.

Des hôtels de Richelieu et de Lauzun à la Bastille, où finit le nouveau boulevard, il n'y a qu'un pas. Ce pas, Richelieu et Lauzun le franchirent; franchissons-le avec eux et à meilleure intention.

En touchant à la rive droite pour transformer le quartier de l'Arsenal, notre boulevard va prendre le nom populaire d'Henri IV que porte aussi le pont magnifique que nous venons de passer. De prime-abord, sur le *quai des Célestins,* il entame la caserne des Célestins pour s'ouvrir un passage sans dégager encore tout à fait la bibliothèque de l'Arsenal qui est installée dans les appartements du Grand Maître de l'artillerie. Si le temps ne nous pressait, bien des souvenirs intéressants seraient à mentionner en passant devant cet Arsenal qui n'existe cependant que depuis 1533, époque à laquelle François Ier établit en cet endroit *les granges de l'artillerie.* Là habitait Sully ; là siégea la Chambre des Poisons établie par lettres patentes du 7 avril 1669 ; là fut ourdie chez la duchesse du Maine la conspiration de Cellamare. Dans les salles silencieuses de cette bibliothèque, où le travail est plus facile qu'ailleurs, on croit voir apparaître encore la sympathique figure de Charles Nodier, dont le nom est en quelque sorte attaché à l'Arsenal.

Arrêtons-nous cependant quelques instants devant l'hôtel Fieubet que nous apercevons à notre gauche.

Si les embellissements entrepris, puis abandonnés par le dernier propriétaire, les balustrades richement sculptées, les cariatides élégantes, le campanile ont dénaturé un peu le caractère primitif de l'hôtel, les lignes générales n'en rappellent pas moins la construction qu'Hardouin Mansart exécuta pour Gaspard de Fieubet, seigneur de Cendrey et de Ligny, qui fut conseiller au parlement, maître des requêtes, chancelier de Marie-Thérèse, conseiller d'État ordinaire, etc.

Homme d'excellente compagnie, agréable rimeur de petits vers, ami du plaisir aux heures ardentes de la jeunesse, Fieubet, quoiqu'il soit toujours resté au second plan, n'en est pas moins une individualité sympathique et curieuse, et je m'étonne que nul n'ait songé à le mettre en lumière. Les renseignements assurément ne manqueraient point dans les *Mémoires* de Gourville et dans les lettres de Mme de Sévigné, car le nom de Fieubet revient souvent sous la plume de la spirituelle marquise. C'est lui qui écrivit pour la tombe d'un de ses amis, Saint-Pavin, cette épitaphe où le ton enjoué se mêle à une mélancolie voilée, où l'on sent bien le charme que goûtaient dans certains commerces d'amitié ces esprits du XVIIe siècle si bien organisés pour la vie sociale :

> Sous ce tombeau gît Saint-Pavin.
> Donne des larmes à sa fin ;
> Tu fus de ses amis peut-être ?
> Pleure ton sort, pleure le sien !
> Tu n'en fus pas ? Pleure le tien,
> Passant, d'avoir manqué d'en être.

C'est encore lui qui fut le héros de cette jolie histoire qu'a racontée Saint-Simon : « Allant un jour dans une voiture avec Courtin, l'ancien ambassadeur, à Saint-Germain, où était la Cour, ils furent attaqués par des voleurs et dévalisés assez poliment. A peine ceux-ci les eurent-ils laissés, que Courtin, d'un air triomphant, montre à Fieubet une bourse d'or qu'il avait subtilement coulée dans ses chausses pendant la visite de ces messieurs. Aussitôt Fieubet, mettant la tête à la portière, rappelle les voleurs à grands cris; ils reviennent, il leur dit : « Messieurs, j'ai vu à vos manières que vous étiez d'honnêtes gens croyant galamment les gens sur parole; monsieur vous a escroqués, je ne veux pas être son complice. Fouillez-le et vous ne perdrez pas vos peines. » Les voleurs trouvèrent facilement la bourse que Courtin, stupéfait, tenait encore à la main. La Cour rit beaucoup de l'aventure, et surtout de la colère de Courtin, qui garda longtemps rancune à son ami, moins pour la somme perdue qu'à cause des railleries dont il fut l'objet.

L'hôtel dont nous parlons ne paraît pas avoir voulu attirer l'attention par un luxe extraordinaire. « L'hôtel de Fieubet, nous dit Germain Brice en 1685, du dessin de Hardouin Mansart, appartient au seigneur de Fieubet, conseiller d'État ordinaire et chancelier de la reine défunte. Il n'y a rien de plus propre pour les dedans et pour les dehors.

L'escalier est fort clair et orné de bustes sur les trumeaux entre les croisées. Les appartements sont en enfilade comme on les demande à présent, d'un côté ils ont la vue sur les jardins et de l'autre sur la rivière. »

Pour éviter l'aspect désagréable des murailles nues du voisinage du côté de la terrasse, Ficubet avait demandé à Rousseau ce qu'on appelait à cette époque une *perspective*. « Dans cet ouvrage, nous apprend encore Germain Brice, il y a un cadran solaire autour duquel sont plusieurs figures, une femme entre autres qui arrache les plumes de la queue d'un coq pour marquer les heures sur un livre et le Temps au-dessus qui semble approuver son action. »

Ajoutons que Lesueur, le rival souvent heureux de Lebrun dans les grandes peintures décoratives du temps, avait décoré deux salons de l'hôtel Ficubet. Au rez-de-chaussée il avait peint l'*Histoire de Tobie*, et dans le salon du premier étage divers épisodes de l'histoire de Moïse, entre autres : *Dieu apparaissant dans un buisson ardent*, sujet qu'il répéta chez Mme de Tonnay-Charente, rue Neuve-Saint-Merry.

Ficubet ne mourut pas dans l'hôtel du quai des Célestins. Il éprouva comme beaucoup de ses contemporains le besoin de cette retraite que Racan avait célébré en strophes éloquentes, le désir « quand la course des jours fut plus qu'à moitié faite », ainsi que s'exprime le poète, de mettre un intervalle de recueillement entre le siècle et l'éternité. Il se retira aux Camaldules, près de Grosbois et s'éteignit en 1694, âgé de soixante-sept ans.

Après des destinées diverses, après être tombé en roture, — c'est-à-dire en raffinerie, — comme la plupart des demeures seigneuriales de ces vieux quartiers, l'hôtel de Fieubet fut acquis vers 1850 par M. de La Valette, rédacteur en chef du journal *l'Assemblée nationale*, collectionneur ardent, amateur passionné, qui entreprit de le faire décorer en vidant sur cette façade nue tout un portefeuille de dessins d'ornement. Il a laissé l'œuvre inachevée, mais c'est à lui seul et à cette restauration toute récente, malgré son air de vétusté, que sont dues ces débauches de sculptures qui ont le don — il faut bien le reconnaître — de charmer le gros des passants, lesquels croient saluer dans cet édifice si royalement chargé d'ornements l'ancien hôtel Saint-Paul dont ils ont entendu parler dans les romans à quatre sous et dans les vieux mélodrames. La tradition est même si bien enracinée déjà chez les commères du quartier, qu'on aura quelque peine à l'arracher; ce qui nous engage à prendre les devants.

L'hôtel Fieubet a passé l'an dernier en de nouvelles mains. Les Oratoriens, à l'étroit dans leur maison de la rue de Turenne, hors d'état de recevoir des pensionnaires plus nombreux chaque année, ont pris possession de cette demeure.

Les vastes hôtels qu'on rencontrait à chaque pas autrefois dans le Marais et le quartier Saint-Paul semblent du reste être destinés à abriter les générations d'écoliers qui se succèdent au lycée Charlemagne. Le Carnavalet, où est installée maintenant la bibliothèque de la ville, a été longtemps occupé par une institution. A l'heure de la récréation, les rires bruyants d'élèves de tout âge retentissent sous les plafonds majestueux des hôtels d'Ormesson, de Saint-Fargeau, de Guémenée. L'hôtel Fieubet devait avoir le même sort.

D'après ce que nous avons dit de l'existence de son premier possesseur, les pères de l'Oratoire s'installeront là dans une demeure qui n'est pas entièrement profane. Juilly, racheté par eux, a pu échapper au sort des belles abbayes de Chelles et de Livry. L'hôtel bâti par Mansard semble comme un cadre naturel pour cet enseignement de l'Oratoire qui a formé tant d'hommes remarquables dans le passé. N'est-ce point dans un hôtel du XVIIe siècle que devait chercher un abri cette congrégation illustre qui a compté parmi ses membres Mascaron, Mallebranche et Massillon?

La caserne des Célestins, que le boulevard a largement écornée, occupait l'emplacement de l'ancien couvent des Célestins fondé en 1352, et qui contenait parmi d'innombrables chefs-d'œuvre de sculpture, les tombeaux du duc d'Orléans et de Valentine de Milan, de la duchesse de Bedford, les urnes renfermant les cœurs de François II, du duc de Longueville et du connétable de Montmorency, le groupe des trois Grâces de Germain Pilon, la statue de l'amiral Chabot de Jean Cousin.....

Après avoir traversé la caserne des Célestins, le boulevard suit son chemin sur l'espace que couvrait jadis l'hôtel Saint-Paul. Château fort à la fois et ferme immense, *l'hôtel solennel des grands esbatements*, qui s'étendait entre les quais, la rue Saint-Antoine, le boulevard Bourdon et la rue Saint-Paul, ne répondait guère à l'idée que nous nous faisons actuellement de la demeure d'un souverain. Tandis que les gardes couchaient sur des bottes de paille à la porte des appartements, les pigeons allaient librement à travers les salles. Du côté de la rue *Beautreillis* mûrissaient sur de vastes treilles les raisins qu'on pressait aux vendanges dans les pressoirs du palais. Le long de la rue de la *Cerisaie* régnait une avenue de cerisiers où Charles le Sage et Charles le Fou promenèrent bien souvent sans doute leurs pensées différentes. Les jardins propre-

ment dits s'étendaient sur ce qui est actuellement la rue du *Petit-Musc*. Rien ne manquait à ce palais étrange, pas même une ménagerie, et Charles VI, lassé des cartes, vint plus d'une fois avec Odette écouter rugir les grands lions dans ce coin de Paris qui s'appelle aujourd'hui la rue des *Lions-Saint-Paul*.

Après avoir effleuré la rue *Castex*, le boulevard évoque, rue de *Lesdiguière*, le dernier souvenir que vraisemblablement nous rencontrerons sur notre parcours. *Rue de Lesdiguière*, en effet, s'élevait l'hôtel du financier Zamet, *seigneur de dix-huit cent mille écus*. Bien souvent en revenant de traiter à l'Arsenal avec Sully les plus importantes questions, Henri IV s'arrêta en cette demeure élégante dont le Florentin avait fait une véritable maison de plaisir. C'est en dînant chez Zamet que Gabrielle d'Estrée fut atteinte de la mystérieuse maladie qui l'emporta en quelques heures. A la mort de Zamet, son hôtel devint la propriété de la famille de Lesdiguière. C'est là que le cardinal de Retz passa les dernières années d'une vie qui fut aussi calme, aussi rangée, aussi économe en sa vieillesse qu'elle avait été agitée, tumultueuse et prodigue en sa jeunesse. Là également habita le maréchal de Villeroy qui donna l'hospitalité à Pierre le Grand, lors de son voyage en 1717.

A quelques pas de nous, s'étend bourdonnante et mouvementée, cette place de la Bastille où rien ne rappelle la sombre prison d'État, cette place bruyante où les grands boulevards et la rue Saint-Antoine viennent croiser leur incessante circulation. Devant nous coule le canal aux rives mélancoliques.

Nous sommes aux termes de ce long voyage où nous avons remué tant de souvenirs, marché sur tant de ruines, rencontré à chaque pas l'histoire de notre pays assise sur la borne de quelque rue, accoudée à l'angle de quelque maison, debout et terrible sur les pavés de quelque vaste place que rougirent jadis les flots de sang humain.

Considérez ce que contient le titre que nous avons mis en tête de cette étude : *Du Corps législatif à la Bastille*. Les vieux hôtels héraldiques du faubourg Saint-Germain, les *bureaux d'esprit* du XVIIIe siècle, l'abbaye de Saint-Germain, les clubs révolutionnaires, le palais des Thermes où plane l'ombre des Césars, les ruelles étroites du Moyen Age, les vieux escholiers du temps jadis, les couvents silencieux, les demeures opulentes des traitants, le palais Saint-Paul, si sombre d'aspect autrefois, et la Bastille si vivante aujourd'hui ; Saint-Simon et Augereau, Diderot et Mabillon, Molière et Danton, la reine Blanche et Julien, Villon et Ramus, Lauzun et de Retz, Zamet et Charles V, telles sont les scènes que nous a rappelées chacune des maisons qui bordaient le chemin, tels sont les personnages que nous avons trouvés sur notre passage.

Quand on s'arrache à toutes ces évocations du passé pour regarder la vie moderne, le nouveau boulevard ne présente pas un intérêt moins réel. Il forme comme un grand arc dont la rue de *Rivoli* serait la corde et le *boulevard Saint-Michel* la flèche.

Le pont Marie.

Entièrement terminé maintenant, il a une longueur de près de deux lieues (7 kilomètres 400 mètres).

Qui ne prévoit l'importance qu'un tel réseau prendra plus tard? Qui ne prévoit le mouvement énorme que desservira ce chemin circulaire qui enveloppe tous ces importants quartiers longtemps immobiles et stagnants?

Beaucoup plus monumental que l'autre boulevard, le boulevard Saint-Germain sera aussi plus utile : et tandis que l'autre deviendra de plus en plus la grande voie du plaisir, celui-là deviendra la grande route du travail. Il contribuera ainsi à donner une sorte d'équilibre à cette ville qui penche toujours d'un côté ou d'un autre, et à répartir sur la cité tout entière cette activité, cette chaleur vitale, qui, lorsqu'elle afflue au centre, laisse les extrémités froides, comme le sang qui se porte au cœur d'un individu laisse les pieds rigides et glacés.

Du Théâtre-Français à l'Opéra

PAR L'AVENUE DE L'OPÉRA

Au coin de la place du Théâtre-Français, entre les deux fontaines surmontées de statues de Carrier-Belleuse et de Moreau, s'ouvre la nouvelle et magnifique *avenue de l'Opéra*.

En remontant dans ses souvenirs à quelques années seulement, le Parisien se rappelle confusément avoir vu là un dédale de rues étroites, un passage fétide, le passage Saint-Guillaume; puis, lorsque commença l'expropriation, des échoppes, des baraques, des boutiques qu'on louait au mois ou à la journée pour utiliser les dernières heures de répit que l'avenue pressée de s'ouvrir un chemin accordait au quartier.

Combien plus saisissant encore serait l'aspect de ce coin de Paris si, par l'imagination on pouvait se reporter aux jours lointains où la capitale finissait entre le café de la Régence et le Théâtre-Français !

Là, en effet, venait aboutir le mur de Charles V, c'est là que Jeanne d'Arc fut blessée. « Vint le roy Charles VII, dit une chronique du temps, aux champs, sur une manière de butte ou montagne qu'on nommait le Marché-aux-Pourceaux, et il y fit dresser plusieurs canons ou couleuvrines.

La porte St Honoré

Jehanne la Pucelle dit qu'elle voulait assaillir la ville et avec une lance elle sonda l'eau ; quoi faisant elle eut d'un trait d'arbalète les deux cuisses percées. »

Au delà du poste où Jeanne faillit mourir, la campagne commençait. Sur la butte Saint-Roch, plusieurs moulins tournaient au vent, et dans le Marché-aux-Pourceaux situé au déclin de cette butte, on plongeait les faux monnayeurs dans l'huile bouillante.

En des temps infiniment plus rapprochés, tout ce quartier sur lequel la ville gagnait chaque jour, tenait encore de la banlieue.

> Au bout de cette rue où le grand Cardinal
> Laissa pour monument une triste fontaine
> . . . .
> S'élève une maison modeste et retirée
> Dont le chagrin surtout ne connaît point l'entrée.
> Le jardin est étroit; mais mes yeux satisfaits
> S'y promènent au loin sur de vastes marais.
> C'est là qu'en mille endroits, laissant errer ma vue,
> Je vois naître à loisir l'oseille et la laitue.

Ainsi écrit Regnard, et le Tibur de cet épicurien était situé au bout de la rue de Richelieu, vers l'endroit où s'élève le café Cardinal. On voit que, même à cette époque, les champs de ce côté n'étaient pas bien loin de Paris.

Mais ce n'est pas dans cette direction qu'il convient de nous égarer aujourd'hui. Après avoir passé sur l'emplacement, presque impossible à reconnaître désormais, des rues *Traversière*, du *Rempart*, *Jeannisson*, suivons notre avenue moderne à l'endroit où, absorbant la première partie de la rue *Fontaine-Molière*, maintenant rue *Molière*, elle traverse la rue de l'*Échelle*, prolongée et élargie, avant de joindre la rue *Sainte-Anne*.

Cette rue de l'*Échelle* rappelle de tristes souvenirs ; elle doit son nom à l'échelle patibulaire que les évêques de Paris avaient fait construire dans ces parages. Une fontaine s'élevait là jadis, du côté de la rue Saint-Honoré, la fontaine du Diable, ainsi nommée à cause de son obstination véritablement endiablée à ne point donner d'eau.

La rue *Sainte-Anne*, qui reçut ce nom d'Anne d'Autriche, après s'être appelée rue au *Sang* et rue de la *Basse-Voirie*, évoque des pensées moins funèbres. Ici ont habité Bossuet, Lulli et Helvétius. C'est dans cette rue, qui s'appelait alors rue *Helvétius*, que logea Mme Dubarry pendant la Révolution. On a prétendu même que c'est dans ce logis qu'elle fut arrêtée ; mais il est prouvé maintenant que l'arrestation a eu lieu à Louveciennes.

De la rue de l'*Échelle* à la rue des *Petits-Champs*, l'avenue de l'Opéra a détruit sur la gauche bien des vieilles rues, bien des maisons intéressantes. Au n° 18 de la rue d'*Argenteuil* une plaque de marbre signalait à tous la maison où Corneille avait rendu le dernier soupir. Nous indiquons plus loin l'aspect qu'avait cette demeure aujourd'hui disparue.

La rue d'*Argenteuil* était autrefois un chemin conduisant au village d'Argenteuil, et le nom de la rue des *Orties* et de la rue des *Moineaux* achèvent de préciser l'aspect agreste qu'avaient ces parages. La rue des *Moulins*, que nous trouvons sur notre droite, suffirait à nous rappeler encore que sur ces hauteurs deux moulins remuaient jadis leurs ailes au vent. C'est rue des *Moulins*, au n° 14, que l'abbé de 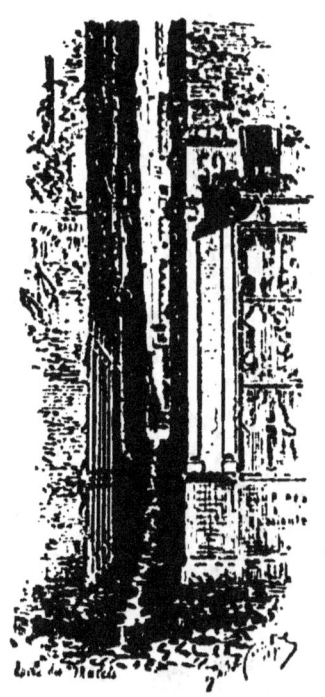 l'Épée réunit pour la première fois ces sourds-muets dont il s'était fait le paternel instituteur. C'est là que l'on vit pour la première fois les sourds entendre et les muets parler en ce merveilleux langage des signes que l'amour des malheureux révéla à un humble prêtre qui s'éleva jusqu'au génie par l'ardeur de la charité...

Sur notre droite encore nous rencontrons la rue *Thérèse* et la rue *Ventadour*. La rue *Thérèse* fut longtemps confondue avec la rue du *Hasard* dont elle est le prolongement, et ce n'est qu'en 1692 que Marie-Thérèse, femme de Louis XIV, lui donna son nom. La rue *Ventadour*, qui s'appela quelque temps rue de *Lionne* à cause du voisinage de l'hôtel de Lionne, doit son nom à Mme de Ventadour, gouvernante des enfants de France.

Nous voici arrivé à la rue des *Petits-Champs*, rue bruyante, trop étroite pour contenir l'incessant mouvement qui la traverse et qui contraste par ses allures affairées avec la dénomination champêtre que cependant elle méritait au temps passé. Au commencement du XVIIe siècle on n'apercevait guère en cette rue que des cultures maraîchères, au milieu desquelles surgissaient quelques rares hôtels entourés de jardins communiquant avec la campagne.

Que nous voilà loin de cette époque et qui se douterait en suivant cette voie où la circulation est si pénible à certaines heures, cette voie où, à chaque minute, un embarras de voiture arrête un flot de piétons, qui se douterait que ceci fut, il y a deux siècles, un sentier rural où le rêveur pouvait cheminer un livre à la main sans être dérangé dans ses méditations !

L'avenue moderne dégage un peu la rue *Neuve-des-Petits-Champs* en ménageant au coin de la rue *Saint-Roch* et de la rue *Gaillon* un vaste carrefour qui a presque les dimensions d'une place.

En entrant dans la rue d'*Antin*, la physionomie générale change complètement. L'espace qui s'étend entre la rue *Sainte-Anne* et la rue *Neuve-des-Petits-Champs* avait un caractère spécial : un Paris particulier qui n'était ni le faubourg ni la ville centrale, semblait s'être maintenu là comme à l'abri de cette butte montueuse qu'il semblait si difficile de niveler. C'était un petit village enclavé entre des rues solitaires, les enfants jouaient sur tous les pavés et les ménagères vaquaient tranquillement à leurs occupations et faisaient sécher le linge aux fenêtres. Dans la rue d'*Antin* l'aspect est tout autre. On retrouve là ce caractère tout particulier qui distingue les quartiers longtemps habités par l'aristocratie. Les maisons ont des allures graves et bien des vieux murs peu élevés indiquent encore l'emplacement des anciens jardins qu'ils fermaient.

La rue d'*Antin* est en partie bâtie sur les terrains de l'immense hôtel occupé d'abord par le duc d'Antin, puis par le duc de Richelieu. Cet hôtel s'étendait entre les rues *Neuve-Saint-Augustin*, *Louis-le-Grand* et le boulevard des *Italiens* actuel. Le pavillon de Hanovre, au coin du boulevard, précise la limite extrême de l'hôtel du côté du boulevard. Une muraille lézardée indiquait il y a quelques mois encore, au n° 38 de la rue *Saint-Augustin*, à quel endroit il finissait de ce côté. Et sans doute on trouverait par là plus d'une porte dérobée qui raconte les victoires du séducteur toujours heureux, tandis que les noms de la rue de *Hanovre* et de la rue de *Port-Mahon* racontent les succès du général victorieux.

Les souvenirs d'une époque plus lointaine encore méritent de nous arrêter rue *Louis-le-Grand*. C'est dans une maison de cette rue, maison attenante au couvent des Capucines, qu'habita Mme de Montespan,

hésitante entre le monastère qui était le naturel refuge des grandes pécheresses de ce temps et ce Versailles éblouissant dont l'éclat la tentait encore. Elle était bien là véritablement entre le monde et la retraite, entre la Cour et la Ville. Sur la place Vendôme se dressait la statue de Louis XIV; mais à deux pas, la campagne apparaissait sur ces boulevards, si déserts et si paisibles alors, si bruyants et si flamboyants de nos jours. Tout autour, d'innombrables couvents se pressaient comme pour la conseiller et calmer l'indomptable humeur qu'elle avait reçue en naissant avec l'esprit des Mortemart. C'étaient les Capucines, place Vendôme; les Jacobins, occupant tout l'espace qu'occupe maintenant le marché Saint-Honoré; les filles de la Conception et les filles de l'Assomption, rue Saint-Honoré, à proximité des Capucins et des Feuillants. Aussi Santeuil put-il écrire sur la fontaine érigée entre ces deux derniers :

Tot loca sacra inter pura est quæ labitur unda ;
Hanc non impuro, quisquis es, ore bibas.

Mais à quoi bon chercher à reconstruire la physionomie de ces quartiers en ces temps déjà si éloignés? On n'aurait qu'à frapper à une porte de cette même rue *Louis-le-Grand*, pour se trouver tout à coup transporté en plein XVIIIe siècle, dans le propre boudoir de la Duthé que M. Double a reconstitué pièce à pièce, au milieu des meubles sans nombre, des porcelaines, des vieilles tapisseries, des tableaux, des objets d'art qui ressuscitent devant les yeux émerveillés toute une société à jamais écroulée.

L'Opéra que nous apercevons à l'angle de la rue du *Quatre-Septembre* et du boulevard des *Capucines* nous montre que le Présent n'a rien à envier au Passé. Voici le foyer que nos plus illustres artistes ont décoré, et au-dessus du foyer la coupole dorée qui se dresse et se détache dans toute sa splendeur sur les lignes d'un temple grec, c'est-à-dire sur la scène du grand Opéra.

Au point de vue pratique, l'avenue de l'Opéra est d'une incontestable utilité. Elle évite le fatigant détour qu'il fallait faire quand, après avoir traversé le Carrousel, on voulait gagner les boulevards, détour ennuyeux toujours, soit qu'on prît la rue Richelieu, soit qu'on s'aventurât dans le labyrinthe de petites rues qui se croisaient sur la butte des Moulins.

Aussi s'est-elle bâtie comme par enchantement et a-t-elle réalisé sous nos yeux le miracle dont l'auteur du *Cid*, courtisan à ses heures, faisait, à moins juste titre, honneur au grand cardinal :

Quelque Amphion nouveau, sans l'aide des maçons,
En superbes palais a changé ses *maisons*;
Toute une ville entière, avec pompe bâtie,
Semble d'un vieux *quartier* par miracle sortie,
Et nous fait présumer à ses superbes toits,
Que tous ses habitants sont des dieux ou des rois.

Cette voie nouvelle met la rue Saint-Honoré en contact immédiat avec le boulevard et conduit directement de la maison de Molière à la maison de Rossini, en passant par la maison de Corneille.

Rue d'Argenteuil.

Un souvenir de la maison de Cornellle (1).

La rue est vieille, sans être antique, hérissée de durs pavés, pénible à monter, triste à descendre. Jamais le soleil ne semble y rire de bon cœur, et cependant on n'a point l'idée d'y venir chercher l'ombre. Elle est humide sans être fraîche, fétide sans que rien la salisse. Les yeux ne se peuvent attacher à aucune pierre et l'on ne sait vraiment quel caractère assigner au quartier. Rien n'est neuf, encore une fois, tout a servi et nulle part l'Art n'a mis son empreinte. Des industries banales : ébénistes, encadreurs, menuisiers, empiètent un peu sur la voie publique. Aux fenêtres, des linges étalés pour sécher. Derrière certaines persiennes fermées, ce je ne sais quoi qui indique la présence de la Vénus des carrefours.

Le poëte se dit : « L'inspiration ne descendra jamais là ! »

(1) Cette visite à la maison de Corneille n'a plus que l'intérêt d'un souvenir. L'avenue de l'Opéra a renversé, comme on sait, cette demeure historique en faisant le chemin qu'a fait le directeur du Théâtre-Français en venant de l'Académie de musique, où l'on reprendra peut-être *Psyché*, à la Comédie française où l'on joue les *Horaces*.

C'est la rue qu'habitait Corneille.

C'est le vieux chemin d'Argenteuil devenu une rue sans personnalité. Au n° 18, une plaque de marbre noir annonce que le grand Corneille est mort dans cette maison. C'était son 268e anniversaire hier. Entrons et allons saluer le maître...

Prenons à gauche la rampe sur laquelle, penchant sous le poids des ans, Sophocle appuya tant de fois sa main (1). Nous voici au deuxième étage. La porte de l'appartement, située jadis en face de l'escalier, a été placée à droite. Une seconde porte à gauche, qui donnait directement accès dans le cabinet de travail du poète, a été condamnée. Ici c'est la chambre à coucher avec l'immense alcôve où Corneille mourut; là est le cabinet de travail où il conquit l'immortalité. Au plafond, on distingue

(1) La maison de Corneille n'a point disparu tout entière. La porte cochère, qui datait d'Henri IV, avec l'antique heurtoir que le grand homme a fait résonner tant de fois, a été achetée par M. Victorien Sardou. Vous la retrouverez dans cette hospitalière demeure de Marly-le-Roi, qui vit jadis toute la société spirituelle du XVIIe siècle se réunir dans ces repas que présidait la fille de Mignard, devenue plus tard la marquise de Feuquières — vieux château où, comme d'habitude, il est revenu un esprit. Pour ceux qui croient qu'il y a une âme même dans les choses, n'est-ce pas charmant les souvenirs de l'auteur du *Menteur* recueillis après tant d'années par l'auteur de *Nos Intimes*, les débris de la maison de l'auteur du *Cid* se réfugiant chez l'auteur de la *Haine*?

M. Victorien Sardou a sauvé également de la destruction la rampe de l'escalier. Cet escalier a deux étages; Sardou, pensons-nous, gardera l'un et donnera l'autre au Musée installé dans la

encore la place du judas par lequel Pierre criait à son frère Thomas, qui occupait l'appartement situé au-dessus : *Thomas, envoie-moi des rimes!*

C'est ce cabinet de travail, éclairé par la cour, qui vit sans doute cette collaboration que M. Gérôme nous a montrée dans un de ses tableaux les plus remarqués. Le tableau est contenu tout entier dans les quatre lignes de Victor Hugo qui terminent la préface de l'opéra de la *Esmeralda*. « En 1671, on représenta, avec toute la pompe de la scène lyrique, une tragédie-ballet : intitulée : *Psyché*. Le libretto de cet opéra avait deux auteurs : l'un s'appelait Poquelin de Molière, l'autre Pierre Corneille. »

Molière était alors dans tout l'épanouissement de son génie et dans tout l'éclat de ses succès. Directeur de théâtre, entrepreneur des fêtes de la cour, homme d'affaires avant d'être auteur dramatique, il gagnait, comme on dirait aujourd'hui, de l'argent gros comme lui. L'auteur d'*Attila*, au contraire, était délaissé et presque oublié : c'était l'homme du

---

maison de Petit-Couronne. C'est, on le sait, la seule habitation de Corneille qui subsiste encore, puisque le conseil municipal de Rouen a laissé détruire la maison de la rue de la Pie, et le département de la Seine-Inférieure s'occupe de rassembler là tout ce qui rappelle le poëte illustre.

Ajoutons que le buste de Corneille, qui n'avait du reste aucune valeur artistique, a été acheté 300 francs par M. Langlois.

vieux jeu, pour employer encore une expression contemporaine. Sans doute, après la remise d'un de ces volumineux placets qu'il adressait à Louis XIV, le roi dit à Molière : « Si vous voyiez M. Corneille ? si vous faisiez quelque chose avec lui ?

L'auteur du *Misanthrope* obéit. Aussi bien, comme le confie le libraire au lecteur dans un avis placé en tête de *Psyché, l'approche du carnaval avait mis M. de*

Molière dans la nécessité de souffrir un peu de secours. Il obéit et alla frapper à cette porte de la rue d'Argenteuil, un peu à contre-cœur, j'en suis sûr, sans grand espoir, respectueux certainement, mais peut-être murmurant : Le bonhomme n'est plus dans le mouvement.

Je les vois d'ici tête-à-tête. Le plus jeune fixe sur le vieillard ces yeux pénétrants dont le regard jaillissait sous ce front surplombant qui caractérise l'observateur. Le vieillard, meurtri de ses chutes d'*Attila* et d'*Agésilas*, est naïvement enchanté qu'on le mette dans une grande pièce. Il retrouve les émotions du début devant ce triomphant et cet heureux, auquel toutes les audaces réussissent et qui partout porte la victoire avec lui.

« A vous la charpente », aurait-on dit de notre temps. — A vous le plan, disait Corneille à Molière, puisqu'il paraît que je ne sais plus faire de pièces depuis le *Cid*.

Et j'imagine qu'alors qu'il parlait du *Cid* un éclair passait dans sa prunelle.

— A moi, si vous le trouvez bon, ajoutait-il, la partie poétique où retentiront les accents derniers d'une Muse qui n'a plus longtemps à chanter.

Et dans cette salle où partout s'étale l'horrible banalité, dans cette salle où l'on a disposé un lit de bonne, on entendait le vieux Corneille réciter les madrigaux de *Psyché*...

Pour une seconde, tout s'illumine dans cet appartement glacial, maussade, carrelé, où des dentistes israélites ont succédé à l'auteur de *Polyeucte*. Cette impression passagère s'évanouit bien vite dès qu'on jette les yeux autour de soi. Aucun changement n'a été fait dans ces chambres, mais rien n'y rappelle le génie. Voilà bien les vastes placards avec les ferrures mêmes du temps, mais nul manuscrit ne traîne là. Depuis le carreau froid jusqu'au plafond blafard, tout repousse l'imagination qui voudrait s'accrocher à quelque angle, se cramponner à quelque lambris, interroger quelque recoin.

La maison tout entière a le même aspect. C'est de ces maisons comme Alphonse Daudet excelle à les peindre en sa seconde manière. La petite Chèbe jouerait sur ces paliers, Delobelle pourrait étudier là ses effets, tandis que sa femme et sa fille passent leurs journées à monter patiemment des colibris ou à fixer sur des tiges de laiton des oiseaux multicolores.

L'appartement de Pierre Corneille est loué mille francs. L'appartement de Thomas Corneille a été divisé en trois locaux exigus que se partagent un tailleur, une *joigneuse* (ouvrière qui réunit entre eux les cuirs vernis), et un muletier (fabricant de mules). Ce pauvre Corneille, de nos jours, ne serait pas obligé de descendre. Ce n'est pas une rime qu'il demanderait au voisinage, c'est un pied qu'il apporterait...

Jadis le buste de Corneille était installé entre les deux croisées, dans la propre chambre où il expira. L'appartement était alors occupé par la marquise de La Fourchandière.

Cette marquise était une femme de haut esprit et

de haute naissance que la Révolution avait réduite à cette demeure modeste. Elle se disait au commencement : « J'aurai le plus magnifique des luxes : je vivrai dans la maison de Corneille, je relirai ses œuvres à côté de son buste immortel. Il m'appartiendra ». Elle se trompait. C'est elle qui appartint à Corneille. Elle n'entra pas impunément entre les quatre murs dans lesquels s'était mû pendant quarante années ce tout-puissant génie qui évoquait à son gré toutes les terreurs et toutes les passions.

Rue Saint-Roch

Il advint que toutes ces ombres éloquentes, le Cid et Cinna, les hommes consulaires et les empereurs,

Héraclius et don Sanche, Rodogune l'implacable et Chimène la touchante, les reines terribles et les amoureux héroïques, vinrent d'elles-mêmes parler à celui qui se taisait pour jamais. Ce n'est que par lui qu'elles pouvaient se faire entendre, et, à leur tour, elles eussent voulu le ressusciter. Dialogue formidable que la marquise épouvantée entendait dans ses nuits sans sommeil.

La marquise s'effraya de ces rêves tragiques, ou plutôt de ces réalités. Elle s'aperçut que le buste de ce mort était le buste d'un vivant. Elle dit au propriétaire du logis : « Il faut que lui ou moi nous sortions d'ici. » Comme toujours, ainsi qu'il arrive de notre temps, ce fut le génie qui fut chassé.

Elle est installée maintenant au fond de la petite cour, la grande image du poète. Voyez! on a renouvelé les fleurs pour sa fête. Voici deux verres emplis de roses, deux tasses en porcelaine coloriée où l'on a mis des pivoines. Puis encore, de chaque côté du buste, deux caisses peintes en vert avec quelques marguerites dedans. Rien de plus simple. Quinze sous de fleurs autour de cette majestueuse figure qui apparaît pensive et fière avec ses allures de cavalier castillan. Et ces fleurs, qui seront fanées quand les feux du jour seront éteints, rappellent les joies que le vieux poète a données à l'intelligence, joies éternellement renouvelées celles-là, joies qui, depuis trois cents ans bientôt, renaissent chaque soir aux feux de la rampe.

Sans doute, ce n'est point l'apothéose que cette humble niche, du fond de laquelle celui que Napoléon eût fait prince n'aperçoit que les gamins qui jouent, les femmes qui tirent de l'eau, les laitières qui vendent du lait sous la porte. Ce n'est point l'apothéose, ce serait plutôt le culte du dieu Lare qu'on enguirlande aux anniversaires, la vénération pour le *genius loci*, protecteur du toit le plus pauvre, auquel on sacrifie, à certaines dates, sur l'autel domestique.

Il n'est point délaissé, en effet, le maître auguste. Une dame, madame Bazoni, lui a confectionné, il y a quinze ans, une belle couronne de laurier en percaline, et depuis bien longtemps des générations de concierges se sont transmis l'un à l'autre la piété envers l'image du grand Corneille.

« Il y a trente ans que je l'époussette », m'expliqua le concierge actuel, un vieillard au crâne branlant qui distille lentement ses paroles comme s'il était de ces âges lointains où l'on vivait sans se presser. Tous les trois mois à peu près, il enlève respectueusement le buste et le place au milieu de la cour pour procéder à la toilette générale. Les locataires descendent pour voir de près, et les enfants, sans connaître tout ce que signifie ce nom superbe, se poussent pour regarder le plumeau courir sur le front inspiré d'où sont sortis tout armés *Cinna* et les *Horaces*, le *Cid* et *Rodogune*.

Crémerie. — Houdot, marbrier. — Darriet, tailleur et mercier, telles sont les enseignes qu'on lit à droite et à gauche de la porte cochère, sur des boutiques d'une simplicité provinciale, en jetant un dernier regard sur cette maison d'où le génie a pris son vol pour l'immortalité. *Sic transit gloria mundi!*

L'ABBAYE
DE
SAINT-GERMAIN-DES-PRÉS

I

En l'année 1875 mourait dom Guéranger, qui fut le restaurateur de l'ordre des Bénédictins en France et gouverna pendant de longues années cette abbaye de Solesmes, qui pleure encore son chef vénéré. Et beaucoup, parmi les plus superficiels, se sont sentis involontairement émus devant le spectacle de cette abbaye du XIe siècle renaissant de ses ruines et reprenant ces travaux magnifiques qui firent la gloire des disciples de saint Benoît. Beaucoup se sont demandé quel est cet idéal supérieur qui fait tout quitter à des hommes riches, intelligents, instruits, pour devenir les plus pauvres parmi les plus pauvres, pour vivre d'une vie rude, austère, partagée entre le travail et la prière.

Il faudrait des volumes entiers pour répondre à cette vague question, pour montrer dans leur admirable organisation ces monastères qui, pendant dix siècles, furent, écrit très justement Montalembert, les écoles, les archives, les bibliothèques, les hôtelleries, les ateliers, les pénitenciers et les hôpitaux de la société chrétienne.

Depuis le jour, en effet, où saint Benoît s'installa au Mont-Cassin avec trois compagnons qui avaient voulu s'associer à son existence de pénitence et de recueillement, l'ordre de saint Benoît a compté sur la surface du monde 17.000 abbayes ou prieurés. De son sein sont sortis 24 papes, 200 cardinaux, 1.600 archevêques, 4.000 évêques, 15.000 écrivains, 1.560 saints régulièrement canonisés, 5.000 bienheureux, 43 empereurs et 44 rois.

La terre partout fut défrichée, contrainte à être féconde, rendue aimable à habiter par ces moines qui ne travaillaient que pour le ciel. La richesse vint en tous les pays où ces indigents volontaires plantèrent une croix. Les lettres furent sauvées au Moyen Age par les successeurs de ces disciples de saint Benoît qui, en prenant possession du Mont-Cassin, occupé par un temple d'Apollon, commencèrent par couper les lauriers-roses du bois sacré et par jeter bas la statue du dieu païen.

Chacune des innombrables abbayes de l'ordre de saint Benoît mériterait une monographie particulière. Chacune eut son caractère propre, son originalité distincte, son influence personnelle. Quand on voit ce que rappelle de souvenirs instructifs ou émouvants ce Solesmes qui n'était qu'un humble prieuré, on se rend compte de l'impossibilité d'esquisser en quelques pages l'histoire de cette abbaye de Saint-Germain-des-Prés que dom Bouillard a pu faire tenir à peine dans un énorme in-folio.

Aussi bien, telle n'a jamais été notre intention. Il nous a paru intéressant seulement d'indiquer, en traits rapides, les vicissitudes de cette abbaye, qui fut l'abbaye parisienne par excellence, qui naquit avec Paris, qui se transforma avec lui, qui, de féodale qu'elle était au Moyen Age, devint, au XVIIe et au XVIIIe siècle, non point mondaine à coup sûr, mais ouverte à tous les lettrés du dehors, accessible à tous les savants de l'univers.

L'abbaye Saint-Germain-des-Prés, en effet, naît

non point seulement avec le Paris chrétien, mais en quelque sorte avec la France chrétienne. C'est sous les premiers Mérovingiens qu'elle s'élève au bord de cette Seine, coulant libre alors au milieu des roseaux, aujourd'hui resserrée par des quais, traversée par des ponts superbes. C'est en 588 que quelques moines, protégés par Childebert, construisent un monastère au milieu d'une campagne déserte, que Paris couvrira plus tard d'hôtels somptueux.

Tandis que, toujours aux mêmes heures, l'office amène les religieux au chœur, les temps se succèdent tantôt relativement calmes, tantôt terribles. Les rois chevelus, au nom bizarre, aux mœurs farouches, s'étaient humanisés devant cette puissance morale qu'ils subissaient sans se l'expliquer. Ils apportaient là les livres trouvés en quelque expédition guerrière. Après ceux-là d'autres vinrent plus âpres encore et presque sauvages. Parfois, aux premières lueurs du jour, alors qu'on récitait les *Matines*, un bruit formidable troublait soudain les saints exercices. C'étaient les Normands amarrant leurs barques chargées d'hommes armés dont les clameurs retentissaient depuis Saint-Cloud. Ils se ruaient vers l'abbaye, et voilà nos moines obligés, pour la quatrième ou cinquième fois, de chercher un asile du côté de la Cité. Celui-ci porte les vases sacrés, celui-là sauve les manuscrits sur papyrus, et le culte de Dieu et le génie de l'homme s'en vont ainsi, fuyant devant l'invasion qui se précipite, tandis que, maîtres de l'abbaye, les Barbares, pour faire fondre une châsse d'or, allument peut-être le feu avec les derniers livres de Tacite ou les comédies de Ménandre...

Rue St Benoît
(l'abbaye Saint-Germain)

Puis, tout ce monde violent se constitue et se discipline dans une sévère hiérarchie. L'abbaye féodale est curieuse à regarder alors avec ses flèches et ses clochers s'élevant au-dessus de remparts solides, de courtines crénelées, que desservent des fossés pleins d'eau communiquant avec la Seine par un canal qui séparait le petit Pré-aux-Clercs du grand Pré. L'enclos de l'abbaye d'alors comprend tout l'espace circonscrit aujourd'hui entre la rue de Seine, la rue Sainte-Marguerite, la rue Saint-Benoît et la rue Jacob. La juridiction tant spirituelle que temporelle s'étend sur tout le faubourg Saint-Germain. Du côté de la rue Sainte-Marguerite, qui s'appelait au XIVᵉ siècle *rue Madame de Valence*, se dressait le pilori, où parfois on exposait quelques-uns de ces étudiants toujours en guerre avec l'abbaye. Rue du Four-Saint-Germain était le four où tous les vassaux étaient obligés de venir cuire leur pain.

On se bat encore, mais le grand péril est passé. A ce moment apparaît le maître ès œuvres vives, le maçon de génie, l'artiste modèle, tout heureux de chanter au chœur, lui aussi, de célébrer les louanges de Dieu, c'est-à-dire d'exprimer sa foi avec de la pierre et du bois. Il est à son aise dans ces abbayes et dans ces prieurés, où on le comprend ; ce que ne peut faire, malgré toute sa bonne volonté, le haut baron qui le regarde travailler en pensant aux lointaines chevauchées.

C'est alors que Pierre de Montereau, l'architecte de la Sainte-Chapelle, construit ce réfectoire plus magnifique encore, avec sa chaire du lecteur merveilleusement sculptée, que le réfectoire de l'abbaye Saint-Martin où est installée maintenant la bibliothèque du Conservatoire des Arts et Métiers. Non content de cette salle admirable qui mesurait 115 pieds de longueur sur 32 de largeur, et dont la voûte, soutenue par un seul rang de piliers, avait 47 pieds de hauteur, le pieux architecte avait consacré sa vieillesse à édifier cette chapelle de la Vierge qui, disait-on, était supérieure à la Sainte-Chapelle elle-même. L'abbé Gérard de Moret voulut que l'artisan inspiré reposât mort dans la maison qu'il avait construite pour Dieu. La statue de Pierre de Montereau était couchée sur son tombeau dans la chapelle de la Vierge, et à ses pieds on voyait la règle et le compas, instruments féconds qui avaient travaillé à tant de chefs-d'œuvre. C'étaient ses armes à ce chevalier d'un autre ordre, et elles valaient bien, pour la cause du Seigneur, celles que portaient, à Damiette et à la Mansourah, les compagnons du roi Louis.

On avait réuni à l'ouvrier de génie celle dont les tendres encouragements l'avaient soutenu et réconforté si souvent, et sur une pierre, on lisait :

Cy gist Agnès famme jadis
Feu mestre Pierre de Montereul
Priez Dieu pour l'âme d'ele.

Sans doute quelque jour un de ces moines de Solesmes qui ont conservé la foi et la science des vieux âges, aura la pensée de reconstituer l'exacte physionomie de Saint-Germain-des-Prés à cette époque de piété vive, d'observance rigide où Gérard de Moret cherchait avec Pierre de Montereau l'idéal de l'Art chrétien, ainsi que devait le chercher plus tard le prieur de Solesmes, Jean Bongles, qui guida lui-même de ses conseils les auteurs inconnus de ces *Saints* de Solesmes, devant lesquels David d'Angers s'arrêta stupéfait. Il aurait approuvé une semblable étude, le révérendissime dom Guéranger, ce cœur large et ce noble esprit qui aimait si passionnément l'Art religieux, la manifestation du vrai par le Beau.

. . . .

Mais arrivons aux temps modernes, à la période qui, à nous autres profanes, semble la plus attrayante à peindre, à cette époque des XVIIe et XVIIIe siècles, où les Bénédictins de la Congrégation de Saint-Maur, installés en 1631, élevèrent ces gigantesques monuments de persévérance et d'érudition qui font encore aujourd'hui l'admiration de l'Europe savante.

L'aspect de l'abbaye s'était un peu modifié et légèrement modernisé. Les rues avaient pris la place des fossés. Les pierres des remparts avaient servi à la construction de maisons de location destinées à des artisans qui payaient ainsi la franchise dont ils jouissaient dans ce faubourg privilégié. La juridiction spirituelle avait été attribuée sur la partie occidentale de la rive gauche à l'archevêque de Paris, et la juridiction temporelle de l'abbaye se trouvait restreinte à l'enclos du monastère et aux lieux occupés par les abbés, les religieux et leurs domestiques.

Ainsi réduite, l'abbaye était encore un petit monde. On y entrait par trois portes, l'une située rue Sainte-Marguerite, l'autre rue Childebert, la troisième rue Saint-Benoît ; celle-là s'appelait la porte Papale.

Une quatrième porte était située rue Fürstemberg et conduisait au palais abbatial. Le palais abbatial, complètement indépendant de l'abbaye proprement dite, avait son entrée particulière, son jardin distinct, sa vie différente. Construit à la fin du XVIe siècle par le cardinal de Bourbon, il avait été restauré par les soins du cardinal de Fürstemberg, grand et généreux prélat, fougueux allié de Louis XIV, qui, par son affection pour la France, mérita d'être mis au ban de l'Empire et fut royalement dédommagé par la plus belle abbaye du royaume.

Même avec les plans sous les yeux, il est difficile de se reconnaître dans cet enclos qui, avec les siècles, avait vu les constructions se serrer les unes contre les autres. Du côté de la rue Sainte-Marguerite étaient les celliers, les greniers; du côté de la rue Childebert, les dépendances, la chapelle Saint-Symphorien destinée aux artisans de l'enclos. L'immense jardin des religieux, coupé en carrés réguliers avec un bassin au milieu, s'étendait jusqu'à la rue Saint-Benoît. Du côté de la rue du Colombier, on trouvait l'infirmerie et le jardin de l'infirmerie. La rue de l'Abbaye marque aujourd'hui l'emplacement du grand réfectoire, de la chapelle de la Vierge et de l'*hôtellerie*. Au nord de l'église s'ouvraient le grand et le petit cloître, pavés de carreaux vernissés, ainsi que le parloir. La bibliothèque était installée dans un bâtiment perpendiculaire à l'église; elle occupait le deuxième

étage de ce bâtiment ; le rez-de-chaussée était occupé par la cuisine, et le premier étage par le dortoir des hôtes.

Dans cet espace considérable, à la fois ferme, maison de plaisance, palais, monastère, cité et phalanstère, dans cette véritable petite ville s'étaient amassés depuis des siècles — sans parler encore de la bibliothèque — des trésors d'art sans nombre : châsses ornées de pierreries, vieilles tapisseries, tableaux anciens, ornements d'église, portraits. Là tout racontait le Passé, depuis la statue en pierre peinte de Childebert qui se dressait à l'entrée du réfectoire, jusqu'aux vitraux aux armes de France et de Castille qui ornaient la chapelle. Les tombeaux de Childebert, de Clotaire, de Frédégonde, d'Ultrogothe, des premiers abbés, rappelaient d'une saisissante façon l'antiquité de cette abbaye et, en constatant cette date lointaine, ils expliquaient les richesses de cette maison *inclyte, royalle et première de France*. Ces merveilles innombrables, en effet, s'étaient accumulées entre des mains conservatrices par excellence, où rien ne se dispersait, ne se perdait, ne se gaspillait. Notre temps, où tout passe vite, n'a point le sens de cette durée, et il faut réfléchir quelques instants pour avoir la notion nette de cette immobilité et de cette stabilité.

Dans ce milieu exceptionnellement favorable

vécurent, au XVII° et au XVIII° siècle, les hommes les plus vertueux, les plus érudits et les plus heureux aussi que jamais ait connus la terre. Pour peindre cette famille admirable, poursuivant en commun le même labeur, ces frères unis par un lien indissoluble, luttant entre eux de persévérance sans qu'un instant l'envie les ait jamais divisés, il faudrait mettre en relief chacune de ces figures qui gardait sous le même habit un cachet caractéristique.

Saluons d'abord dom Luc d'Achery, le premier en date de cette série de savants éminents. Malade depuis l'enfance, rongé par un cancer, dom d'Achery puisait dans sa foi ardente, dans son profond amour de l'étude, la force d'accomplir des prodiges de travail. Pendant quarante-cinq années, ce saint résigné de la science ne quitta l'infirmerie que pour aller à cette bibliothèque, qu'il classa le premier, auprès de laquelle ses compagnons, par une délicatesse touchante, voulurent qu'il fût enseveli. A l'infirmerie, âme naïve et tendre, il faisait des bouquets de roses et des couronnes pour les statues des saints ; dans la bibliothèque, esprit élevé et judicieux, il cueillait encore des fleurs couvertes de la poussière des années. Cet infirme se présente à nous avec une gerbe sous laquelle plieraient les plus robustes et les mieux portants de nos contemporains : *le Spicilège*, amalgame de pièces rares et curieuses arrachées au chaos du Moyen Age, telles que des canons, des vies de saints, des décrets de conciles, des chroniques, des lettres, des poésies.

La vie d'un Mathusalem eût été à peine suffisante pour mener à bien une telle entreprise. D'Achery demanda quelqu'un pour l'aider ; on lui adjoignit un jeune moine connu seulement alors par quelques essais historiques de peu d'importance et qui se nommait dom Mabillon.

Nous venons de prononcer le nom d'un des hommes les plus remarquables du XVIIe siècle. Mabillon, en effet, ne fut point seulement un patient collectionneur de documents, il fut un créateur et jeta les bases d'une science toute nouvelle. En apprenant aux érudits de l'avenir à contrôler les chartes, en établissant un critérium sûr de l'authenticité ou de la fausseté de certains diplômes, il fut véritablement le père auguste et vénérable de l'histoire de France, il donna des historiens à ce pays qui jusqu'ici n'avait eu que des chroniqueurs. Il ne faut pas croire que le traité de *Diplomatique* jaillit un jour tout armé du cerveau de Mabillon. La conception d'un pareil ouvrage fut le fruit d'incessantes recherches, la quintescence en quelque sorte de toute une vie passée à étudier, à déchiffrer, à comprendre des milliers de diplômes, de chartes, de pièces historiques...

Tandis que Mabillon créait la *Diplomatique*, c'est-à-dire l'art de contrôler les chartes par l'examen attentif du texte intrinsèque, dom Montfaucon créait la *Paléographie*, c'est-à-dire l'art de vérifier les chartes par les signes extérieurs, l'écriture, le papier, la forme des sceaux et bâtissait pierre à pierre, c'est-à-dire volume par volume, ces incomparables édifices : l'*Antiquité expliquée* et les *Monuments de la monarchie française*. C'était encore une sympathique figure que celle de dom Bernard de Montfaucon, seigneur de la Rochetaillade, qui quitta l'uniforme d'officier pour la robe de bure et consacrait les loisirs que pouvait lui laisser une carrière si prodigieusement occupée à apprendre le chaldéen, l'hébreu, le syriaque et le copte. Mais il serait nécessaire, encore une fois, de consacrer une notice isolée à tous les membres de cette infatigable corporation d'érudits où tout le monde avait sa besogne, où nulle heure n'était oisive, nulle faculté sans activité.

Un groupe spécial s'était formé pour tâcher d'écrire l'histoire de chacune des provinces de la France. Dom Lobineau et dom Morice racontaient les curieuses chroniques de Bretagne. Dom Bessin et dom Bellaise recueillaient dans l'abbaye de Saint-Ouën de Rouen les annales de leur chère Normandie, cette belle terre d'églises et de châteaux. Dom Planchet consacrait sa plume à la Bourgogne. Dom Vaissette et dom Claude de Vic leur tendaient la main, de Toulouse, en élaborant leur vaste travail sur la France méridionale. Enfin, dom Félibien faisait la monographie d'une ville qui tient plus de place dans l'univers que bien des royaumes; il entreprenait cette histoire de Paris

toujours à consulter et à lire, malgré tant de changements survenus et tant de récentes découvertes.

L'antiquité scrutée, interrogée sans relâche, ne pouvait plus garder le secret des civilisations disparues. Dom Thuillier traduisait Polybe; dom Jacques

Martin jetait les premiers fondements de l'histoire de la Gaule avant la conquête romaine ; dom Clément élevait cet impérissable monument chronologique qu'on a appelé l'*Art de vérifier les dates*. Enfin dom Bouquet avait l'honneur d'attacher son nom à la plus considérable des collections historiques, celle des historiens des Gaules ; tandis que dom Rivet, dom Taillandier et dom Clemencet posaient les premières assises de cette colossale *Histoire littéraire de France* que poursuit lentement l'Académie des Inscriptions et Belles-lettres.

II

Si le travail était rude à Saint-Germain-des-Prés, les conditions où il s'accomplissait étaient admirables. Nuls lettrés ne retrouveront jamais un cadre plus merveilleusement disposé pour l'étude. Aucun labeur n'était perdu dans cette ruche laborieuse où chacun faisait son miel en profitant de celui des autres ; *singula quæque legendo*. Ces cellules savantes se soutenaient entre elles. Chaque religieux avait sa boîte, son carton, et quand un moine, au courant toujours de l'œuvre spéciale du voisin comme le voisin était au courant de la sienne, trouvait un texte, une citation, une note quelconque qui eût rapport à cette œuvre, il jetait dans le carton le texte, la citation, la note. C'était le communisme de la science, communisme charmant et inoffensif, celui-là, où la force de chaque individu allait augmenter la force collective de tous.

Nous avons vu comment dom Mabillon fut adjoint à dom d'Achery. Ce n'était point là une exception, mais une règle constamment suivie. L'usage voulait qu'on adjoignît ainsi à chaque savant éprouvé un débutant qui se formait à son école, l'aidait dans ses recherches et continuait la besogne commencée quand la mort était venue terminer ces jours qui s'étaient écoulés paisibles entre la prière et l'étude. Le jeune apprenti de la science s'appelait dans la douce familiarité du couvent, *un goujat savant*. Mabillon avait été l'apprenti de dom Luc d'Achery, dom Ruinart fut à son tour l'apprenti de dom Mabillon. Il garda de son maître un souvenir ineffaçable, il écrivit son histoire, qui fut traduite en latin pour les couvents d'Italie. C'est en tête de cet ouvrage que nous trouvons ce portrait si expressif de dom Mabillon, ce portrait qui révèle l'homme tout entier, ce visage d'un apaisement si complet, cette bouche pleine de bonté et où apparait à peine une pointe de finesse qui n'a jamais blessé personne et a tout au plus percé un texte apocryphe, ce front qu'encadre le capuchon du moine et où la pensée semble méditer encore.

Un calme immuable est d'ailleurs le sentiment qui domine dans toutes ces physionomies de bénédictins. Il nous faudrait, pour comprendre absolument ce calme que nul événement ne trouble, faire un effort identique à celui qu'aurait à faire un religieux s'efforçant de comprendre nos agitations, nos trépidations nerveuses, notre vague à l'âme, nos prostrations suivies d'excitations passagères.

Qui ne les aperçoit cependant d'ici ces bons religieux que rien ne presse, que rien ne divise, que rien ne perturbe? Qui ne voudrait, par la pensée, passer une heure dans cet asile si bien disposé pour la paix, se promener avec eux dans cette bibliothèque magnifique où nul bruit ne s'entend que le pas mesuré d'un moine qui prend garde à ne pas distraire les autres, que le frôlement respectueux des pages qu'on tourne avec précaution, que la discrète conversation avec un religieux d'un de ces savants de l'extérieur, Ducange ou le comte de Caylus, qui se seraient affiliés certainement à l'ordre de Saint-Benoît si cette congrégation avait eu un tiers ordre.

Franchissons-le donc le seuil de cette bibliothèque qui était comme la seconde église de ces Pères de la science. Nous avons pour nous introduire dans le sanctuaire un guide très sûr, M. Alfred Franklin, qui, dans son intéressant ouvrage, *Les Bibliothèques de Paris*, a consacré à Saint-Germain-des-Prés, quelques pages instructives.

La bibliothèque, nous l'avons dit, était installée au deuxième étage d'un corps de logis perpendiculaire à l'église. Elle était décorée à l'entrée, nous apprend Germain Brice, « d'une excellente menuiserie en pilastre qui soutenait une corniche d'une bonne proportion et d'un fort beau profil. » Elle s'étendait dans une galerie luxueuse, coupée par des colonnes ioniques, et qui mesurait 160 pieds de long. Cette galerie était éclairée par onze fenêtres. Autour de la salle régnaient des armoires en chêne sculpté, surmontées de tableaux représentant les membres éminents de l'ordre de saint Benoît. Entre les armoires on avait placé quelques portraits et quelques bustes : le buste de Boileau, d'Arnaud, du comte de Caylus, etc. Le cabinet des antiquités avait accès dans la bibliothèque, sur laquelle s'ouvrait également la salle des manuscrits, emplie du haut jusqu'en bas de documents aussi difficiles à remplacer que les objets d'art que Mummius prétendait faire payer à ceux qui les auraient brisés.

La bibliothèque de Saint-Germain-des-Prés s'était formée, comme le Delta du Nil, d'alluvions successives. Riche déjà de son propre fonds, augmenté régulièrement par le temps, elle avait vu s'accroître ses trésors par l'habitude qu'avaient prise, au

XVIIᵉ et au XVIIIᵉ siècle, beaucoup de bibliophiles de léguer leurs livres

Passage de la Petite-Boucherie

et leurs collections aux savants religieux.

Paganiol de la Force cite plusieurs de ces donations. C'est ainsi qu'en 1718 Jean d'Estrées, abbé d'Evron et de Saint-Claude, légua sa bibliothèque de 22.000 volumes, abondante en pièces relatives à l'histoire de France. En 1720, Eusèbe Renaudot, de l'Académie française et de l'Académie des Inscriptions et Belles-lettres, légua sa bibliothèque, presque exclusivement composée de livres orientaux. En 1732, Henri-Charles du Cambout, duc de Coislin, pair de France, premier aumônier du roi, évêque de Metz, légua ses manuscrits, dont le fonds lui venait du chancelier Séguier, son bisaïeul maternel. Ces manuscrits étaient au nombre d'environ 3.000, parmi lesquels 400 manuscrits grecs. Le président de Harlay agit de même, et le géographe Baudran fit don aux religieux d'une collection très considérable de cartes et de plans.

Au moment de la Révolution, la Bibliothèque comprenait 49.387 volumes parmi lesquels 9.356 in-folio, 11.747 in-quarto, 28.284 in-octavo ou in-douze. Elle comptait 7.072 manuscrits qui se décomposaient ainsi : 634 orientaux, 4.152 grecs, 1.644 latins, 2.783 français. Parmi ces manuscrits, il s'en trouvait de véritablement inestimables : le psautier de Saint-Germain sur vélin teint en pourpre, avec les lettres en argent et les noms *Deus* et *Dominus* en or, le psautier de saint Éloi, une bible de l'an 835, près de cent manuscrits antérieurs au X⁰ siècle, des textes de saint Augustin sur papyrus, le manuscrit original des *Pensées* de Pascal. Un legs accepté sous cette condition, avait obligé les religieux à ouvrir leur bibliothèque au public une fois par semaine ; mais les bénédictins de la congrégation de Saint-Maur avaient appliqué cette clause, non dans la lettre étroite, mais dans l'esprit. La bibliothèque, en réalité, était ouverte tous les jours, et, sans qu'elle fût absolument publique, les gens de lettres y trouvaient un libre accès. « On y reçoit avec beaucoup d'honnêteté, dit Dubreul, ceux qui ont besoin de secours. »

L'expression n'est-elle point charmante et ne peint-elle point exactement les rapports qui existaient entre les religieux et les savants du dehors ? Avoir besoin de secours n'est point seulement avoir besoin de consulter un livre, c'est parfois avoir besoin de consulter un homme, de lui dire : Vous qui savez tant de choses, ne pourriez-vous pas me dire où je trouverai ceci, où je rencontrerai des renseignements dans cet ordre d'idées ? Ces services, les religieux les rendaient avec une obligeance jamais lassée, et par ces lettrés de l'extérieur ils correspondaient avec le monde intellectuel contemporain ; ils n'ignoraient rien d'essentiel du mouvement qui s'accomplissait au delà de ces murailles que quelques-uns ne franchirent pas une fois en vingt ans.

Ainsi ils travaillaient heureux au milieu de leurs richesses, ces religieux de l'abbaye de Saint-Germain-des-Prés, écrivant patiemment l'histoire de l'ancienne France sans se douter qu'en collectionnant ces annales, ils libellaient presque un testament.

La Révolution, en effet, était proche ; elle était à l'état vague dans les mœurs avant d'éclater sur la place publique. L'institution de la *commende* avait porté un coup terrible aux ordres monastiques et atteint du même coup la foi qui, vivante, fait les nations tranquilles et fortes, obscurcie, fait les nations agitées et malades. L'abbé commendataire, bâtard de roi ou cadet de grand seigneur, n'avait d'un abbé que le titre ; il employait ses revenus à entretenir des filles d'opéra ou des meutes. C'est ainsi qu'après le duc de Verneuil, fils naturel d'Henri IV, après Jean-Casimir, roi de Pologne, le comte de Clermont, l'amant de la Camargo, le fantaisiste personnage dont M. Jules Cousin a écrit la peu édifiante histoire, fut nommé abbé de cette abbaye de Saint-Germain-des-Prés, qui rapportait 180.000 livres de revenu.

A côté du travail s'installe l'oisiveté bruyante, à côté de la sainteté la débauche. En allant au chœur chanter *matines*, quelque jeune moine entrevit peut-être la Camargo sortir d'un souper qui s'était prolongé tard, et sans doute il prêta une oreille moins fermée à la rumeur philosophique grandissante qui déjà remuait cette société prête à s'écrouler sous ses propres fautes. Sans doute, l'imagination déjà troublée, ce moine ou ce novice voulut lire quelques-uns de ces livres que saint Benoît, dans son prévoyant *institut* recommandait de mettre sous triple clef dans la chambre même de l'abbé; il se souvint de cette Manon Lescaut dont le fantôme corrupteur avait poursuivi l'abbé Prévost en cette abbaye même où il travaillait au *Gallia christiana*.

Le voisinage d'un palais abbatial si mal fréquenté était à coup sûr un signe des temps. L'heure avait sonné et la vieille église de Childebert devint bientôt une église constitutionnelle. Les religieux furent dispersés, mais, chose étrange! la bibliothèque, nous apprend M. Alfred Franklin, ne fut point fermée, même pendant la Terreur. Cette abbaye, monument de la foi des vieux âges, devait voir s'abîmer ses trésors accumulés depuis tant de siècles au milieu d'une catastrophe qui fut comme une réminiscence des temps barbares. *Habent sua fata libelli;* jamais maxime, hélas! ne fut mieux justifiée par les événements.

Dom Lièble, le dernier bibliothécaire, était resté

dans cette maison dont tous les hôtes étaient partis. A lui seul il représentait cette congrégation aux membres innombrables jadis, dans ce couvent immense, silencieux et désert où les cloîtres sacrés étaient vides, où les prières d'autrefois avaient tout à coup cessé. Il avait conservé quand même l'amour de sa bibliothèque ; un des religieux, dom Levrault, avait emporté chez lui un grand nombre de manuscrits et de volumes pour continuer la *Gallia christiana*, Dom Lièble les redemanda et, sur le refus du religieux,

écrivit contre lui, c'est encore M. Alfred Franklin qui nous fournit ce détail, un pamphlet intitulé *La Mauvaise chance ou le Petit Bossu*.

Nous avons inutilement cherché cette brochure à la Bibliothèque nationale et nous regrettons de ne pas l'avoir rencontrée. N'est-ce point un tableau véritablement intéressant et étrange que le spectacle de ces deux moines à peine dérangés dans les études de toute leur vie par cette tempête qui renverse un monde? Ne sont-ils pas curieux tous les deux, celui-ci courant après ses livres, celui-là continuant la *Gallia christiana*, tandis que le sang coule sur tous les échafauds? Ne vous les imaginez-vous point tous les deux se promenant avec leur idée fixe au milieu de ces drames, de ces journées horribles, de cette capitale en proie à toutes les fièvres? On bat le rappel, les sections courent aux armes : c'est la Convention qu'on envahit; c'est la Gironde qui tombe; ce sont les luttes tragiques où chacun monte à la tribune pour défendre sa tête! « Rapportera-t-il mes manuscrits? » se demande dom Lièble anxieux. « Il me manque un texte de saint Augustin! » pense dom Levrault. Et tandis que les colporteurs crient dans tous les carrefours « la *grande découverte de la grande trahison*, la liste des coupables et leur jugement par le tribunal révolutionnaire, » tous deux collationnent des décrets de conciles et des actes de martyrs, sans se laisser distraire une minute par le bruit des charrettes qui roulent vers la place de la Révolution.

La publication de la brochure de dom Lièble fut fatale à l'abbaye. Elle éveilla l'attention des autorités, qui prirent possession des bâtiments et y installèrent des magasins. On déposa quinze mille livres de poudre dans l'admirable réfectoire construit par Pierre de Montereau; on entassa une énorme quantité de charbon de terre dans la chapelle de la Vierge.

Le 1er duodi de fructidor an II, jour de *Millet*, 19 août 1794, à neuf heures du matin, le feu éclatait dans le réfectoire et se communiquait à la bibliothèque....

Nous lisons dans le *Journal de Paris* du 7 fructidor le rapport du citoyen Ledoux, commandant de la compagnie des gardes

pompes de Paris, d'après celui qui lui a été fait par le citoyen Morisset, commandant en second de la compagnie, « vu l'impossibilité où s'est trouvé le commandant de se rendre lui-même à l'incendie de la ci-devant abbaye Germain, étant retenu au lit, ayant été blessé dernièrement en faisant reconstruire l'établissement de la pompe de la salle Égalité, faubourg Germain ».

Qui ne se figure d'ailleurs cette scène? Quel lettré, quel ami des livres et de l'histoire ne se la représente aussi distinctement que s'il en avait été témoin? Le chef-d'œuvre de Pierre de Montereau s'abîme dans les flammes, les statues se brisent sous l'action du feu, les vitraux anciens volent en éclat. Déjà l'incendie lèche les volumes précieux, les palimpsestes, les manuscrits écrits en lettres onciales. Un homme s'est élancé au milieu des travailleurs ; il retire des caves où on les a jetés pêle-mêle, les volumes maculés, déchirés, à moitié carbonisés ; il ne sait ce qu'il doit sauver de préférence parmi ces trésors ; il reconnait, navré, les raretés qui dormaient jadis dans les armoires de chêne et qu'on ne montrait qu'aux privilégiés. Au hasard, il arrache ainsi à la destruction dix mille volumes qui, transportés à la bibliothèque Richelieu, formeront le fonds Saint-Germain-des-Prés.

Cet homme est dom Poirier (1), un ancien reli-

(1) Il convient d'esquisser en quelques lignes la sympathique figure de ce savant religieux. Né à Paris, le 28 janvier 1724, dom Germain Poirier fut admis d'abord à Saint-Faron de Meaux, puis il entra à Saint-Germain-des-Prés, où il travailla au Recueil

gieux. Sans doute, comme un fils qu'on a chassé de la maison paternelle, il ne s'est point logé bien loin de sa chère abbaye, et quand l'incendie a été signalé, il est accouru un des premiers sans se dire que Robespierre venait à peine de tomber et qu'il exposait sa liberté et peut-être sa vie.

Ainsi finit l'abbaye Saint-Germain-des-Prés. Les tombeaux, on le sait, ont été transportés à Saint-Denis. Les musées ont recueilli comme des épaves quelques-uns des objets précieux qui se trouvaient dans le cabinet des antiquités. Ce qui a pu être sauvé de la bibliothèque est à la Bibliothèque nationale. Des rues ont été percées sur l'emplacement

des *Historiens des Gaules*. Nous l'avons dit, le voisinage d'un abbé débauché comme le Prince de Clermont était dangereux pour une institution religieuse. Des divisions se produisirent, et dom Germain Poirier, ainsi que son collaborateur dom Précieux, fut mêlé au mouvement et signa la fameuse requête de 1765. Il ne nous appartient pas de parler en détail de cette querelle engagée à propos du mode d'élection à certaines charges ou de la durée des Supériorités. Nous renvoyons ceux que cette question intéresserait au Mémoire qui a pour titre : *Faits de la cause pour dom Jacques Précieux, abbé régulier de l'abbaye de Karents, ordre de saint Benoît, diocèse de Verdun, et pour dom Germain Poirier, abbé régulier de l'abbaye de la Grand-Croix, ordre de saint Benoît, diocèse de Nicosie demandeurs*. Ainsi que quelques religieux, dom Poirier et dom Précieux avaient obtenu comme une demi-sécularisation. Aux premières rumeurs de la Révolution, le brave dom Poirier, dont les mœurs étaient irréprochables et qui avait voulu se soustraire à quelques taquineries intérieures, eut un remords terrible d'avoir contribué pour sa petite part à ébranler ce sentiment de respect que les orgies des grands seigneurs avaient

qu'occupait l'abbaye. Parfois on retrouve, sous quelques maisons du voisinage, les derniers vestiges des constructions d'autrefois : un débris de porte, un pignon, des arceaux en ogive ; mais le boulevard Saint-Germain, en dégageant complètement l'église Saint-

La Prison de l'Abbaye

arraché de toutes les âmes. Il demanda à rentrer dans la Congrégation de Saint-Maur.

Au plus fort de la Terreur, nous voyons qu'il ne s'était pas éloigné de son abbaye. Après l'incendie, il s'installa dans les décombres. « Il resta, nous raconte un contemporain, au milieu des décombres pour veiller à la conservation des manuscrits que l'incendie avait épargnés. Il y passa l'hiver sans feu, exposé à l'intempérie de la saison dans un bâtiment en ruines, et obligé pour se rendre dans une chambre sans toit de gravir un escalier à moitié détruit. Au sortir de là, tel était son dépouillement et sa misère, qu'il se vit réduit à désirer une place dans une de ces maisons réservées à l'indigence. » Dom Poirier obtint d'être nommé bibliothécaire à l'Arsenal ; il mit en ordre la collection que la Révolution avait amenée là de toutes parts, et c'est à lui qu'est due la majeure partie de ce catalogue de l'Arsenal qui est un des plus clairs et des plus méthodiques que l'on connaisse. A la réorganisation de l'Institut, il fut appelé à faire partie de la section d'histoire et mourut subitement en 1803.

Germain-des-Prés, a achevé d'enlever à ce coin de Paris la physionomie qu'il avait jadis. Il ne restera des pieux travailleurs qui se succédèrent là pendant tant de siècles, que les monuments écrits qu'ils ont élevés et l'exemple qu'ils ont donné d'une foi ardente s'unissant à une science profonde.

Il nous a paru intéressant, au moment où les débris de l'abbaye disparaissent, même à l'état de souvenirs archéologiques, d'esquisser les vicissitudes de cette glorieuse maison, qui rendit aux lettres de si longs et de si éclatants services. L'abbaye Saint-Germain avait commencé avec l'histoire de France vécue, et l'histoire de France écrite naquit dans la demeure où dormaient les premiers Mérovingiens. Sans doute cette histoire apparaît dans les livres de notre temps plus lumineuse, plus mouvementée, plus colorée que dans ces lourds in-folios qu'on ne regarde qu'avec une sorte d'effroi. Guizot, Augustin Thierry, Michelet, ont donné la vie, le relief et le mouvement à tous les personnages des temps écoulés, dramatisé toutes les scènes de l'existence des ancêtres, évoqué et montré agissant, pensant, combattant, tous ces morts que les bénédictins s'étaient contenté d'exhumer du fond des tombeaux. En admirant l'éblouissante lumière que tant d'écrivains éloquents ont projeté à notre époque sur le Passé, il ne faut pas oublier les premiers qui allumèrent le flambeau, les premiers qui apportèrent les matériaux et les dégrossirent, les premiers qui, respectueux, écartèrent les ronces et les broussailles qui couvraient nos origines.

Une étude sur l'abbaye de Saint-Germain était condamnée d'avance à être incomplète. Il y manque d'ailleurs ce que rien ne saurait rendre : l'impression de calme que l'on devait éprouver dans cette abbaye, où tant d'activité faisait si peu de bruit. Si l'on veut se rendre compte de ce que peut être un monastère de bénédictins, de la tranquillité presque joyeuse que des moines trouvent dans une existence vouée aux austérités les plus rudes, il faut aller jusqu'à Solesmes. Il faut frapper à la porte de ce petit prieuré du moyen âge, dernier refuge aujourd'hui de cet ordre de Saint-Benoît, qui compta jadis en France jusqu'à 6.000 abbayes. Ce n'est qu'à Solesmes qu'on a la vision nette de ce que fut Saint-Germain-des-Prés. L'arbuste vivace explique l'arbre gigantesque. Ce n'est que lorsqu'on se sent comme enveloppé de la sérénité qui se dégage là des hommes et des choses que l'on comprend cette ardeur à raconter tout ce qui a passé, ce détachement de tout ce qui passe, cet imperturbable espoir en cette Église qui ne peut périr, puisqu'elle a les paroles de la vie éternelle.

UN FINANCIER
du
seizième siècle.

Au fond du quartier Mouffetard il existe une petite place, un renfoncement presque, qui se trouve à l'angle de la rue du Fer-à-Moulin et de la rue Scipion. L'herbe pousse entre les pavés, poussiéreuse et blanchâtre. Quelques arbres rachitiques, venus on ne sait comment, tendent leurs maigres branches vers le ciel comme pour appeler un air moins infecté par les exhalaisons des tanneries et des peausseries du voisinage. A droite de la place s'élève un grand bâtiment sans caractère. C'est la boulangerie générale des hôpitaux et hospices civils de Paris.

Entrez là, quoique l'extérieur n'ait rien d'engageant. Entrez là, et vous ne verrez ni les lourds chariots chargés de farine, ni les fariniers empressés au travail. Vous serez tout à la surprise que donne la vue bien inattendue d'une muraille entière, œuvre originale et merveilleuse du XVIe siècle.

Rien à Paris n'a d'analogie avec ce bijou architectural enfoui, inconnu et oublié. C'est une construction en pierre et brique à deux étages. Le premier étage est percé de trois fenêtres ; le rez-de-chaussée de six arcades basses et larges. Deux seulement, la quatrième et la cinquième, sont restées ouvertes à la perspective des voûtes, les autres fermées par de grossières cloisons.

Entre le rez-de-chaussée et le premier se trouve une série de magnifiques médaillons en terre cuite qui se détachent, au-dessus de chaque arcade, pleins de relief et de vigueur. Ils étaient donc au nombre de six : le second n'est qu'un écusson de pierre entouré d'une couronne de chêne, et du troisième il ne reste que l'empreinte dans l'épaisseur de la muraille, ce sont des têtes de goût antique, têtes de femmes et têtes de guerriers d'une admirable exécution. Le temps, par malheur, exerce là son œuvre destructive, et ces bustes, qui s'émiettent et se crevassent chaque jour, ne ressemblent plus à ce qu'ils étaient il y a seulement quelques années.

Des quatre médaillons qui subsistent aujourd'hui, le premier représente un guerrier cuirassé ; sur l'épaule droite retombe un pan de manteau ou un bout d'écharpe. La tête est nue ; la barbe est longue ; l'ensemble donne l'idée d'un général devenu philosophe ou d'un philosophe devenu général. Dans le deuxième médaillon sourit d'un sourire grave et doux une femme à la tête intelligente, sérieuse et méditative. Deux nattes épaisses enserrent les cheveux. Une robe montante, hermétiquement close,

laisse cependant s'accuser des formes sculpturales.

C'est encore un guerrier qui figure dans le troisième médaillon, mais le contraste avec le premier est frappant. La cuirasse, cette fois, est merveilleusement ouvragée, ciselée, fouillée. Sous le casque fermé par une gracieuse mentonnière, le visage apparaît distingué et jeune. A voir cette figure d'élégant fourvoyé dans les camps, on se souvient involontairement du mot de César à Pharsale : « Soldat, frappe au visage ! »

Même contraste entre la première tête de femme et celle du quatrième médaillon. Ici le sourire est provoquant et railleur ; les épaules sont presque nues, et la légère bandelette qui retient la robe, prête à tomber, n'est qu'une coquetterie de plus. L'ensemble est voluptueux et charmant.

On ne trouve point, même en regardant avec attention, un nom à mettre sur ces bustes. On se rappelle que l'on est place Scipion, et l'on se dit que peut-être l'artiste a voulu représenter la famille des Scipion dans cette série de bustes, qui, sans doute, régnait autrefois tout autour de la cour. Le guerrier à barbe serait peut-être *Scipio Barbatus*, le premier Scipion dont l'histoire fasse mention.

Cela n'explique qu'incomplètement ce nom de Scipion évoqué tout à coup en pleine rue Mouffetard, devant les débris d'un hôtel du XVIe siècle. A gauche de cette façade, dans le retour en équerre de la cour, nous trouvons bien, accolant une charmante fenêtre Louis XV, deux médaillons semblables à celui qui surmonte la seconde arcade, mais nulle armoirie n'y figure : la pierre, fraîchement

badigeonnée, est d'une entière blancheur. On dirait que c'est un mystère de plus dans cette mystérieuse demeure et que cet écusson anonyme ne sera rempli que lorsqu'un Œdipe aura deviné l'énigme des armes qu'il faut y mettre.

On s'informe et l'on cherche encore quelques fragments du vieil hôtel, mais rien ; toutes les autres constructions sont modernes et banales. Quand le regard plonge sous les voûtes, il n'aperçoit que des sacs de blé ou des escaliers grossiers conduisant à des greniers. Cette muraille ressemble à une curieuse tapisserie d'autrefois cachant une pièce démeublée et nue.

En quittant l'hôtel, l'envie vous prend de savoir quelque chose sur le Scipion Sardini qui en fut le possesseur. Quelle fut sa vie? Quel rôle a-t-il rempli dans les événements de son temps? Par suite de quelles circonstances ce palais devint-il un hôpital? Les historiens de Paris sont, sinon muets, du moins très laconiques à ce sujet. Sauval, Germain Brice, Piganiol de la Force, consacrent quelques mots seulement à l'hôpital et mentionnent à peine le nom de Sardini. Tout peut se résumer à ce que disent les dictionnaires : L'hôtel Sardini a été construit par Scipion Sardini, banquier italien venu en France sous le règne de Henri III.

On ne trouve chez les modernes que de vagues indications. M. Albert Lenoir, qui a gravé la façade de l'hôtel dans la *Statistique monumentale*, ne fournit aucun renseignement sur celui qui fit construire cette élégante demeure. Seul, M. Anatole de Montaiglon, le savant professeur de l'École des Chartes, a écrit sur l'hôtel Scipion deux articles très curieux dans la *Revue des beaux-arts.* Nous n'avions pas connaissance de cette étude en commençant notre travail, et nous l'eussions peut-être abandonné si M. de Montaiglon, avec la bonne grâce habituelle au véritable érudit, ne nous avait lui-même poussé à continuer.

Nous ne regrettons pas d'avoir suivi ce conseil. L'absence presque absolue de renseignements sur un homme ou sur une époque est un attrait de plus pour ceux qui préfèrent aux détails donnés par le livre le détail conquis péniblement, laborieusement, fragment par fragment, dans les chroniques de l'époque et dans les témoignages contemporains rapprochés, comparés, contrôlés les uns par les autres. La grande route est commode, sans aucun doute; mais le sentier qu'on s'ouvre à soi-même à travers les broussailles a je ne sais quel charme particulier, dût-il ne pas conduire à grand'chose et, comme l'Expérience, ne pas valoir ce qu'il a coûté.

Voulez-vous, faisant un raisonnement semblable au nôtre et vous disant comme nous que le maître d'un pareil hôtel, financier célèbre à une époque où les financiers étaient tout-puissants, a dû jouer un rôle important dans l'histoire de notre pays? voulez-vous nous accompagner à la découverte et voir s'il est possible de retrouver quelques pages de la vie de ce Scipion Sardini? Peut-être n'eut-il qu'un mérite, celui de posséder un bel hôtel; mais, au pis aller, chemin faisant, nous rencontrerons, en cette descente à l'enfer charmant du XVIe siècle, bien des personnages familiers et des figures de connaissance.

Scipion Sardini était Toscan. Il se rattachait,

Hôtel de Scipion Sardini — état actuel —

paraît-il, à la grande famille des Interminelli, qui avait donné à la république de Lucques son plus illustre citoyen, le fameux chef gibelin Castruccio-Castracani.

C'est de Thou, d'après un passage du *Thuana*, qui se porte garant de cette origine. « La vie de

Castruccio-Castracani de gli Interminelli, faite par Aldo Manucci, dit-il, est fort belle et tout autre que celle qui a été écrite par Machiavel. Cette vie mérite d'être curieusement recherchée. Je n'en ai jamais vu qu'une entre les mains du seigneur Scipion Sardini, qui descendait aussi d'un Interminelli et qui avait invité Manucci à faire cette vie. Je crois qu'elle est imprimée à Lucques, in-quarto, en italien. C'est une belle pièce. » De Thou se trompe vraisemblablement, car cette vie fut imprimée à Rome, in-quarto, en 1590. Ces détails n'en sont pas moins intéressants pour fixer l'origine de Scipion Sardini, auquel les contemporains reprochaient volontiers d'être parti de très bas pour monter très haut, ainsi que le prouve l'épigramme suivante :

Qui modo Sardinii jam nunc sunt grandia cete;
Sic alit italicos Gallia pisciculos.

Quant Sardini vint en France, l'heure était propice pour les ambitieux, pour les Italiens surtout. Henri II venait de tomber mortellement frappé par la lance de Montgomery, et Catherine de Médicis se préparait à jouer enfin un rôle. Le jour qu'elle avait attendu pendant dix-sept années était sinon arrivé, du moins proche. L'influence que Marie Stuart et les Guise exerçaient sur François II ne pouvait durer plus longtemps que la vie de cet enfant scrofuleux et languissant. Catherine avait nettement défendu à Ambroise Paré d'essayer l'opération du trépan. Or, chacun pouvait prévoir le moment où Catherine, délivrée de l'Écossaise par la mort de son fils aîné, prendrait avec la régence le souverain pouvoir.

En attendant, Catherine se préparait, et dès lors elle s'entourait de personnages nouveaux créés par elle : des étrangers, des nobles sans fortune, des hommes sans scrupules exagérés, ministres tels que les aimaient ces petits tyrans italiens dont elle allait appliquer les maximes.

Tout fait présumer que la fortune de Sardini fut rapide. Dans cette cour des Valois, raffinée et sauvage, violente et polie, infâme et gracieuse, où les corruptions du bas Empire se mêlaient aux âpres instincts de l'homme du Moyen Age, où l'intolérance religieuse s'alliait aux inventives débauches des contemporains de Pétrone, l'Italien gouvernait en maître absolu les plaisirs et les affaires.

Insinuants et habiles, les Italiens venus à la suite de Catherine de Médicis avaient rapidement conquis partout d'importantes situations que justifiaient souvent de signalés services. La famille des Gondi devait jeter plus tard un vif éclat et donner un écrivain à la France. Un Strozzi, colonel général de l'infanterie, fut le bras droit du duc de Guise, le défenseur de Metz, et mourut à ses côtés au siège de Thionville. Un autre Strozzi, banquier à Lyon, avait avancé la dot de Catherine de Médicis.

Sardini possédait bien toutes les qualités de sa race. Il était de son temps, en outre, et n'était pas homme à hésiter devant un préjugé. Quelque grande alliance lui était nécessaire pour faire oublier la rapidité de son élévation. Une jeune fille de la plus haute naissance, Isabelle de Limeuil, fille de Gille de Latour, de la maison des comtes d'Auvergne et de la branche de Turenne, parente, par conséquent, de Catherine de Médicis (1), venait d'être chassée de la Cour à la suite d'une aventure scandaleuse. Sardini l'épousa.

L'aventure à laquelle nous faisons allusion est trop piquante et eut trop de retentissement pour que nous la passions sous silence. Catherine de Médicis, qui avait fait de l'Amour un des ressorts de sa politique, savait ce que valait son *escadron volant*, comme elle nommait cet essaim de jeunes filles que Brantôme disait « toutes bastantes pour mettre le feu par tout le monde » et dont le maréchal de Castelnau nous a laissé une énumération

---

(1) On sait que Laurent de Médicis, père de Catherine de Médicis, épousa en 1513 Madeleine de Latour, fille de Jean de Latour-d'Auvergne.

enthousiaste : elle comptait sur lui pour retenir au milieu des séductions de la cour les chefs protestants, et avant tout le plus brillant et le plus redoutable d'entre eux, Condé, qu'elle savait sans force de résistance vis-à-vis des femmes et à la merci des caprices de la préférée du moment.

Isabelle de Limeuil était une des reines de beauté de cette compagnie galante, et M. Hector de la Ferrière, qui a fixé son souvenir dans son intéressant ouvrage : *Trois Amoureuses au XVIe siècle*, a pu ainsi la dépeindre : « Blonde aux yeux bleus, et remarquable par l'éclat de son teint, Isabelle était surtout une audacieuse, pour ne pas me servir d'un autre mot, une de ces femmes qui savent au besoin faire espérer leurs faveurs et à l'avance en escompter le prix, sauf à ne pas payer à l'échéance. » Légère de tempérament autant que de principes, elle était successivement passée et repassée par les mains du duc d'Aumale, de Claude de la Châtre, de Gersay, de Ronsard, de Brantôme, de Robertet, sieur de Fresnes, son amant de cœur, avant de réussir la conquête de Condé et d'obtenir de son héroïsme et de sa passion la rétrocession à la France du Havre qu'en 1562 les Protestants avaient livré aux Anglais.

Un service aussi signalé acquit aux amoureux l'indulgence de la reine et permit à Isabelle d'augmenter le pouvoir qu'elle avait déjà sur le cœur inconstant de Condé, qu'en 1563 elle arrachait des bras de la maréchale de Saint-André. La réconciliation eut pour la belle des suites funestes, et un jour du mois de mai 1564, à Dijon où se trouvait Catherine, la demoiselle de Limeuil, pendant une audience solennelle, se trouva mal subitement et accoucha d'un garçon. « Pour une personne si avisée, remarque Mézeray, on ne s'explique pas trop comment elle prit si mal ses mesures. »

L'aventure produisit un scandale énorme. Les libelles plurent de tous côtés en ces temps où l'on riait encore du gros rire gaulois. Le Laboureur rapporte dans ses Mémoires un fragment de satire fort injurieux pour la reine mère :

Puella illa nobilis
Qui tam erat amabilis

Commisit adulterium
Et nuper fecit filium;
Sed dicunt matrem reginam
Illi fuisse...

Et il ajoute bien :

Et quod hoc patiebatur
Ut principem lucraretur.

Aussi, l'indignation de la reine mère se manifesta-t-elle avec plus de sévérité qu'elle n'en montrait d'habitude pour ces sortes d'accidents. On s'en étonnera moins quand on saura que les choses n'avaient pas précisément tourné au gré de la reine et que Condé affichait chaque jour plus haut ses prétentions.

Quoiqu'il en soit, Isabelle fut enfermée au monastère des Cordelières d'Auxonne ; et des recherches, heureusement menées par le duc d'Aumale, et l'étude de M. H. de la Ferrière permettent de connaître les machinations qui furent mises en œuvre pour consommer sa perte.

Isabelle fut accusée sans preuves par un jeune seigneur, Maulevrier, d'avoir voulu empoisonner un prince du sang, le prince de la Roche-sur-Yon, Charles de Bourbon, frère cadet du duc de Montpensier. Deux des membres les plus importants du

menter le pouvoir qu'elle avait déjà sur le cœur inconstant de Condé, qu'en 1563 elle arrachait des bras de la maréchale de Saint-André. La réconciliation eut pour la belle des suites funestes, et un jour du mois de mai 1564, à Dijon où se trouvait Catherine, la demoiselle de Limeuil, pendant une audience solennelle, se trouva mal subitement et accoucha d'un garçon. « Pour une personne si avisée, remarque Mézeray, on ne s'explique pas trop comment elle prit si mal ses mesures. »

L'aventure produisit un scandale énorme. Les libelles plurent de tous côtés en ces temps où l'on riait encore du gros rire gaulois. Le Laboureur rapporte dans ses Mémoires un fragment de satire fort injurieux pour la reine mère :

> Puella illa nobilis
> Qui tam erat amabilis

> Commisit adulterium
> Et nuper fecit filium;
> Sed dicunt matrem reginam
> Illi fuisse...

Et il ajoute bien :

> Et quod hoc patiebatur
> Ut principem lucraretur.

Aussi, l'indignation de la reine mère se manifesta-t-elle avec plus de sévérité qu'elle n'en montrait d'habitude pour ces sortes d'accidents. On s'en étonnera moins quand on saura que les choses n'avaient pas précisément tourné au gré de la reine et que Condé affichait chaque jour plus haut ses prétentions.

Quoiqu'il en soit, Isabelle fut enfermée au monastère des Cordelières d'Auxonne ; et des recherches, heureusement menées par le duc d'Aumale, et l'étude de M. H. de la Ferrière permettent de connaître les machinations qui furent mises en œuvre pour consommer sa perte.

Isabelle fut accusée sans preuves par un jeune seigneur, Maulevrier, d'avoir voulu empoisonner un prince du sang, le prince de la Roche-sur-Yon, Charles de Bourbon, frère cadet du duc de Montpensier. Deux des membres les plus importants du conseil, les évêques de Limoges et de Poitiers, furent chargés de diriger l'instruction.

L'information dura une année entière, au cours de laquelle la pauvre Isabelle n'eut d'autres distractions que de peindre des images et de correspondre avec deux de ses amants qui lui étaient restés fidèles, M. de Fresnes et Condé (1). « La pauvre Ményne, écrivait-elle au premier, en lui rappelant un de ses noms de tendresse, la pauvre Ményne n'a consolacion qu'en son miroir et m'est avis qu'il pleure comme moi. »

Condé, une fois qu'il eut découvert sa retraite, lui écrivit et lui envoya des subsides, entre autres une

(1) Il a passé dernièrement dans une vente d'autographes un billet que Mlle de Limeuil adressait à Condé du fond de sa prison. Rien n'est touchant comme le cri de tendresse de cette amoureuse d'autrefois qui aime avec l'ardeur de la Religieuse portugaise et qui écrit avec le style et l'orthographe d'une cuisinière d'aujourd'hui.

« Helas, mon cœur, ayes pitié de vostre pauvre créature quy souffre tant pour vous avoir aymé plus que moymemes ! Vous assurant que mon afflyction ne me sera que plesir, pour veu que vou ayés souvenanse de moi et que je soys si heureuse que vous nemyes ryen que moy. Je un si grant torment dans mon esprit de la crainte que jay que mon apsere me cause se malheur de meloigner de vostre bonne grace, que sela me tormante plus que tout le reste de mes fortunes. Pour lhonneur de dyeu, mon cœur, veullés moy secouryr et me mestre en lyeu ou je nay plus a sofryr pour le reste de ma vye ! Il faut, mon cœur, que vous escriviés a la Royne en ma faveur, afin quelle ne memete en lyeu ou fuse prisonnyere pour le reste de ma vye ; et ausy, sy vous plait, fere une letre a monsr le maréchal de Bourdylhon afin quy parle pour moy en

robe fourrée, qu'il accompagnait de cet envoi gaillard : « Je vous envoie une robe fourrée. Je voudrois être près de vous à sa place, car je ne puis être si inutile que je ne vous puisse faire autant de service qu'elle. »

Il avait pris à sa charge, et il faisait élever l'enfant qu'Isabelle lui avait donné, et, rapportant à la prisonnière les propos de la cour qui lui contestent cette paternité, il s'en indigne et montre là toute l'inconscience d'un héros de Meilhac.

« Je vous assure, ma mie, lui écrit-il, qu'il m'ennuiroit bien grandement que l'on pût prendre sur vos actions sujet de dire à qui est cet enfant, comme

---

votre apsence. Je vous escrips sete letre estant sur le chemin de Macon, mès de la je ne say ou lon me mennera. Mon conducteur et un valet de chambre de la Reyne nommé Gentil vous le connoyses byen ; yl ma fet se quyl a peu de bon tretement. Syl met possible je vous feré savoyr ou je seré ; je nespère quan dyeu et vous. Or, mon cœur, veules avoir pitié de moy, et ayes pitié de moy et de se quy vous touche le plus et quy vous apartient ausy. Je ses que madamoyselle de Saint-Endré est morte ; de quoy je sans un mal si grant quyl net possible de dire. Veulles ayder a sa pauvre mere, car je croys quelle aura byen besoin de vostre ayde et moy aussi ; et en set endroyt je vous feré tres humble requeste davoyr pitié delle et de moy, et me tenes en vostre bonne grace et ne mabandonnes point ! Vous besant les mains tres humblement et prye dyeu mon cœur vous rendre ausy heureus et content que je desire. . . . .
. . . .
Mon cœur donnes quelque argent a se porteur pour sa paine et ne manvoyes reponse que par vos gans. Helas mon cœur ayez pitye de sele qui vous ayme plus que tout. »

si deux y avoient passé, qui seroit autant dire que en tenez deux à une même faveur... Il ne faut point qu'entriez en serment avec moi pour me faire croire qu'il est mien, votre fils ; *car je n'en ai non plus douté que de ceux de ma femme*, mais faites que d'autres ne puissent entrer en doute. »

Et il ne faut pas oublier que Condé était marié à la plus irréprochable des femmes, et père de deux enfants légitimes.

La captivité d'Isabelle aurait pu indéfiniment se prolonger, avec changement seul de prison, si Condé, devenu veuf, n'avait manifesté l'intention d'épouser la veuve du duc de Guise ; ce mariage eût opéré entre les maisons de Bourbon et de Lorraine un rapprochement qui déplaisait également à Catherine et aux Protestants. Ces derniers, pour en empêcher la réalisation, usèrent sans succès de représentations faites à Condé au nom de la Réforme ; Catherine, plus habile, songea à la Limeuil.

Elle sut réveiller l'amour du prince, et lui laissa réussir l'évasion d'Isabelle. Condé oublia dans les bras de la belle ses velléités matrimoniales ; le moyen de la reine avait réussi, mais les graves Protestants, quand ils le surent, firent la grimace et pour sauver l'honneur de leur secte, parvinrent à marier Condé à une protestante, Mlle de Longueville.

Cette dernière incita même le prince à réclamer à Isabelle les présents qu'il lui avait faits au cours de leurs unions si fréquemment renouvelées ; celle-ci, indignée du procédé, fit un paquet de tout ce qu'elle avait reçu et lui renvoya le portrait qu'elle avait de lui, après lui avoir dessiné sur le front une gigantesque paire de cornes : la vengeance était spirituelle.

Elle la parfit, en épousant Sardini, qui, peu difficile, se contenta de cette vertu quelque peu avariée et lui permit ainsi de rentrer à la cour.

A l'époque où il épousa Mlle de Limeuil, Sardini était déjà fort riche et nous en trouvons la preuve dans Brantôme. « Cette demoiselle, dit-il, pour être l'une des belles et des agréables de son temps, nonobstant l'abandon qu'elle avait fait de son corps à ce prince, ne laissa à trouver un parti d'un très riche homme, mais non de semblable maison ; si bien que se venant à reprocher l'un à l'autre les honneurs qu'ils s'étaient faits de s'être entremariés, elle qui estait d'un si grand lieu de l'avoir espousé, il lui fit réponse : et moy j'ai fait plus pour vous que vous pour moy ; car je me suis déshonoré pour vous remettre votre honneur, voulant inférer par là que, puisque elle l'avait perdu estant jeune fille, il le luy avait remis l'ayant prise pour femme. »

On le voit, le ménage du riche partisan et de la

noble demoiselle n'était pas absolument à l'abri de toute dissension intestine. La fortune de Sardini allait du reste en grandissant toujours ; elle arrive à son apogée sous Henri III.

Sardini, il n'en faut pas douter, était alors le plus opulent particulier et le premier financier du temps. C'est à ce moment qu'il fait construire dans le quartier Saint-Marcel cet hôtel que Sauval cite comme un des plus beaux de Paris.

Rue du Cendrier. 1857.

L'emplacement était fort pittoresque. Les bâtiments s'élevaient au milieu des vignes, des vergers et des champs en pleine culture qui s'étendaient sur les bords de la Bièvre, assez loin des remparts et dans une situation très isolée. Les maisons étaient rares aux alentours ainsi que les édifices. A peine au-dessus des arbres voyait-on s'élever la tour de Saint-Marcel, le clocher de l'église Saint-Hippolyte, du couvent des Cordelières, et les toits de quelques établissements du bourg Saint-Marceau, fermé de portes comme une ville indépendante.

Il est permis de supposer, sans s'aventurer trop dans le domaine de la fantaisie, que Sardini n'avait pas choisi sans intention ce voisinage calme. Il préférait sans doute le bruit des cloches de couvents aux chocs des épées que les gentilshommes croisaient volontiers en sortant du Louvre dans les rues étroites qui s'enchevêtraient entre la rue Saint-Honoré et la Seine. Ces tumultes parfois risquaient de finir mal pour les manieurs d'argent, et Sardini trouvait plus sage de se tenir à distance. Quelque loin qu'il fût logé, il était sûr d'ailleurs de ne pas être oublié.

Sardini, en effet, était l'ami, le familier du roi, l'indispensable de cette cour prodigue et besogneuse dont le grand souci était l'argent, « ce diable d'argent, dit l'Estoile, qu'on prétendait être trépassé, et dont on fit l'épitaphe en vers ». Déjà Catherine de Médicis avait puisé dans la bourse de Sardini, et ses générosités avaient valu au financier le titre de baron de Chaumont-sur-Loire.

Quand Henri III, à bout de ressources et d'imagination, ne savait plus comment établir de nouveaux impôts, il appelait Sardini à son aide, et Sardini finissait toujours par inventer une nouvelle mesure fiscale dont il affermait l'exploitation.

Dans une très intéressante étude que M. de Boislisle a publiée dans les Mémoires de la Société de l'histoire de Paris, sous ce titre : *La Sépulture des Valois*, nous voyons Sardini se charger de la perception d'un impôt très impopulaire. Il passe un contrat avec le roi par lequel il s'engage à fournir 240.000 écus, moyennant le prélèvement d'une rente annuelle de 20.000 écus sur le produit de la taxe des cabarets et hôtelleries. Une partie de la somme était destinée à l'achèvement de cette sépulture des Valois.

Il paraît que Sardini ne mit guère d'empressement à fournir l'argent. « Ce jour, lisons-nous dans les registres du plumitif de la Chambre des comptes, à la date du 6 février 1682, a esté escript à Scipion Sardini pour lui mander que la reine mère de Sa Majesté se plaignait fort de ce que l'on n'expédiait ce qui concerne les frais des sépultures, ce qui ne se peut pas faire jusques à ce qu'il ait compté de l'administration qu'il a eue tant des cabaretiers que de l'exemption de la taille en chacune paroisse, d'autant que ce fait était fort recommandé par ladite dame. »

Sardini, nous apprend M. de Boislisle, promit de compter, et requit le 30 mars suivant, l'enregistrement de son contrat ; mais comme il faisait entrer dans ce marché une créance énorme de 200.000 écus avancés plus ou moins régulièrement au roi, la Chambre demanda des preuves, des vérifications, et finalement n'enregistra le contrat le 12 mai qu'avec des réserves et sur des charges peu faites pour activer la rentrée des fonds.

Il fallut que la reine mère insistât à plusieurs reprises et usât d'une lettre de jussion pour arracher à la Chambre « de l'exprès commandement du roy » un nouvel enregistrement, avec cette seule réserve que Sardini « n'entendait vendre ni transporter aucune desdites rentes à qui que ce fût ». Le contrat eut dès lors son exécution, si bien que l'affaire resta entre les mains de Sardini, jusqu'au temps où Henri IV la reprit pour appliquer directement le produit des taxes aux dépenses de ses bâtiments.

Ces difficultés, d'ailleurs, ne découragèrent pas Scipion Sardini. Ingénieux, il trouvait toujours matière à une taxe nouvelle ; entreprenant et hardi, le partisan avançait toujours quelque chose en échange de l'édit qui lui confiait la perception, le *parti* de cette taxe. C'est ainsi que fut publié, en 1586, l'édit qui « défendait aux procureurs de la cour et du Châtelet de faire exercice de leur état, s'ils n'avaient pris de Sa Majesté ou de Scipion Sardini, qui en avait pris le parti, lettre de confirmation en payant cent ou deux cents écus de finance (1) ».

Sardini ne se contente point d'être le premier fermier du royaume, il est encore le banquier du roi, du clergé, des seigneurs. Un jour, il prête à Henri III 500.000 écus, somme énorme pour ce temps. Bayle dit avoir lu le contrat passé entre messieurs du clergé de France et lui, le 4 mars 1588, *pour les offices de Receveurs alternatifs et deux Controlleurs des décimes héréditaires en chacun diocèse de ce royaume et autres levées de deniers.* Il y est qualifié : *noble homme Scipion Sardini gentilhomme Lucquois, demeurant en cette ville de Paris, paroisse Saint-Severin* (2).

L'orgueil du favori égalait sa puissance. L'indignation était vive contre lui au Parlement et dans la bourgeoisie, et, sans la protection du roi, il eût pu expier chèrement sa fortune. *L'Estoile* nous renseigne très complètement à cet égard : « Le 20 janvier (1587), le roy fit venir par devers lui, au Louvre, le président Le Faure et d'Angueschin, procureur en la cour des Aides; les blâma aigrement de ce qu'ils avaient envoyé Sardini prisonnier à la Conciergerie

---

(1) *L'Estoile*, journal de Henri III.
(2) Cette pièce existe en effet à la Bibliothèque nationale.

à cause que de son authorité il avait fait imprimer l'édit du Parlement de Paris, publié peu de jours auparavant en ladite cour et fait mettre en l'arrest de publicature qu'il avait été publié et registré... Et envoya Sa Majesté ledit président entouré du grand prévost et de ses archers retirer Sardini de la Conciergerie et le lui ramener par la main au Louvre, et puis ordonna au pauvre président d'aller en sa maison qu'il lui donna pour prison et où il demeura quinze jours. »

Ainsi Sardini faisait promulguer ses édits bursaux de sa propre autorité, il se passait pour la levée des impôts de la sanction du Parlement, et un tel excès d'audace, loin d'être puni, était approuvé hautement par le roi, qui n'hésitait pas à arracher, pendant quinze jours, un président de la cour des Aides de son fauteuil fleurdelisé, pour avoir agi comme son devoir et sa conscience le lui commandaient. Une telle politique explique suffisamment la journée des Barricades, qui eut lieu un an après.

Une fois le roi en fuite et Paris soulevé, il n'y avait plus de sûreté pour Sardini dans la capitale. Mais l'Italien ne s'était pas laissé prendre au dépourvu. Il semble qu'il eût étudié la vie ou plutôt la mort de tous les surintendants des finances et qu'il ne se fût logé à l'extrémité de Paris que pour être plus loin des agitations vite soulevées autour des Halles, plus loin aussi de ces gibets de Montfaucon qui n'avaient pas encore oublié Semblançay.

Prévoyant de longue main une catastrophe, Sardini avait pris ses mesures en conséquence et, depuis plusieurs années, ses trésors allaient secrètement s'accumuler dans les caves de sa belle maison de Blois (1), à l'abri d'un coup de main de la population parisienne. Quant à lui, non moins soucieux de sa propre sûreté, il avait pris la fuite dès les premiers symptômes d'agitation. N'était-il pas d'un sujet fidèle d'aller préparer le logis de Sa Majesté à Blois? N'était-il point surtout d'un homme habile de laisser Paris livré à toutes les séditions, pour se retirer en province où désormais devaient se résoudre toutes les questions, par la politique ou par les armes?

Quel fut le rôle joué par Sardini en province? Sans doute, il eut quelque importance encore au début. Les gens de finance de ce temps se tenaient d'habitude par la main, tout en mettant leurs enjeux sur des cartes différentes et en s'appuyant sur les hommes de force, de partis contraires.

De Blois, Sardini pouvait correspondre avec les Strozzi de Lyon, ou avec les descendants de ce richissime F. Groslot, qui envoya, en une seule

---

(1) Cette maison existe encore rue du Puit-Chatel.

fois, au duc de Guise, au moment du siège de Metz, 700.000 écus d'or.

De la maison de la rue du Puit-Châtel à la curieuse maison de Groslot, que l'on voit encore à Orléans, la distance n'était point considérable.

Ce fut peut-être en allant s'entendre avec quelques millionnaires chassés de Paris par l'émeute, que Scipion fut enlevé sur la Loire par les frères Saint-Offange, qui ne le délivrèrent que moyennant une rançon de 6.000 écus d'or et la liberté d'un des leurs, prieur de Saint-Remy.

Qu'étaient les Saint-Offange ? M. Pavie, qui a consacré à cette famille une étude très approfondie dans la *Revue de l'Anjou*, ne serait pas éloigné d'en faire des saints ; M. Grégoire, dans la *Ligue en Bretagne*, les traite comme de vulgaires bandits. Il est probable que la vérité, comme toujours, est dans le juste milieu. Les trois Saint-Offange : Arthur, Amaury et François étaient fils de Renée Frogar, dame noble de l'Anjou, et de René Saint-Offange, seigneur de l'Esperonnière et de la Frapinière, un nom qui sent à lui seul la bataille et retentit avec le bruit des rapières dégainées au soleil.

Ils représentent assez bien, avec leur bravoure et leur brutalité, cette noblesse encore un peu âpre, qui commençait déjà à s'habituer à l'autorité royale sous Henri II, mais qui, dans le désarroi général qui suivit la Ligue, crut le temps de la féodalité revenu, et s'en donna à cœur joie d'escarmoucher et de se battre. Dès que le poignard de Jacques Clément eut coupé les dernières entraves qui les rattachaient à la royauté, ils rêvèrent, dit très justement M. de Pavie, la guerre du Moyen Age avec ses surprises, ses rencontres, ses coups de main et ses embuscades. Ce furent comme les compagnons de Jéhu d'une autre époque.

M. Victor Pavie, qui s'était enthousiasmé pour ces héros, les disculpe, avec des raisons qui ne semblent point mauvaises, de s'être jetés uniquement dans la Ligue pour obtenir l'impunité de l'attaque à main armée commise sur Scipion Sardini.

« Un Scipion Sardini, d'une grande famille de Lucques, écrit-il, qui descendait la Loire, ayant été pillé et rançonné par les Saint-Offange, ils auraient dès ce moment fait volte-face et cherché dans les bras de l'Union l'impunité de leur crime.

« La capture est flagrante, mais le crime l'est moins. Qu'était-ce que Scipion Sardini? Un étranger, un partisan enrôlé par le comte de Soissons dans les intérêts de la cause royale et dont l'apparition sur le théâtre de nos troubles n'avait rien de bien rassurant. Comment pris? en pleine paix? contre tout droit des gens? ou sous le bénéfice terrible de la guerre? Et pour appoint aux 10.000 écus de rançon, somme honnête, il est vrai, mais qualifiée de médiocre parmi les contemporains, eu égard à la bourse du personnage, quelles conditions? l'échange avec le prisonnier de l'un des deux frères Saint-Offange?

« Qui ne comprend que dès ce moment l'attitude de ceux qu'on voudrait présenter comme des détrousseurs de grand chemin ne fut nettement dessinée et qu'en pareille occurence Sardini moins que tout autre était un voyageur et un passant. »

Sans trouver la rançon tout à fait aussi honnête, il est impossible de ne point faire la part de la situation dans l'arrestation dont Sardini fut victime. Cet événement semble en tout cas avoir donné à réfléchir au financier et l'avoir détourné de se mêler de la politique active à une époque où toutes les violences étaient déchaînées et où les batailles allaient décider seules d'une crise que l'habileté de Catherine n'avait retardée pendant bien longtemps que pour la rendre plus terrible.

Sardini d'ailleurs n'était plus jeune à cette époque. Il touchait à ses soixante ans et il éprouvait le besoin de jouir en paix de ses richesses. Après la fortune, les honneurs. Le Lucquois, tout gentilhomme qu'il fût dans son pays, n'avait pas de titre et ce dut être souvent un cruel ennui pour le mari de la fière Isabelle de Limeuil. Il était écrit que Sardini n'aurait rien à désirer.

Le château de Chaumont-sur-Loire, après avoir appartenu à Catherine de Médicis, puis à la duchesse de Valentinois, était devenu une propriété de la maison de Latour par le mariage de la fille de Diane de Poitiers avec le duc de Bouillon. A la fin du XVIe siècle, à la suite d'un partage entre les membres de la famille, Chaumont était tombé entre les mains de Nicolas Largentier, sieur de Vaussomain, et fermier général des gabelles. Sardini revendiqua le château en vertu du droit de retrait lignager qu'il exerçait du chef de sa femme, Isabelle de Latour.

Sans doute Sardini reprit ses fonctions de conseiller d'État au retour d'Henri IV, auprès duquel dut le servir le crédit de de Thou, son ami. Il ne paraît pas néanmoins, avoir retrouvé dans la nouvelle cour l'importance qu'il avait autrefois. Le nouveau roi aimait à faire sa besogne lui-même, et quand il avait besoin d'argent pour les affaires de l'État, il n'était pas embarrassé de haranguer lui-même son parlement en ce style familier et bonhomme que l'on sait, sans recourir à de coûteux intermédiaires. En tout cas, Zamet, *seigneur de dix-huit cent mille écus*, ainsi qu'il se qualifiait lui-même, suffisait aux exigences imprévues.

On peut donc, sans se tromper beaucoup, affirmer que Scipion Sardini passa les dernières années de son existence un peu à l'écart, allant du château de Chaumont à son élégant hôtel du quartier Saint-Marcel. Il aimait les livres, les éditions rares, c'est de Thou qui nous l'apprend (1); il avait pour les œuvres d'art le goût inné chez les hommes de son pays. La maison était hospitalière aux lettres, et c'est un grand lettré qui nous le dit, Baudius, le diplomate indiscret, le savant débauché, véritable bohème du XVI° siècle qui trouvait chez Sardini la table, le logement et 600 livres de pension. La vie du vieux financier s'écoulait ainsi entre la conversation des gens d'esprit, la lecture des chefs-d'œuvre et la contemplation des belles choses dont il avait empli son hôtel. Le parvenu humilié par les grands seigneurs pouvait regarder tout autour de sa cour les bustes d'ancêtres qui remontaient aux guerres puniques, et devant le premier Scipion dire comme don Ruy Gomez de Silva, à propos de don Silvius : *Celui-là c'est l'aïeul, l'ancêtre, le grand homme.*

Quand le mauvais temps empêchait la promenade

(1) La bibliothèque Carnavalet possède un magnifique exemplaire de l'*Hecatommithi* ou Livre des Cent nouvelles de Cinthio, in-4°, Venise, 1578, aux armes et devises du roi Henri III et portant la signature autographe de Sc. de Sardini auquel le roi l'avait probablement donné.

dans les immenses jardins qui s'étendaient jusqu'à la Bièvre, il lui restait la galerie couverte que certainement formaient alors les arcades dont nous voyons les débris aujourd'hui, et là il se plaisait sans doute à s'entretenir avec de Thou des événements auxquels il avait été mêlé, à lui donner des notes pour son histoire ou à deviser avec Baudius des questions de littérature et d'art.

Quelle est la date certaine de la mort de Scipion Sardini? Nous avouons être fort embarrassé pour résoudre cette question. *Le Plumitif* constate, à la date du 23 octobre 1599, que Sardini n'avait pas encore rendu compte « du parti des cabaretiers » parce qu'il avait perdu ses papiers dans sa maison du faubourg. » Le 6 août 1609 Alexandre Sardini vicomte de Buzançais, et Paul Sardini seigneur de Jouy, déclarent qu'ils n'entendent pas s'aider de leurs qualités d'héritiers pour rendre compte de l'édit des cabaretiers. Scipion Sardini avait donc cessé de vivre en 1609, le fait est certain, mais il est impossible d'indiquer dans quelles circonstances le célèbre financier était mort.

Sans doute il ne faut pas s'étonner outre mesure de ce mystère profond. Plus d'une de ces éclatantes fortunes de financiers s'est ainsi écroulée brusquement et, fondée tout à coup, s'est effondrée avec une rapidité égale. Le conquérant qui tue, le poète qui chante, la femme qui aime, ont souvent une page au livre de l'histoire; les gloires de la Finance parfois n'y trouvent pas une ligne. Les millionnaires risquent d'être plus vite oubliés que certains malheureux illustres. Il semble que le monde se venge de les avoir courtisés, enviés, adulés vivants, en les effaçant de sa mémoire dès qu'ils sont morts, dès que leur main glacée est impuissante à tourner une clef dans la serrure d'un coffre-fort.

En 1614 déjà, l'hôtel Sardini était transformé en hôpital, les pauvres avaient pris possession de la demeure de ce riche. Voilà tout ce qui est certain.

Cette transformation que quelques documents, l'*Histoire de Paris abrégée d'après Felibien*, par exemple, paraîtraient placer quelques années plus tard, nous est positivement affirmée à cette date par une pièce reproduite par M. Édouard Fournier dans ses *Variétés historiques et littéraires : la Vraie pronostication de maître Gonnin pour les mal mariez, plates bourses et morfondus, et leur repentir. A Paris, chez Nicolas Alexandre, rue des Mathurins. M.DCXV, in-8°.*

La Pronostication de maître Gonnin nous montre les mendiants pourchassés et saisis à travers Paris par les sergents de l'hôtel Scipion. Un arrêt, daté il est vrai de 1659, témoigne qu'un soldat estropié, Michel Truffault, fut condamné à la potence pour avoir, avec trois autres soldats, excité huit séditions contre les archers de l'hôpital Sardini. Enfin, Piganiol atteste qu'en 1636, l'hôtel Sardini était un hôpital et que, de son temps (1742), la boulangerie générale était déjà installée là.

« C'est ici, écrit Piganiol, que, par arrêt du Parlement du 15 septembre 1636, tous les prisonniers de la Conciergerie, excepté ceux de la petite cour, les femmes et ceux qui étaient dans les cachots noirs, furent transférés à cause de la peste qui se fit sentir cette année dans Paris. C'est aussi dans cette maison que l'on fait le pain et que l'on distribue la viande pour les autres maisons qui, comme celle-ci, dépendent de l'hôpital général ».

Comment ce changement s'est-il opéré si promptement? la chose serait difficile à expliquer. Dès le commencement du XVIIe siècle, le nom de Sardini s'efface ; nous ne l'avons retrouvé qu'une seule fois dans les mémoires contemporains. Il est vrai qu'il reparaît à propos d'un bien mauvais tour. C'est Bassompierre qui fut la victime et c'est Bassompierre qui raconte le fait dans ses Mémoires.

En 1605, peu de jours après Pâques, Bassompierre laissa tomber dans le cabinet du roi un mouchoir qui contenait un billet de Mlle d'Entrague. Sardini ramassa le mouchoir, le rendit à Bassompierre, qui se confondit en remercîments, et envoya le billet au roi. Le roi, paraît-il, fut fort mécontent, Bassompierre provoqua de Cœuvre qui se trouva mêlé à l'incident. Toute la cour fut en rumeur, et le Louvre fut interdit à Bassompierre.

Sans doute, il ne déplairait point de se représenter le vieux politique sortant de sa retraite pour se rendre au Louvre par une circonstance fortuite et trouvant le moyen de se jouer encore une fois des passions de ses contemporains. On le voit riant dans sa barbe blanche, pendant que les courtisans s'agitent, et se disant qu'après tout les hommes sont toujours les mêmes. Mais il faut renoncer à cette hypothèse assez tentante. Le ramasseur de mouchoir était vraisemblablement, nous l'avons prouvé par quelques lignes du *Plumitif*, Alexandre Sardini fils de Scipion.

Ici nous serions en plein inconnu. Nul ne parle de ce fils, excepté Guy Patin qui, dans une lettre adressée au médecin Spons et datée du 18 janvier 1658, mentionne qu'il a connu ce fils et qu'il demeurait à l'hôtel de Soissons.

Heureusement le hasard, qui fait bien les choses quand il s'en mêle, nous fournit sur ce personnage un renseignement tout à fait inespéré.

Qui n'a commis mainte fois cette bévue, de poser une question en étant sûr d'avance d'une réponse négative? Ainsi nous agissions en allant faire une dernière visite à l'hôtel Sardini avant d'écrire cette étude. « Il ne reste donc rien, pas de meubles, pas de papiers? » Et cette interrogation vague était à coup sûr de la plus complète naïveté. Quelle apparence, en effet, qu'après tant d'années et tant de révolutions, il subsistât quelque vestige du passé dans cette demeure devenue de palais hôpital et d'hôpital boulangerie? « Ma foi, monsieur, me dit un employé, il y a bien là un vieux tableau ». Et dans le cabinet du directeur il me montra un portrait accroché au mur.

Dans l'angle gauche du portrait on lit :

 Alexandre, comte de Sardini
  eigneur de Chaumont-sur-Loire
  er d'Estat ordinaire
   ætatis 73 ann

L'inscription complète a été coupée par quelque ouvrier mal habile au moment du dernier rentoilage, qui certainement a eu lieu il y a quelques années à peine. On a substitué un cadre à glace affreux et neuf au cadre de bois qui, probablement, tombait en poussière. Tel qu'il est, ce portrait est encore d'un réel intérêt.

Le portrait, ainsi que la date l'indique, est celui d'un vieillard. La tête est couverte d'une calotte de velours noir, les cheveux longs retombent sur les épaules. Le costume est des plus simples, relevé à peine, en guise de passementerie, par des ferrets de diamant qui indiquent l'opulence discrète et peu désireuse de s'afficher. La physionomie générale est celle de beaucoup de portraits du XVIIe siècle, portraits d'écrivains, de jansénistes, de commis de Fouquet ou de Colbert, qui tous se ressemblent par une vague similitude de type qui est comme *l'air de famille* des hommes d'un même siècle.

L'œuvre en elle-même n'est certes point vulgaire ni comme couleur ni comme dessin. Le bas du tableau, il est vrai, gâté par des retouches maladroites, est d'une absolue médiocrité. La toile s'affaisse sans que rien ne vive plus sous ces étoffes grossièrement peintes. L'ensemble manque d'air; et la chose se comprend, quand on réfléchit aux mutilations successives qu'a subies ce tableau, qui fût peut-être un portrait en pied. Mais la tête est pleine de lumière, d'expression et de vie.

On retrouve dans cette tête la large et féconde manière dont les peintres d'autrefois comprenaient le portrait. Ils ne se contentaient point de rendre exactement les traits : ils aspiraient à un idéal plus élevé ; ils poursuivaient une ressemblance moins matérielle ; ils cherchaient à surprendre l'âme même du personnage qui posait devant eux, à montrer sous l'enveloppe des chairs la pensée elle-même du modèle. C'est cette façon d'interpréter l'être humain qui explique l'irrésistible attraction que nous éprouvons devant certains portraits anciens. La ressemblance physique n'est plus pour nous qu'un détail accessoire, mais nous sentons que ces portraits d'ancêtres pensent encore, et nous nous arrêtons devant eux longtemps, comme pour épier au passage les idées qui roulent dans ces cerveaux méditatifs et puissants, comme pour lire dans les regards encore brillants le secret des temps disparus, comme pour recueillir l'étincelle vitale que l'artiste s'est efforcé de fixer sur la toile.

Cela est si vrai, que l'on se hasarderait, jusqu'à un certain point, en examinant ce portrait, en le dévisageant en quelque sorte, à reconstituer le caractère et l'existence même de celui qu'il représente. L'homme qui apparaît devant nous, après tant d'années, dans cette maison qui porte son nom, ne fut ni un guerrier, ni un politique de tempérament. Il ne jeta point l'or de son père à travers les fenêtres de tous les châteaux. Il n'aima passionnément ni le mal, ni le bien. Il n'eut ni le noble détachement qui fait les prodigues, ni la force de résistance qui fait les avares. C'était un esprit très exact et très faible en même temps, un être timide qui n'eût point su donner, mais qui se laissait prendre volontiers. Il était de la race de ces hommes qui consentent volontiers à être grugés, à la condition de tenir une comptabilité rigoureuse de ce qu'on leur vole. Jeune, il dut s'abandonner par inertie à la débauche, sans rien comprendre jamais à l'amour. Vieillard, il était maniaque, hypocondriaque et méticuleux.

Quoique la figure, par la forme du nez surtout, ait quelque analogie avec le type des Condé, un examen rapide suffit à éloigner l'idée que cet Alexandre Sardini puisse être le fils de Mlle de Limeuil et du prince de Condé. Un homme d'une telle naissance, d'ailleurs, eût fait quelque bruit dans le monde et l'histoire en eût entendu parler. C'est donc le fils légitime de Scipion Sardini, et cette conviction aide à fixer la date du portrait. L'accident de Mlle de Limeuil se produisit en 1564; elle fut retenue prisonnière plus d'une année, et en supposant même que Sardini l'ait épousée immédiatement après sa sortie de captivité, ce mariage n'eût guère pu avoir lieu avant 1566. Le fils de Sardini avait soixante-treize ans à l'époque de ce portrait; le portrait a donc été exécuté vraisemblablement entre 1640 et 1645.

Comment ce portrait est-il là, malgré tant de changements accomplis? Cette circonstance est faite pour surprendre. La date du portrait prouve que lorsqu'il fut entrepris, Sardini n'était plus depuis bien longtemps propriétaire de l'hôtel. Cette date même rend bien invraisemblable la première hypothèse qui se présente à l'esprit. Il y avait à l'hôpital que desservaient des religieuses de Sainte-Marthe, une chapelle où l'on célébrait la messe deux fois par semaine. Le fils de Scipion Sardini, s'il ne donna pas l'hôtel à l'hôpital, aurait pu le céder à des conditions peu onéreuses ou contribuer à l'édification de la chapelle par quelque don ou quelque fondation pieuse, et, comme il arrive pour les bienfaiteurs dans les établissements rel'gieux, on aurait placé le portrait dans la sacristie ou dans le lieu de réunion des administrateurs de l'hospice.

Les régimes différents qui se sont succédés auraient respecté ce portrait, qui faisait en quelque sorte partie du mobilier et qui, de la sacristie ou du bureau des administrateurs, serait passé dans le cabinet du directeur, où on le voit encore actuellement. L'âge de soixante-treize ans que le portrait a assigné à Sardini donne encore une fois bien de l'invraisemblance à cette supposition. On ne s'expliquerait guère que l'on eût attendu qu'Alexandre Sardini eût atteint une vieillesse aussi avancée pour placer son portrait dans cet hôtel qui était déjà un hôpital en 1614. Ce qui nous paraît le plus admissible, c'est que quelque directeur aura trouvé le portrait en question chez un brocanteur et l'aura acheté pour le suspendre dans cette maison qu'un Sardini avait bâtie.

C'est ainsi que le nom du riche partisan que tant de gens écrasés d'impôts ont maudit autrefois, que tant de courtisans ont salué jusqu'à terre, alors qu'il entrait triomphant au Louvre sous Henri III, c'est ainsi que ce nom revit, comme par miracle, inscrit sur un portrait mutilé dans cet hôtel empli jadis des chefs-d'œuvre de la Renaissance. Une fois de plus éclate l'ironie des grandeurs humaines et le formidable enseignement de la fragilité des plus hautes fortunes.

Cet enseignement, quand ce n'est pas Bossuet qui le formule sur le Sinaï de son éloquence, c'est un charretier qui vous le rappelle dans la naïveté de son ignorance. « Holà l'homme! » vous crie-t-il tandis que vous songez sur la place aux générations écoulées et que vous reconstruisez par l'imagination cette demeure d'autrefois, devant laquelle s'arrêtaient les carrosses des seigneurs, les chevaux des gentilshommes, les mules des parlementaires. « Holà l'homme! » Laissez-le passer, il a raison.

On moud maintenant à la boulangerie générale 200 sacs de blé, et l'on fabrique 25.000 kil. de pain par jour. Une telle besogne vaut bien des souvenirs. Un tel travail est plus utile que bien des rêveries...

ANGE PITOU

LE CHANTEUR PARISIEN

I

Depuis quelques années, les types qui sortent du vulgaire, qui se signalent par quelque caractère exceptionnel, ont le privilège de passionner l'attention publique et d'intéresser les écrivains épris de ce Paris si ondoyant et si divers en ses aspects. L'excentricité redouble de prix à mesure qu'elle devient plus rare, à mesure que tout se courbe peu à peu sous un niveau factice, que tout rentre dans cette uniformité artificielle qui n'est pas l'ordre, mais en quelque façon la parodie et la caricature de l'ordre. Ce serait même une intéressante étude que d'étudier à leur tour ceux qui ont étudié et de dresser la liste de tous les érudits et de tous les observateurs qui, depuis Gouriez jusqu'à Vallès, se sont constitués, comme Charles Yriarte et Édouard Fournier, les historiographes de ce monde de la fantaisie, les peintres de ces personnalités bizarres qui captivent à toutes les époques la curiosité de la rue.

Une telle énumération, par exemple, serait forcément incomplète ; le champ ouvert à ces recherches est illimité, en effet, et destiné à être défriché par des travailleurs toujours recrutés par le hasard. C'est une rencontre fortuite, une badauderie de promeneur ou de lecteur, une excursion improvisée à travers de vieux livres ou de vieux quartiers, qui fait qu'on s'attache à une de ces figures singulières, qu'on désire avoir quelques détails sur son passé, connaître le secret de l'individualité qu'on a rencontrée sans la chercher.

C'est ainsi que nous nous sommes intéressé un beau jour à un brave chanteur populaire qui fut un confrère en journalisme aux jours agités de la Révolution : Ange Pitou, dont le nom rappelle un roman de Dumas, mais qui ne commence à être connu de notre génération que depuis *La Fille de madame Angot*, où les auteurs ont esquissé la physionomie de cet original personnage...

Ange Pitou descendait-il, comme il le prétendait, de Pithou, l'intègre et spirituel magistrat, l'un des auteurs de la *Satyre Ménippée* qui valut une armée au Béarnais (1)? La chose n'aurait rien d'étonnant, et dans le chanteur forain nous retrouvons, comme des preuves de filiation, le même bon sens français, la même verve railleuse, la même raison assaisonnée d'esprit mise au service de la même cause. La grande originalité d'Ange Pitou, en effet, fut d'être populaire sans flatter la populace; d'avoir pour le protéger contre les arrestations arbitraires un auditoire exclusivement plébéien, devant lequel chaque matin il raillait les excès et les ridicules de la Révolution...

Il n'avait pas été prêtre, quoi qu'on en ait dit. Lui-même a pris soin de réfuter les légendes qu'on répandit sur son compte dès qu'il fut devenu une célébrité de la place publique, et qui faisaient de lui tantôt un évêque déguisé, tantôt l'homme de confiance de la maison de Rohan. Il avait seulement

---

(1) M. Fernand Engerand, qui prépare en ce moment un ouvrage retraçant dans ses détails la vie d'Ange Pitou, nous assure que cette prétention était bien fondée, et qu'il prouvera cette descendance, dont il a retrouvé les divers chaînons.

étudié quelque temps dans un séminaire de province. Cela suffit pour le faire traduire devant le Tribunal révolutionnaire, où il eut la chance d'être acquitté. Il s'était trouvé alors sans ressources, dans la rue, selon l'expression consacrée, et, regardant cette rue où il était, il s'était dit : Vivons-y! La rue s'appelait la rue Saint-Denis (rue Franciade, en ce temps-là); le soleil de messidor se levait radieux, tempéré encore comme à cinq heures du matin; on était au 1er juillet, *jour d'artichaut*, et Pitou, qui débutait dans le quartier des Halles, put regarder cette singulière désignation comme d'un heureux présage. Il eut sans doute un moment d'hésitation; mais il prit son courage à deux mains, s'appuya à la maison de l'*Homme- Armé*, et se mit à chanter...

Notre virtuose improvisé n'avait nulle raison d'aimer la Révolution, et, pensant à la situation où il était, il fredonna d'abord quelques couplets à allusions sur les misères du moment. En un clin d'œil, la population travailleuse des Halles, debout depuis longtemps en cette saison, s'empressa autour de lui et rit de bon cœur de cette liberté qui rappelait le temps des rois.

Cette chanson, vive et joyeuse en ses allures, apparaissait comme un souvenir d'autrefois, changeait un peu de la pose de tous ces faux Romains, remettait de ce *Ça ira* sinistre qui avait conduit à la guillotine tant de victimes sur lesquelles les commères s'apitoyaient malgré tout. On a beau vociférer que *c'est pour le peuple*, cela vous remue le cœur tout de même, ces vieilles gens à cheveux blancs ou ces prêtres vénérables qui ballottent sur la charrette aux durs cahots tous les jours, tous les jours, excepté quand M. de Robespierre daigne proclamer qu'il y a un Être Suprême.

On encouragea Pitou, on l'applaudit et on le conseilla. Comme elle voyait qu'il s'enrouait sans pouvoir dominer le cercle déjà considérable qui s'était formé autour de lui, une marchande de poisson lui dit en style énergique « qu'un chanteur sans violon chantait comme un pot fêlé ».

En tous cas, la matinée avait été bonne. A sept heures, Pitou allait compter sa recette dans un petit cabaret du quartier; les gens attablés le reconnurent, le fêtèrent et voulurent lui faire un cadeau royal; ils lui offrirent un gros morceau de pain. « Dans ce moment de disette, dit Pitou, ce fut pour moi un gros monceau d'or; en échange je donnai quelques cahiers de chansons. »

La critique de la marchande de poisson trottait malgré tout dans la cervelle de notre chanteur. Un jour, dans un cabaret des Halles, il avisa un de ces musiciens, qui magnifiquement vêtus, faisaient partie de l'escorte du *Grand Suisse*, le célèbre marchand de vulnéraire, auquel Gouriez a donné une place dans sa galerie d'excentriques. Pitou embaucha le musicien pour jouer du violon, et le lendemain, grâce à cet auxiliaire, il avait réalisé, à sept heures et demie, une recette de quinze cents francs (en assignats probablement).

L'association entre les deux artistes était d'autant plus facile qu'une fois les premières heures du jour écoulées chacun vaquait à d'autres occupations. Le musicien vendait du vulnéraire; quant à Pitou, il était devenu journaliste : il rédigeait le compte rendu des séances de la Convention pour les *Annales patriotiques et littéraires*, et quelques mois après, le *Tableau de Paris en vaudeville*. Le musicien et le chanteur avaient autant à faire l'un que l'autre, le premier avec sa tisane calmante, le second avec ses sages conseils, dans un temps où les coups pleuvaient comme grêle et où tous les esprits avaient la fièvre...

Le succès de Pitou était définitif; il était adoré dans ce quartier des Halles où tous connaissaient le *Chanteur parisien*. Ce nom, nul n'eût songé à le lui disputer, car il définissait bien ce personnage dans lequel s'incarnait le bon sens du vrai Paris, riant désormais de ces Jacobins qui avaient un moment immobilisé la ville tout entière dans la muette épouvante de tant de crimes. A ces chansons Pitou ajoutait des commentaires improvisés; il soulignait chaque couplet par quelque rapprochement avec les évènements du jour ; il était un véritable orateur en plein vent : il avait créé en quelque sorte le *Journalisme chanté*.

Avant d'aborder la place publique, chaque inspiration nouvelle de cette Muse foraine subissait l'épreuve d'une répétition générale. Les juges du premier degré, comme Pitou nous l'apprend lui-même, étaient « des commères du marché aux poirées qui venaient, avec leurs amoureux affublés du large chapeau blanc et la pipe à la bouche, juger l'improvisation ». Quand Pitou quitta les Halles pour s'installer place Saint-Germain-l'Auxerrois où la gravure du premier volume du *Chanteur parisien* nous le montre, il fut suivi par son public auquel se mêla bientôt un élément plus bourgeois. Les élégantes de l'époque n'étaient pas les moins empressées à applaudir ce chanteur aux traits expressifs et fins, à la voix sympathique et sonore, et plus d'une envoyait dès le matin un *officieux* retenir des places pour la séance du soir quand une séance était annoncée...

Sans doute, ces chansons n'ont plus aujourd'hui le piquant qu'elles avaient alors ; il faudrait, pour comprendre le succès qu'elles obtenaient, se reporter à l'époque qui les vit naître, à ces heures où les premières protestations contre tant d'excès ou de folies paraissaient à tous le comble de la hardiesse et du courage. Les *Mandats* avaient pour cet auditoire qui, en fait d'argent, ne connaissait plus que les assignats, un attrait qui n'existe plus pour nous. Tous ces gens affamés ou ruinés écoutaient avidement, malgré le proverbe qui prétend que ventre affamé n'a pas d'oreilles, et tous répétaient avec le chanteur :

Prendront-ils? Ne prendront-ils pas?

Les scandaleuses fortunes fondées sur la misère générale, l'agiotage effréné, les vols commis par les accapareurs et les fournisseurs, donnaient une actualité saisissante aux satires du poète de la rue. On l'applaudissait à tout rompre quand, prenant pour thème l'impôt nouveau des patentes, il montrait du doigt des types que chacun reconnaissait.

> Sous ce déguisement cynique,
> Remets-tu cet adroit voleur,
> Fournisseur de la République,
> Autrefois simple décrotteur?
> Depuis qu'on parle de patentes,
> Monsieur dit qu'il n'a plus d'états,
> Que la République indulgente
> Le classe parmi les forçats!

Une autre fois c'était le père Hilarion qui établissait son *Parallèle entre les abus du Cloître et les abus de 1793, 94, 95 et 96.*

Peuple français, peuple de frères,
Souffrez que Père Hilarion
Turlupiné dans vos parterres,
Vous fasse ici la motion :
Il vient, sans fiel et sans critique,
Et sans fanatiques desseins,
Comparer tous les capucins
Aux frères de la République.

Nous renonçons à la richesse
Par la loi de notre couvent;
Votre code plein de sagesse
Vous en fait faire tout autant.
Comme dans l'ordre séraphique,
Ne faut-il pas, en vérité,
Faire le vœu de pauvreté
Pour vivre dans la République?

Ainsi chantait Père Hilarion, et la foule faisait chorus. Guéri depuis longtemps de l'enthousiasme des commencements, remis du sentiment d'horreur qui, sous Robespierre, avait empêché presque de penser, on était à cette période de dégrisement où la raison reprend ses droits. On voyait que les abus étaient les mêmes qu'autrefois, que les vices des gens en place étaient pires, et qu'au prix de tant de sang versé on n'était arrivé qu'à changer un mal tolérable encore contre une misère effroyable. Parmi les femmes de la Halle les plus énergiques à défendre le réactionnaire Pitou, on eût retrouvé beaucoup de celles qui, les premières, avaient marché sur Versailles en octobre...

Souvent encore Pitou, laissant de côté les hontes de ce temps, n'en fustigeait que les ridicules. A propos de ces grandes querelles entre collet rouge et collet noir, de ces puériles questions de costumes, de toutes ces modes singulières que *Madame Angot* a fait revivre devant nos contemporains, il écrivait les *Collets noirs*.

> Faut-il pour un collet noir,
> Pour une perruque blonde,
> Pour une toque, un mouchoir,
> Bouleverser tout le monde ?

> On peut, sans être malin,
> Vous dire avec assurance,
> Que c'est l'habit d'Arlequin
> Qui sied le mieux à la France ;
> Car le démon de la mode,
> Chez nous, du matin au soir,
> Fait, défait et raccommode.
> Collet rouge et blanc et noir.

II

Chez Ange Pitou, le journaliste n'est guère moins intéressant que le chanteur forain. Là encore son originalité consiste à faire servir à la défense du bon sens et de l'honnêteté les procédés employés pour exciter les faubourgs à l'insurrection, à être populaire dans le journal comme il l'a été dans la chanson.

Le *Tableau de Paris en vaudeville* est un *canard*. Le *canard* imprimé sur cet horrible papier à chandelle, qui semble se refuser à recevoir ce qu'on veut le contraindre à transmettre, criblé de ces innombrables fautes d'impression qui témoignent du travail hâtif, bâclé pendant qu'on s'égorge et qu'on sonne le tocsin, le *canard* passionné, fiévreux, invraisemblable fut une des armes de la Montagne.

« Grands détails du siège et de la prise du château des Tuileries, relation des événements du 10 août, découverte d'un complot horrible de Louis XVI, trouvé dans ses papiers, pour égorger les bons citoyens. Quatre mille maisons marquées pour être brûlées. »

Ainsi hurlaient tous les colporteurs le lendemain du 10 août, où ce pauvre roi s'était conduit en philanthrope plus qu'en souverain. Et ce sommaire, ainsi haché, scandé par des voix de crieurs et de crieuses fanatiques, comme cette Reine Violet, qui s'était suspendue à la statue de Louis XIV pour la renverser et qui avait été écrasée dans sa chute, semait l'épouvante dans tous les coins de Paris ; il retentissait avec la sonorité du tambour battant la

Rue Saint-Denis.

générale ; il créait cet état de crise aiguë, cette surexcitation nerveuse suivie de prostrations hébétées qui rendit la Terreur possible, qui livra la cité prodigieuse à des savetiers comme Simon, à des ivrognes comme Henriot.

Le *canard* et l'événement qu'il annonçait apparaissaient presque en même temps. Les travailleurs de Maillard abattaient encore de la besogne dans les prisons, qu'à tous les carrefours on criait déjà la plaquette de quelques feuilles où l'on retrouve encore la griffe qui servait de signature à Hébert :
« Grands détails de l'exécution de tous les conspirateurs et brigands détenus dans les prisons de l'Abbaye et de la Force. Projet du cy-devant roi de faire égorger le peuple. Mort du cy-devant ministre Montmorin et de la cy-devant princesse de Lamballe, avec l'explication de leur jugement, qu'ils ont subi, et de leur supplice. »

L'imprimé avait alors un prestige qu'il n'a plus aujourd'hui, et beaucoup de gens demeuraient convaincus que Louis XVI avait réellement désigné quatre mille maisons pour être brûlées. Sous le rapport de la mise en scène, on peut affirmer que jamais rien au monde n'a été aussi habilement organisé que la Terreur. Cette phraséologie, cette emphase, cette trépidation empoigne encore après tant d'années ; bien des historiens ont subi non pas le charme, mais l'affolement de ces heures ardentes ; il a fallu la Commune pour qu'on touchât du doigt, en quelque sorte, l'étonnant mélange de scélératesse et de bêtise que cachaient ces draperies théâtrales...

Pitou, avec un brio du diable, pasticha ce vocabulaire de la Montagne, et pour qui connaît le langage révolutionnaire, ses procédés et ses *ficelles*, pour employer le terme exact, rien n'est amusant comme les sommaires de quelques livraisons du *Tableau de Paris en vaudeville*.

« Voilà la grande bataille des Jacobins (1), voilà la grande déroute et la grande bastonnade de leur grand général Sanguinola. — Voilà la grande et funeste victoire des petits muscadins et des grands aristocrates du grand palais Égalité. — Voilà la grande réception fraternelle du grand général Sanguinola dans la grande famille. — Voilà comment la grande famille lui accorda une grande collecte et une grande mention civique dans son grand procès-verbal. — Voilà comment elle lui donna un grand paquet de charpie pour panser son grand bobo. »

Cette charge des ovations qui se décernaient au

---

(1) Pitou fait allusion à une de ces batailles si fréquentes alors entre aristocrates et jacobins, batailles qui avaient pour théâtre le jardin du Palais-Royal et où on se servait d'un gros bâton appelé *une constitution*.

club des Jacobins est vraiment très drôle et portait
très juste. C'était l'Ironie française s'attaquant enfin
à cette domination terrible, reprenant un à un,
pour s'en gausser, tous ces clichés au nom desquels
on avait versé tant de sang.

Pitt et Cobourg, agents de Pitt et Cobourg, sou-
doyé par l'or de Pitt et Cobourg..., vous retrouverez
cela à toutes les lignes de l'histoire révolutionnaire.
Cette accusation vague, portée souvent par ceux-là
même qu'on aurait dû soupçonner les premiers,
enveloppait, comme d'un suaire anticipé, la Vertu,
la Vieillesse, la Gloire et les jetait sur la charrette.
Elle avait raison des popularités les mieux établies
près d'une populace plus cruelle peut-être qu'aujourd'hui, et certainement plus ignorante et plus
facile à tromper.

Pitou prit l'accusation banale, s'en moqua et la
retourna spirituellement contre ceux auxquels elle
avait si souvent servi.

« Voilà, annonce-t-il, la grande arrivée de Pitt
et Cobourg, la grande promenade de ces deux
brigands dans Paris, la grande entrée de Pitt et
Cobourg aux Jacobins, la belle couronne civique
donnée à Cobourg par le président de la Société
mère. » Et soudain le chanteur intervient et, en de
fringants couplets, célèbre Pitt et Cobourg.

Pitt et Cobourg, ces bons garçons,
Sont nos fidèles compagnons.
　C'est ce qui nous console ;
Et chaque richard tour à tour,
Est appelé Pitt et Cobourg
　Par celui qui le vole.

C'est l'originalité de ce recueil, mi-partie discussion, mi-partie chanson, que ce couplet qui tout à coup jette sa note folâtre à travers ces protestations contre les noyades et les échafauds...

Il y a des chefs-d'œuvre dans ce journal qui n'eut que douze numéros. La séance des Jacobins est une merveille que nous voudrions pouvoir reproduire en entier, et toujours le chanteur aide et soutient le publiciste, parodiant la fausse solennité du club montagnard et faisant entonner entre deux discours bouffons l'air des Marseillais légèrement modifié.

Allons, enfants de la Courtille,
Le Mardi gras est arrivé ;
Que sur nos fronts la gaieté brille,
Polichinel l'a commandé.

On ne trouverait pas dans Paul-Louis Courier une page qui vaille comme verve *la Mort du genre humain, tragédie en six actes, suspendue par le 9 thermidor*. « Le théâtre représente une place autour de laquelle on voit deux rangs de guillotines. Au beau milieu est la statue de la Liberté. Sur le côté est la Seine sur laquelle des nautoniers habiles ont disposé des bateaux à soupapes. »

Successivement toute la France s'entreguillotine, chacun à son tour, ainsi que l'annonce le chœur des premiers arrivants, chantant sur *l'air de Monjourdan :*

> Comité de salut public,
> Auguste et suprême puissance,
> La guillotine est le district
> Où tu vas cantonner la France.
> Dans six mois, venant à son tour,
> Tout ce peuple qui nous regarde,
> En pleurant se dira un jour :
> Ils ne formaient que l'avant-garde.

Il fallait une énergie peu commune pour s'attaquer à d'aussi puissants adversaires. Le régime de la Terreur, comme on se l'imagine trop volontiers, n'était point tombé avec Robespierre. Tallien, Barras, Fréron l'ancien collaborateur de Marat, celui-ci qui voulait détruire l'opulente Marseille et l'appeler la *Ville sans nom*, avaient été des proconsuls implacables et ils étaient loin de valoir comme moralité ceux qu'ils avaient renversés non avec leur conscience, mais avec leur instinct, l'instinct de l'animal qui défend sa vie.

Les Thermidoriens, pour la plupart, étaient des

jouisseurs sans convictions et sans scrupules qui avaient versé autant de sang que les autres, sans avoir l'excuse du fanatisme. Effrayés de leur passé, ils se demandèrent très froidement si leur intérêt personnel ne leur commandait pas de continuer la Terreur. Fouquier-Tinville put se croire à l'abri de toute poursuite. N'avait-il pas été lui-même un Thermidorien de la dernière heure, en requérant l'application de la loi contre Robespierre, qu'on lui apportait vaincu et blessé? Pendant quelque temps on vit siéger tranquilles à la Convention Carrier, l'ingénieux inventeur des *noyades*, qui, deux jours avant le 9 thermidor, avait fait noyer dans la dernière journée, à Paimbœuf, un pauvre aveugle de soixante-dix ans et deux jeunes filles de quinze ans; Joseph Lebon, qui dînait avec le bourreau; Collot-d'Herbois, qui, à Lyon, avait envoyé quatre mille personnes à la mort pour punir la ville de l'avoir sifflé comme acteur...

Un moment fermée, la société des Jacobins s'était rouverte après s'être en apparence *régénérée*, et tant que subsistait cette seconde Convention, cette citadelle des frères et amis, cette arche sainte de la vraie doctrine montagnarde, la Terreur était encore debout. Les Jacobins, en effet, tenaient Paris et la France à l'aide des innombrables sociétés affiliées qui correspondaient avec la société mère. Quand ces mots prestigieux : *la faction, les factieux, l'austère montagne, les égorgeurs du peuple, les séides des tyrans* eurent perdu leur redoutable puissance, quand les Parisiens réunis dans le jardin Égalité osèrent échanger des quolibets, quand on put rire tout son saoûl de ces hideuses tricoteuses, de ces sans-culottes malpropres et même des cinq jours *sans-culottides* — alors ce fut fini... Une huée formidable s'éleva et emporta les Jacobins. Trente muscadins fermèrent à jamais cet antre où s'étaient préparées toutes les *journées* de la Révolution, où tous les orateurs de la Montagne avaient essayé l'effet de leurs discours avant de les prononcer à l'Assemblée, cette salle où l'esprit de Marat revivant dans son buste semblait planer et accuser de *modérantisme* ceux qui se contentaient de cent têtes par jour...

> De l'homme soutenez les droits,
> Mais sans désobéir aux lois.
>   Soyez bons patriotes,
> Concitoyens, sans vous fâcher,
> Cachez ce que l'on doit cacher,
>   Remettez vos culottes...

Ainsi fredonnait-on dans Paris et les *sans-culottes*, bafoués partout, allèrent se culotter sans protester.

Pitou eut sa part de cette grande victoire de la grande gaieté française. Plaisanter sur des noyades,

des coupeurs de têtes, des charrettes et des échafauds n'était point chose commode. Le mot de Beaumarchais cependant était plus que jamais de circonstance. Il fallait profiter d'une éclaircie pour se hâter de rire, si on ne voulait recommencer à pleurer. Tant qu'on les appela tyrans, les Montagnards furent à craindre ; le jour où on leur rit au nez en les traitant de grotesques, ils disparurent.

Si Pitou eût employé son esprit à renverser quelque gouvernement, son nom vivrait dans toutes les mémoires comme le nom de ce Paul-Louis Courier si étrangement surfait : il a combattu l'anarchie, il a servi la cause de l'ordre et il est oublié de tous. C'est ainsi que nous sommes en France. Il n'est que juste de constater l'intrépidité pleine de bonne humeur dont il fit preuve. Dès le premier numéro du *Tableau de Paris en vaudeville*, il avait nettement formulé son programme.

« Je veux, écrivait-il, chanter et satiriser les coquins, les septembriseurs, les filous, les badauds et les espions, et toute la bande à Cartouche. Je veux dire que Barrère a présidé les Feuillants et les Jacobins, que Carrier a noyé les Nantais, que Fouquier-Tinville se moque de nous, et que l'on veut le sauver et le remettre en place. *Ridendo dicere verum quis vetat?* »

Il ne cachait pas davantage son nom à une

époque où les Terroristes, les Septembriseurs, les Noyeurs de Nantes étaient encore maîtres absolus de la situation. Dans une page d'une piquante ironie, il feignait de se faire dénonciateur :

« Au lieu d'embrasser sottement le parti des honnêtes gens, je m'en vais me ranger sous vos drapeaux. Je vais prendre le couteau des septembriseurs ou l'audace de Fouquier-Tinville et je vais dénoncer. Mais combien me donnez-vous? Enfin je vais commencer.

« Je vous dénonce donc les Tallien, les Fréron, les imprimés de la rue Percée, les continuateurs de Brissot et certain brigand auquel votre auguste aréopage a fait grâce. Cet homme, qui n'a d'autre talent que celui de médire, ne fixe pas le lecteur par l'élégance de son style, mais par sa gaieté et sa franchise. C'est le nommé Louis-Ange Pitou, dit Valanville, né à Moléans, district de Châteaudun, âgé de vingt-sept ans, acquitté au tribunal révolutionnaire le 5 prairial (24 mai 1794), demeurant rue Percée-André-des-Arcs, n° 22. Voici le modèle de ma dénonciation :

« Je l'accuse d'avoir tenu des propos inciviques contre les fripons, contre certaines gens en place qui figureraient mieux à la Grève qu'à leur poste, d'avoir dit que la queue de Robespierre existait encore, d'avoir fait un vaudeville intitulé la *Queue et la tête de ce grand homme*, de travailler à son loisir à un autre ouvrage qui aura pour titre : *Proscription de* 1794; de rimer une autre pièce de théâtre intitulée : *l'Autel de Philène* ou le *Triomphe de la Vertu;* d'avoir écrit le premier et le second numéro du *Tableau de Paris en vaudeville*, dont je vous fais passer copie, frères et amis du despotisme anarchique. »

Et, à chaque numéro, il donnait l'adresse où il fallait envoyer les communications : à *l'Épilogueur*, 20 et 22, rue Percée-André-des-Arcs; il signait : L. A. Pit., et il ajoutait :

« Comme nous serons obligé de répondre aux aristocrates, aux modérés, aux ennemis du peuple, comme à nos bons amis les égorgeurs et septembriseurs, ceux qui voudront simplement souscrire pourront s'adresser à tous les brigands de libraires du ci-devant Palais-Royal, et à tous les coquins d'honnêtes gens, de maîtres de poste ou de libraires de la République. »

Le prix de l'abonnement était de trois livres six sols pour douze numéros par mois.

III

Le succès que Pitou avait rencontré presque immédiatement comme chanteur populaire lui avait été fidèle comme journaliste. Nous en trouverions au besoin la preuve dans une lettre saisie dans les papiers de Babœuf, lettre datée du 25 nivôse an V.

« *Gracchus Babœuf au plébéien Simon.*

« Je t'écris, mon cher égal, afin de stimuler les pinceaux dont tu nous as déjà prouvé la vigueur et la hardiesse. Viens, en brave auxiliaire, combattre avec nous; nous avons besoin d'être aidés, nous avons besoin de montrer à l'ennemi plus d'un chef courageux et intrépide de la sainte ligue de l'égalité et du bonheur commun.

« Je crois bien que tu as su par Darthé par qui et comment était rédigé le journal *l'Ami du Peuple*. Un coquin, nommé Pithou, ex-abbé, le confident et l'âme damnée de Mercier, fut constamment le faiseur de cette production depuis qu'elle est échappée des mains de Châles. Je ne connais et n'ai jamais ouï parler de scélérat plus immoral que ce Pithou, et je n'ai jamais connu de scéleratesse plus révoltante que la rédaction de *l'Ami du Peuple* par lui. »

Après avoir rappelé que Pitou avait rédigé le *Tableau de Paris en vaudeville*, Babœuf avoue que « les patriotes s'engouaient de ces Catilinades bâtardes qui n'avaient que l'enveloppe extérieure de la véhémence, un mauvais ton de fade satire, qui n'était nullement celui de la véritable indignation républicaine contre les Appius et les tyrans. »

Coquin, immoral, scélérat, sous la plume de

Babœuf, signifient simplement que Pitou n'était pas de la même opinion que lui. Ce qu'il faut retenir, c'est l'aveu que fait Babœuf du succès de ces *Catilinades*, c'est ce côté populaire de la réaction que nous avons simplement voulu mettre en lumière.

Il serait trop long, en effet, de rechercher jusqu'à quel point Pitou fut un agent du parti royaliste, s'il trempa dans les intrigues organisées par ce parti, s'il fut en communication suivie avec les comités qui prenaient leur mot d'ordre de l'émigration.

Un tel rôle nous paraît bien sérieux pour cet indépendant, ce fantaisiste, ce bohème, puisque tel est le mot consacré pour désigner les fières et originales natures qui ne veulent avoir au cou aucun collier, qui ne consentent ni à tenir le bougeoir quand le roi se couche, ni la torche à pétrole quand le peuple se lève.

Pitou, il est vrai, semble avoir revendiqué ce rôle d'agent royaliste ; il a raconté qu'après avoir publié une brochure sur le marquis de Favras, il avait été reçu par Marie-Antoinette ; qu'elle lui avait remis son portrait en l'encourageant à marcher sur les traces de ses aïeux, les auteurs de la *Satire Ménippée*. Dans sa brochure *Toute la vérité au roi* ou le *Fond de ma conscience*, il énumère les services qu'il a rendus à la cause royale.

« Sans avoir, dit-il, d'autre appui au commencement que la liberté des opinions et la lutte entre les jacobins et les républicains, je suis parvenu à former un parti si nombreux pour la cause du roi que tout Paris est venu me voir, me critiquer, me défendre et m'encourager. Je suis le seul dans toute la France qui ait, pendant trois années, péroré tous les jours devant deux ou trois mille hommes en faveur de la royauté. Vingt fois j'ai fait fuir la police et la force armée se présentant pour m'arrêter, et, après tant de revers et une résistance aussi longue, je suis le seul qui ait échappé aussi miraculeusement à la mort, après y avoir été condamné trois fois. »

Il ajoute ailleurs : « Je me dis, nous sommes dans les mêmes crises qu'au temps de la Ligue ; essayons des mêmes moyens. Mes Satires Ménippée m'ont rapporté, composées, imprimées et vendues par moi, 260.000 francs. Cette fortune était une propriété bien légitime que j'avais acquise au prix de mon sang en combattant pour Votre Majesté. Fidèle à mon serment, j'ai distribué cette somme pour briser mes fers, pour sauver la vie à plusieurs agents du roi qui étaient sous les verrous, pour seconder les mouvements opérés en faveur de la royauté, pour faire réussir un contre-18 fructidor, j'en appelle au témoignage de 80.000 hommes. »

Sans accuser la sincérité de Pitou, ni récuser le témoignage des 80.000 hommes qu'il invoque, il ne faut pas oublier que la *Vérité au roi*, ainsi que l'*Urne des Stuarts et des Bourbons*, furent publiées en 1815, époque où tout le monde s'efforçait de passer pour un royaliste de la veille.

Je ne sais où j'ai lu cette jolie pensée : Tout homme a trois caractères : le caractère qu'il veut qu'on lui croie, le caractère qu'il croit avoir et le caractère qu'il a véritablement. La Restauration arrivée, Pitou put désirer faire croire et croire lui-même de très bonne foi qu'il avait été un Blondel ; en réalité, cet esprit organisé pour les succès de la place publique, vibrant à tous les courants de l'atmosphère avait été exclusivement un *réactionnaire*. Son grand mérite fut d'être le porte-parole intrépide et joyeux des sentiments qu'éprouvait Paris. C'est sous cet aspect qu'il est intéressant et sympathique.

Rien, en effet, n'est plus admirable chez un individu comme chez un peuple que ce mouvement salutaire qu'on nomme la réaction. Quand un malheureux tremble de froid et claque des dents, le médecin vous dit : « Attendez, la réaction va se produire. » La réaction s'opère et le malade est guéri dès que la chaleur vitale est revenue. Plus le sujet est robuste et plus il est jeune, plus la réaction est rapide. La mort même n'arrive que parce que la Nature n'a plus la force de produire une dernière réaction.

Il serait difficile de s'expliquer comment, en passant dans le vocabulaire politique, ce terme perdrait sa signification. Qu'est-ce en effet qu'un *réacteur?* comme on disait dans le langage révolutionnaire. C'est un homme sans parti pris qui se contente d'affirmer que deux et deux font quatre. Quand un des personnages que Pitou met en scène dans son *Tableau de Paris en vaudeville*, le paysan qui vient visiter la capitale, chante :

> J'avions entendu parler
> Qui n'y avait plus de Bastilles,
> Mais partout j'voyons forger
> Des clefs et des grilles.

Ce paysan est un réactionnaire en ce sens qu'il s'étonne, avec son gros bon sens, qu'on ait pris tant de peine à démolir la Bastille pour ouvrir des prisons partout et y entasser des prisonniers. Quand ce paysan remarque que sous ces tyrans, ces monstres altérés de sang, on exécutait par an une douzaine de scélérats avérés, tandis qu'au nom de l'Humanité on a égorgé, en quelques mois, des milliers de victimes innocentes, il est encore réactionnaire. Fait-il autre chose cependant que de constater une évidence? Quand il compare les mœurs de Barras et les mœurs pures de Louis XVI, n'a-t-il pas le droit de supposer qu'on l'a atrocement mystifié en lui disant que les républicains se nourrissaient exclusivement de brouet noir et que les rois vivaient tous dans l'orgie?

Pitou, encore une fois, fut l'interprète éloquent et hardi de ce réveil de l'opinion publique revenant à l'état de santé intellectuelle et s'apercevant qu'on l'avait trompée. Paris lui savait gré de chanter tout haut ce que chacun murmurait tout bas. Chaque fois qu'on voulait le toucher, la foule intervenait. Arrêté seize fois, il fut toujours remis en liberté moyennant des amendes faciles à payer, s'il faut en juger d'après ce que lui coûtèrent les *Mandats*. Condamné pour cette chanson à une amende de 1.000 livres, il acquitta cette somme pour 2 livres 10 sous en argent, ce qui prouve qu'il n'avait pas tout à fait tort de prétendre que les assignats de la

sang-froid tant de milliers de victimes parmi lesquelles vous deviez avoir quelques amis?

— Il le fallait, répond Billaud-Varennes, d'après le système établi.

Et soudain s'établit un dialogue qui est comme le procès de la Terreur jugé à des milliers de lieues de la France par ces consciences naïves et lointaines devant lesquelles s'explique ce proscrit. La scène est réellement très belle. Ce n'est plus Fouquier-Tinville défendant sa tête en disant : « J'étais la hache; punit-on la hache? » C'est la Raison d'État essayant de se faire comprendre par des âmes.

Rien n'est saisissant aussi comme le départ de Billaud-Varennes et de Collot-d'Herbois, auxquels on a interdit le séjour de la ville de Cayenne. Collot-d'Herbois se cache le visage dans sa longue redingote lisérée de rouge; Billaud s'avance impassible, marchant à pas comptés, la tête haute, tenant un perroquet sur son doigt. La multitude vocifère. Billaud qui a assisté aux orageuses journées de la Révolution, ne s'émeut guère. Il agace son perroquet d'une main et sourit à la multitude. « Pauvre peuple! dit-il, Jacquot! Jacquot! Viens-nous-en, Jacquot... Laissons-les dire... »

IV

Après avoir enduré d'atroces souffrances sous le ciel meurtrier de la Guyane, où le *Chanteur parisien* trouva moyen de retenir et de noter quelques chansons nègres, Ange Pitou parvint à s'échapper et à regagner la France. Là encore il retrouva des Jacobins dont la destinée avait été différente de celle de Billaud-Varennes et de Collot-d'Herbois.

Ceux-là étaient les *Jacobins nantis*, dont parle Proudhon, les *Sans-culottes* qui portaient la culotte courte et qui avaient échangé la carmagnole contre le manteau de sénateur. Cet homme d'esprit, qui les avait vus flatter la populace et demander la tête des tyrans, les gênait. Ils le firent arrêter de nouveau et jeter à la Force. Heureusement, Garat se souvint de celui qu'on appelait le *Garat des carrefours*, et Napoléon, empereur et roi, signa à Saint-Cloud, les lettres de grâce qui relevaient le chansonnier populaire de la condamnation prononcée contre lui. Pitou se montra reconnaissant... On ne trouve dans son *Chanteur parisien* qu'une chanson à boire, sur l'air *Vive Henri IV*, improvisée pour célébrer l'Empereur tout-puissant ; mais à l'heure des revers, lui qui, comme bienfait, n'avait reçu du maître du monde que la liberté, ne l'insulta point comme ceux qui avaient reçu de lui des titres et des places, des honneurs et des richesses...

Pitou d'ailleurs, s'était rangé, lui aussi, il s'était établi libraire rue Croix-des-Petits-Champs, et de là, comme il le dit lui-même, il voyait « l'ancien théâtre en plein air, où il avait chanté les *Mandats*, les *Patentes*, le *Père Hilarion*, les *Incroyables*, les *Contradictions*, les *Collets noirs*, accompagnés de commentaires qui lui avaient valu la déportation. »

C'est alors qu'il publia le *Chanteur parisien, recueil des chansons de Louis-Ange Pitou, avec un almanach-tablette des grands événements depuis 1787 jusqu'en 1808, chaque fait placé à son rang de date et de jour, ou calendrier éphéméride pour l'année 1808, par Louis-Ange Pitou, dit le Chanteur, auteur du Voyage à Cayenne. — Chez Ange Pitou, libraire, rue Croix-des-Petits-Champs, n° 21, au coin de la rue du Bouloy.*

La Restauration venue, Pitou crut le moment propice pour se mettre de nouveau en évidence. Il écrivit alors l'*Urne des Stuarts et des Bourbons* ou le *Fond de ma conscience sur les excès du 21 janvier*; *Mes malheurs et mes persécutions depuis vingt-cinq ans.* Rien n'est insipide, il faut en convenir, comme tout ce fatras. Le chansonnier alerte, spirituel souvent, égrillard parfois, s'est épaissi dans sa boutique; il est mal à l'aise, on le sent, sous le type pompeux qu'il essaye de prendre; il apparaît aussi ridicule dans ses déclamations sur la bonne cause que les déclamateurs jacobins qu'il raillait si impitoyablement jadis. Il essaye de rattacher à un plan général la guerre probablement très spontanée et très indépendante qu'il entreprit contre les Montagnards. Il perd en un mot toute originalité et tout relief...

Le gouvernement donna à Pitou une petite pension de 1.500 francs et le titre de libraire de S. A. R. la duchesse d'Orléans. Il s'installa alors rue Lulli, n° 1, et ce fut là que, voisin de l'Opéra et témoin de l'assassinat du duc de Berry, il fit pour la dernière fois parler de lui.

Il est peu de livres plus tristes à feuilleter que le *Trône du martyr, du 13 février* 1820, oublié, demandé ensuite aux possesseurs par *Monsieur* (comte d'Artois). Cette brochure, avec la *Relation de ce qui s'est passé dans l'administration de l'Opéra le 13 février, par Roullet, concierge de l'Opéra,* est peut-être l'œuvre la plus lamentablement réaliste qu'on ait jamais écrite. On y voit, comme contraste avec la grandeur de cette scène tragique, la compétition des intérêts les plus bas. Roullet n'est préoccupé que du costume que porte son *épouse*, l'ouvreuse de loges du duc de Berry, du dérangement que cet événement lui cause, de ses démêlés avec le valet de pied, du chagrin qu'un domestique éprouve à apporter au duc d'Orléans un verre d'eau sans assiette. Pitou ne pense, dans ces circonstances terribles, qu'au lit qu'a fourni son voisin, le tapissier Duriez...

Voici, du reste, les faits en un seul mot. Le malheureux prince, frappé par Louvel au moment où il faisait de la main un dernier salut à la duchesse et où il se préparait à remonter pour voir la fin des *Noces de Gamache*, resta quelque temps dans le vestibule. Ce ne fut qu'en l'entendant se plaindre vivement de ses souffrances qu'on songea à le transporter au premier étage et à demander un lit. Duriez, marchand de meubles, apporta *un lit de sangle, deux matelas, un traversin, une couverture de coton et deux draps.*

Ce fut sur ce lit d'occasion qu'exhala le dernier soupir le descendant de tant de rois...

Quand on récompensa les services rendus pendant cette nuit affreuse, M. Grandsire, secrétaire général de l'Opéra, s'attribua l'honneur d'avoir fourni cette couche suprême, et, paraît-il, reçut des preuves de la munificence royale. Ce fut alors que Pitou intervint, revendiquant pour son voisin le mérite de l'initiative et réclamant la récompense. Autour de ce lit funèbre, on engagea la plus navrante des discussions.

« J'ai déjà dévoilé au roi, écrit Pitou, les manœuvres de l'intrigue assise près du véritable dernier coucher du prince, s'adjugeant cette dépouille fournie au martyr par deux personnes seules : M. Blancheton et M. Duriez, se l'adjugeant comme les cohortes qui, au pied de la croix, se partageaient les vêtements du Rédempteur du monde. Les nouveaux spéculateurs comme les aînés n'attachaient pas plus de prix les uns que les autres aux suaires qu'ils auraient été heureux de tenir de loin, du trône du martyr. Aujourd'hui qu'ils sont arrêtés dans leur projet, ils s'étonnent que nous leur sachions mauvais gré d'avoir fait blanchir nos linceuls avec les leurs. Notre réclamation pour le véritable dernier coucher du prince leur paraît presque ridicule. Fournir un lit, disent-ils, est un service bien ordinaire en pareille occasion. Le père de la victime vous a fait demander ce lit, enfin vous l'avez cédé, tout est fini là. Adressez-vous à nous maintenant, vous aurez les cent écus que nous vous avons annoncés et tout se terminera là.

« Oui, leur service est plus extraordinaire que le nôtre. Outre que leurs matelas n'auraient reçu tout au plus que de bien loin quelques gouttes de sang, que les nôtres sont empreints de la sueur du prince au moment où la Religion le rend digne d'un autre univers, notre coucher a l'avantage d'être pris hors du local de l'Opéra. C'est un sépulcre neuf apporté tout exprès comme par ordre de la Providence. »

Avions-nous raison de dire que rien au monde n'était écœurant comme cette phraséologie à propos de matelas? La pitié ne vous prend-elle pas pour les rois quand on les voit dépouillés ainsi du droit de pleurer en paix, quand on entend les récriminations cupides qui les assaillent au milieu de leur douleur, quand on se rend compte des cruautés inconscientes dont ils sont victimes, non point de la part de leurs ennemis, mais de la part de leurs plus dévoués serviteurs? La duchesse de Berry ordonna d'acheter, pour la détruire, toute l'édition de la *Relation*, de Roullet, qui, devant cette catastrophe digne d'inspirer l'éloquence de Bossuet, fait rire aux larmes, c'est le cas de le dire, rire d'un rire nerveux, involontaire, maladif... Nous ne savons ce qu'il advint de la relation de Pitou...

Nous ne trouvons plus trace nulle part de cette individualité effacée désormais. M. Pitou, le libraire, s'éteignit obscurément, sans doute en 1826, car à dater de 1827 son nom cesse de figurer parmi les libraires brevetés de la ville de Paris. Il exerçait alors, rue des Moulins, n° 2, où il n'eut pas de successeur. Quant à Ange Pitou, le chansonnier populaire, le journaliste plein de courage, de verve, de diable au corps, il était mort depuis longtemps. C'était, nos lecteurs ont pu en juger, un tempérament plus qu'un talent, un être d'instinct et d'improvisation plus que de réflexion. Au contraire de ceux qui ne sont en possession d'eux-mêmes que dans le calme le plus absolu, il avait besoin pour être lui de l'ardente rumeur des foules du bruit des bravos, de colères à affronter, de bourreaux menaçants à railler, de Tartufes rouges à démasquer. Le sentiment du juste et de l'honnête lui venait surtout de son bon sens, et, quand il flétrissait les Jacobins, c'était moins peut-être une conscience indignée qui se révoltait qu'un esprit indépendant qui protestait et qui ne consentait pas à être dupe. Quand les circonstances exceptionnelles qui l'inspiraient et qui l'excitaient ne furent plus là pour le porter, il s'affaissa sur lui-même et s'embourgeoisa facilement.

Il nous a paru piquant et instructif, en tout cas, de mettre en lumière cette personnalité originale et curieuse, qui, célèbre par la chanson, a vu son nom ressusciter grâce à une opérette connue de tous, à cette *Fille de Madame Angot*, jouée trois cents fois et reprise à chaque instant. Il nous a semblé qu'il y avait quelque intérêt dans cette vie si agitée à ses débuts, si tranquille en son déclin, que pourrait résumer l'épigraphe que le libraire, devenu son propre éditeur, mit en tête du *Chanteur parisien :* *Jadis, j'ai vendu des chansons et d'excellentes aventures...*

LES
ANCIENNES CORPORATIONS
d'Arts et Métiers.

IMAGES DE CONFRÉRIES,
JETONS ET MÉREAUX
DE CORPORATIONS

I

Au moment où l'Europe accourait au Champ de Mars pour admirer le grand mouvement industriel moderne, il est permis de regretter qu'on n'ait point songé à grouper dans quelque salle tous les documents qui auraient pu montrer à tous le fonctionnement et l'organisation de notre industrie d'autrefois. Elles eurent leur utilité et leur grandeur en effet ces corporations, ces réunions fraternelles, qui, après tant de théories et tant d'essais, apparaissent encore à beaucoup comme l'idéal d'une société de travailleurs. M. Gustave Fagniez vient de leur consacrer un gros volume, rien que pour la période embrassant les XIII° et XIV° siècles. Le chapitre modeste que nous leur accordons dans ce livre est simplement, non point même le résumé, mais l'indication rapide des documents iconographiques ; images de confrérie, jetons de présence, méreaux de corporation, qui éclairent curieusement certains côtés intimes de la vie intérieure de ces groupes laborieux (1).

Disons d'abord un mot des *images de confréries*.

A l'époque où le Travail et la Foi étaient étroitement unis, où tous les corps d'état voués au labeur terrestre avaient dans le ciel un patron, la confrérie réunissait par un lien religieux tous les maîtres et compagnons du même métier. Chaque confrérie

(1) A propos d'une curieuse estampe de la communauté « des maîtres fondeurs-ciseleurs de la ville de Paris », acquise par la bibliothèque de la Ville, M. J. Guiffrey a publié une note très intéressante dans le premier numéro du bulletin de la « Société de l'histoire de Paris ». A cette occasion, notre savant confrère émet le vœu qu'un travailleur étudie à fond le précieux recueil de gravures de ce genre que possède le cabinet des estampes de la Bibliothèque nationale. Nous ne pouvons qu'approuver l'idée de ce travail, que nul n'est plus apte que M. Guiffrey à mener à bonne fin. Il y a, en effet, dans ce recueil une mine féconde à exploiter, un amas de trésors qui enrichiraient l'histoire de Paris et seraient comme l'élément pittoresque d'une étude générale sur les corporations d'arts et métiers.

avait son église spéciale, et dans l'église sa chapelle, lieu de rendez-vous et d'entente où l'on se retrouvait pour rendre les derniers devoirs à un mort ou pour prier le jour de la fête du saint patron de la communauté. Des estampes, gravées par le soin des syndics ou des jurés en exercice, représentaient le saint. Autour de la figure du saint, des dessins plus ou moins nombreux, rappelaient les principaux épisodes de sa vie, les détails de son martyre. Les outils particuliers de chaque corps d'état, les rabots, les clous, les ciseaux apparaissaient partout dans ces images parfois grossières, parfois aussi exceptionnellement soignées ; des oraisons spéciales, des prières distinctes, suivant le saint et l'état exercé, complétaient ces gravures qu'on a comparées très justement aux certificats illustrés qu'on délivre aux enfants en souvenir de leur première communion.

Ces gravures, qu'on distribuait à tous les membres d'une confrérie, constituaient comme un signe de ralliement commun dans les mêmes prières et dans la même foi. On les suspendait dans l'atelier et le saint, avec son nimbe éclatant, en ses vêtements parfois peinturlurés de couleurs criardes, regardait ainsi le maître et le compagnon, l'ouvrier qui déjà avait fait son chef-d'œuvre et l'apprenti encore novice travailler de leur mieux, rabotant les planches comme les charpentiers que protégeait saint Joseph, ou enfournant le pain comme les boulangers pour lesquels intercédait saint Honoré.

On devine de quel intérêt est la collection de ces estampes, diverses et semblables en même temps, témoignages de cette liberté partielle qui s'alliait alors à une discipline générale. Le recueil de la Bibliothèque nationale, rien qu'à le parcourir rapidement, éveille l'impression d'un monde disparu et d'une organisation qui sans doute serait difficile à reconstituer à notre époque, mais qui rendit incontestablement d'immenses services autrefois.

L'image de la confrérie de Sainte-Barbe « fondée par les salpestriers, poudriers, officiers de l'artillerie et aultres » est une de celles que l'on rencontre la première. Elle peut d'ailleurs servir de type général, et de spécimen à toutes celles qui suivent. La sainte se dresse en pied, rayonnante, mais énergique et presque dure de figure, comme il convient à une patronne qui a des clients aussi belliqueux. A ses pieds sont des affûts de canon, des roues de caissons, des boulets. Tout autour, en de petits carrés, grands à peu près comme ceux des images d'Épinal, se déroule la vie de la sainte avec des légendes explicatives : « Naissance de sainte Barbe. Comment le père de sainte Barbe fût dénoncer à Martian, préteur, que sa fille était chrétienne. Comment Martian, le préteur, commanda à sainte Barbe de

sacrifier aux idoles. » Des oraisons à sainte Barbe accompagnent la gravure.

Il existe une autre image de sainte Barbe, celle-ci coloriée. Les épisodes de la vie de sainte Barbe, « sainte Barbe instruite de la foi de Jésus-Christ par Origène — le père de la sainte la déclare chrétienne, demandant justice » — sont placés dans des cadres de forme ovale.

Sainte Barbe, en effet, n'était point seulement la patronne des artilleurs, elle était invoquée aussi par « la confrérie de Sainte-Barbe, vierge et martyre, érigée en l'église des Révérends Pères réformez du Très-Saint-Sacrement, rue des Billettes, par les maîtres vergetiers, racquetiers et brossiers de cette ville de Paris ».

Saint Christophe était également invoqué par deux ou trois corps d'états différents. Voici d'abord « la confrérie de Nostre-Dame-de-Bonne-Délivrance, saint Christophe et saint Léonard des maîtres marchands fruitiers, beurriers, fromagers et coquetiers de la ville, faubourg et banlieux de Paris érigée en leur chapelle dans l'église paroissiale Saint-Eustache en l'an 1305 ».

Voici maintenant la « confrérie et charité de saint Christophe érigée en l'église royale, collégiale et paroissiale Saint-Germain-l'Auxerrois ». L'image de la seconde confrérie est infiniment plus intéressante que la première. Comme à l'ordinaire, les épisodes de la vie du saint sont retracés en d'étroits carrés.

« Saint Christophe convertit 48,000 personnes — on lui met un casque tout rouge sur la teste — on lui coupe la teste. » Au milieu, le saint est représenté dans son attitude traditionnelle de l'Hercule chrétien, soutenant sur ses larges épaules au passage d'un gué, l'enfant divin qui porte le Monde et sourit doucement. Dans un coin, presque entre les jambes du géant, un petit dessin attire l'attention : un homme est mourant de faim dans une chambre ouverte. Un batelier vient à lui trainant par la corde un sac chargé de farine. Au-dessus de la chambre du malade s'ouvre une fenêtre avec un pot de fleurs. Au bas on lit : « La charité des compagnons gondoniers sur le port de l'Escolle. »

Le cabinet des Estampes possède également une gravure de saint Éloi qui diffère peu de celle de la bibliothèque de la Ville, dont M. Guiffrey a donné l'analyse. Mais saint Éloi n'était pas, lui non plus, un patron exclusif, le patron des « maîtres fondeurs en terre et sable, sonnetiers, bosseliers, sizeleurs et faiseurs d'instruments de mathématiques » ; il avait aussi sous sa protection « la confrairie de Saint-Éloy, érigée en la paroisse de Saint-Paul à Paris, pour les voituriers par terre, marchands et loueurs de chevaux ». L'image qui atteste le fait contient des stances qui commencent ainsi :

Chrestiens, l'élu de Dieu est votre protecteur,
Admirez sa vertu et sa persévérance
Qui le fit du troupeau de Noyon conducteur
   Et trésorier de France.

Nous trouvons des vers également au dos de l'image de « la confrairie de Saint-Cloud, érigée en l'église paroissiale de Saint-Jacques-de-la-Boucherie, faite des maîtres cloutiers, lammiers, étamiers, marchands ferronniers de la ville et fauxbourgs de Paris, établie du règne de Philippe de Valois, roy de France l'an 1339 ». Voici le début de cette pièce de vers :

Grand saint qui, méprisant la gloire temporelle,
   Vous rendîtes heureux,
Qui foulant la grandeur en fîtes une échelle
   Pour monter dans les cieux...

Une des gravures les plus saisissantes, selon nous, est la gravure publiée par « l'archiconfrérie royale de Saint-Crépin et de Saint-Crépinien, fondée en l'église Notre-Dame de Paris par Charles V dit le Sage, roi de France, l'an de grâce 1379. » Nulle image ne rend mieux cette douce fraternité de l'homme associant le saint à son travail pour rendre en quelque sorte ce travail plus léger. Il y a dans cette image comme une réminiscence de la naïveté du Moyen Age survivant en des temps déjà plus sceptiques.

En haut, dans un nuage, la Vierge et l'enfant

Jésus; en des cartouches placés de chaque côté, les

scènes de l'existence de saint Crépin. Sur le devant, les deux saints avec l'I. H. S. gravé sur leurs tuniques. Assis à droite, saint Crépin tire l'aiguille avec conviction; saint Crépinien, debout à gauche mesure gravement du cuir et paraît attentif à ne point se tromper. Ces deux têtes auréolées sont vraiment intéressantes à regarder. Les préoccupations de l'artisan vigilant à sa besogne sont charmantes à observer sur ces visages rayonnants des lumières de la sainteté. Sur le premier plan, deux consoles et sur chacune d'elles une « forme » de cordonnier. Jamais, à notre avis, la grande poésie du travail manuel n'a été exprimée plus éloquemment et plus simplement; jamais on n'a mieux concilié ces deux magnifiques idées de travail et de gloire suprême. Encore une fois cette image fait plaisir à contempler, et pour ceux qui l'avaient constamment sous les yeux il devait s'en dégager une impression salutaire et bonne.

A saint Crépin on peut rattacher encore une autre image plus soignée peut-être, mais à coup sûr d'un accent moins sincère, la gravure publiée « par la confrairie du roy, de la reine, princesses et princes, et des marchands privilégiez suivant la cour, érigée en l'église des Quinze-Vingts à Paris ».

Nous n'avons cité en cette nomenclature rapide que les images de quelques corps d'état. Nous avons laissé de côté bien des gravures infiniment instructives et curieuses dont l'énumération même serait impossible. Les confréries en effet étaient innombrables, sans compter certaines confréries d'un ordre particulier comme les « confréries de Saint-Marcoul, abbé, en faveur de personnes affligées du mal des écrouelles, ou la confrérie de Saint-Blaise », souverain contre le mal de gorge, dont la gravure porte cette prière : *Precibus et meritis sancti Blasii episcopi et martyris libera nos Deus ab omni malo gutturis...*

II

Si les images de corporation n'étaient point représentées au Champ de Mars, ceux qu'intéressent ces questions ont trouvé à l'Exposition des jetons de présence, des méreaux, des médailles qui se rattachent au même ordre d'idées. Un passionné de Paris, M. Forgeais, mort il y a trois mois, avait envoyé quelques-unes de ces trouvailles faites dans la Seine, qui offrent par leur origine même un si vif intérêt. Cette Seine, qui vit naître la petite Lutèce qui est devenue l'immense Paris, cache au fond de son lit un véritable musée sous-marin. Les épées romaines, les boucliers gaulois, les framées franques, les armures du Moyen Age, les arquebuses de la

Ligue ont roulé successivement dans ses flots à la suite des combats dont elle fut le théâtre. En outre, tous les cinquante ans à peu près, quelque pont d'autrefois, chargé de maisons et de boutiques, s'écroulait brusquement ou prenait feu, enrichissant encore le fleuve des objets les plus curieux et les plus dissemblables.

Riverain de la Seine, Parisien pur sang, M. Forgeais eut l'idée de racheter aux ouvriers chargés des travaux de dragage les trouvailles qu'ils faisaient ; il forma ainsi une première collection qui fut acquise par l'empereur et donnée au musée de Cluny, puis une seconde qui appartenait à la ville de Paris et disparut dans l'incendie allumé par la Commune. Les plombs historiés qui figuraient à l'Exposition sont moins nombreux que les précédents, et représentaient seulement les épaves de ces dernières années.

Les médailles de corporations offrent différents caractères et ont servi sans doute à de multiples emplois. Si quelques-unes sont comme l'équivalent des images de confrérie et ont constitué comme des signes de ralliement, des moyens de se faire reconnaître pour prendre place à certaines solennités, quelques autres ont été très certainement des bons de secours. La Corporation, on le sait, était une personne réelle, un être collectif agissant, s'affirmant, défendant ses droits et s'acquittant de ses devoirs, devoirs parmi lesquels la charité envers les étrangers occupait le premier rang après l'assistance mutuelle. Nous voyons, par exemple, la corporation des orfèvres, qui au 1ᵉʳ mai offrit longtemps à l'église Notre-Dame des tableaux votifs dont quelques-uns sont au Louvre, organiser, pendant de longues années, à la fête de Pâques, un repas somptueux où s'asseyaient douze cents, quinze cents et quelquefois dix-sept cents pauvres de l'Hôtel-Dieu. Quelques méreaux correspondaient aux bons de pain et aux bons de fourneaux économiques, usités aujourd'hui ; on devait les présenter à certains marchands désignés, et le contrôle s'opérait ainsi facilement. D'autres étaient de véritables jetons de présence alloués aux maîtres chargés de l'examen du *chef-d'œuvre* ou mandés pour s'occuper des affaires parfois très compliquées de la corporation.

Ces méreaux, naturellement, se rapprochent beaucoup des images de confrérie. On retrouve là le même symbolisme, ce même amour des rébus religieux qui s'efforce de se servir d'un épisode parfois peu connu de la vie d'un saint pour pouvoir le revendiquer comme patron.

Si les balanciers invoquent saint Michel, c'est qu'en sa qualité d'introducteur des élus dans le paradis il était chargé de peser les âmes dans les balances de l'éternelle justice. Les couteliers ont choisi saint Jean-Baptiste en souvenir de son supplice et un méreau du XVe siècle, qui porte au revers un couteau et une épée, nous montre de l'autre côté saint Jean-Baptiste à genoux, la tête nimbée, les mains jointes; derrière lui le bourreau qui s'apprête à le décapiter en présence de la fille d'Hérodiade. Voici maintenant les apothicaires avec une image des saints Côme et Damien et, au revers, une spatule et un bocal; les maréchaux-ferrants avec l'effigie de saint Éloi et un fer à cheval; les bonnetiers avec sainte Véronique tenant le Saint Suaire et une légende entre filets contenant ces mots : *Aux bonnetiers de Paris*.

Ailleurs ce sont les chapeliers qui se réclament de saint Michel comme les balanciers, et qui nous présentent sur le revers de leur médaille un chapeau semblable à celui dont se coiffait Louis XI; les éperonniers portant une molette d'éperon ou étoile à six raies dans un champ losangé; les menuisiers avec sainte Anne instruisant la Sainte Vierge, et au revers des instruments propres à la profession, deux haches croisées accostées d'une tarière et d'une équerre. N'oublions pas les pâtissiers oublieurs, avec trois cornets accompagnés de trois coquilles (on sait que les oublies se jouaient aux dés), et les boulangers avec saint Honoré coiffé et mitré, tenant la crosse de la main gauche et une miche de la main droite ; au revers on distingue un compagnon mettant des pains au four. La place a manqué sans doute pour le quatrain légendaire dont les vers peuvent être impunément intervertis en tous sens, curiosité fort goûtée de nos vieux *talmeliers* :

> Saint Honoré
> Avec sa pelle,
> Dans sa chapelle
> Est honoré.

Nous renvoyons, d'ailleurs, ceux que cette question des plombs historiés intéresserait plus particulièrement aux ouvrages où M. Forgeais a traité le sujet à fond.

C'est surtout sur ces études partielles qu'il faut compter, nous le répétons, pour écrire quelque jour l'histoire définitive de ces corporations si absolument méconnues dans les premières années de ce siècle et qui, à mesure que le temps s'écoule, reprennent, pour les hommes de bonne foi, leur physionomie véritable et leur signification exacte. Plus nous nous habituons à consulter directement les documents du passé, à interroger sans prévention les tableaux, les gravures, les archives, plus ces groupes laborieux nous semblent intéressants dans leur fonctionnement, plus nous apprenons à admirer ces ancêtres, jugeant tous leurs différends

entre eux, usant largement d'une liberté très

étendue qui jamais ne troublait en rien la discipline générale.

Les privilèges dont jouissaient ces petites républiques industrieuses n'avaient rien d'arbitraires comme on l'a supposé longtemps. Ils constituaient un fonds social qui s'était accru de génération en génération; ils étaient la propriété, souvent chèrement payée, de cette famille aux membres innombrables qui avait les mêmes vues, les mêmes intérêts, le même souci de l'honneur commun. En d'autres termes, une corporation avec son blason, sa bannière, ses jetons marqués d'un signe particulier, ses traditions, ses souvenirs souvent glorieux, était réellement une famille noble, mais d'une noblesse collective dont les plus humbles et les derniers venus avaient leur part.

Le beau côté, en effet, de ces associations fraternelles était d'être ouvertes à tout travailleur, de remplacer le capital-argent, pour parler le langage moderne, par le capital-travail et le capital-intelligence. L'apprenti, après s'être instruit pendant trois, cinq ou six ans, suivant les statuts de chaque corps d'état, exécutait son chef-d'œuvre, payait une somme qui dépassait rarement celle qu'il avait pu économiser et se trouvait possesseur d'un brevet de maîtrise qui était une petite fortune. Successeur désigné du maître, destiné souvent à épouser sa fille, il était traité comme l'enfant de la maison; c'était pour tous un frère cadet qu'on associait aux fêtes, aux triomphes, aux tristesses de cette demeure qui, pour lui, remplaçait la demeure paternelle.

Les exceptions mêmes apportées à ces usages séculaires étaient inspirées par des sentiments véritablement très louables. Chaque corps de métier de la ville et faubourgs de Paris était requis de donner deux compagnons et les maîtresses lingères deux filles, pour apprendre leur métier aux enfants de l'Hôpital général. Après six ans d'enseignement, la maîtrise était conférée d'office à ces professeurs sans qu'ils eussent à payer aucun droit.

Des lettres patentes de Louis XIV du 26 avril 1666, renouvelées en 1669, portent que « les compagnons de toute sorte d'arts et métiers, qui auront fait leur apprentissage dans la ville et faubourgs de Paris et qui épouseront des filles orphelines qui auront été élevées en l'hôpital de Notre-Dame de la Miséricorde, seront reçus maîtres des arts et métiers qu'ils auront appris, en rapportant leur brevet d'apprentissage en bonne forme et l'extrait de l'acte de célébration de leur mariage, sans être tenus de faire aucun chef-d'œuvre, ni de payer banquets, droits de confrérie, ni autres droits accoutumés ». Et pour éviter toute difficulté et toute équivoque les lettres patentes ont bien soin d'ajouter : « ils doivent jouir des mêmes libertés et privilèges que les autres maîtres, tant eux que leurs enfants, être appelés et reçus aux assemblées et charges communales ».

N'est-elle point ingénieuse et touchante la pensée de donner pour dot à ces malheureuses orphelines un brevet de maîtrise et de faire un ménage presque aisé d'une pauvre enfant recueillie dans un hôpital et d'un ouvrier honnête trop indigent pour payer son entrée dans la corporation ?

Quand on regarde de près ce passé qui n'a pas été exempt de scandales et d'abus, on est tout étonné d'y découvrir des vestiges du premier âge chrétien, d'apercevoir sous le velours et la soie du XVIIIe siècle les assises de fer de cette société que saint Louis avait fondée sur la justice.

Si les corporations purent traverser des siècles effroyablement agités, résister au déchaînement de toutes les passions humaines, conserver jusqu'au dernier jour leur grandeur et leur dignité, elles durent cette vitalité singulière aux conditions exceptionnelles dans lesquelles elles furent définitivement fondées. Étienne Boileau, dans son *Livre des métiers*, ne créa aucune législation nouvelle ; on n'entendit à cette époque, au Palais de Justice, où il siégeait, aucune de ces admirables discussions qui précédèrent l'élaboration du Code Napoléon. Ce grand *prud'homme* — pour employer le terme du temps — se contenta de faire passer la coutume à l'état de loi écrite. Il demanda uniquement aux anciens de chaque corps de métier quels étaient les usages, les règlements ordinaires, ce qui leur semblait chrétien, équitable et droit. Ainsi interrogés dans leurs consciences, ces anciens voulurent que le parchemin ne reçût rien qui ne fût juste.

Près du garde de la Prévôté de Paris, en effet, venait s'asseoir souvent, vêtu peut-être du simple habit qu'il portait quand il allait juger sous un chêne, l'ami des pauvres et des souffrants, le chevalier intrépide qui défendait un pont contre toute une armée, l'être au cœur pur qui, pris pour arbitre dans sa propre cause, savait se condamner lui-même. En cet âge de naïveté et de foi vive, beaucoup n'eussent point osé mentir sous le clair regard du roi glorieux qui promettait un saint pour le ciel. Et c'est ainsi que, nées dans l'ordre, s'inspirant des principes les plus élevés, tout en tenant compte des intérêts légitimes de chacun, les corporations restèrent longtemps fidèles à leur origine ; elles demeurèrent paisibles, en dépit de dissensions passagères, attestant une fois de plus la véracité de la parole de l'Écriture, commentée si magnifiquement par Bossuet : *La justice et la paix sont deux intimes amies...*

Ne vous y trompez pas d'ailleurs, même en se plaçant à un point de vue moins élevé, les corporations présentaient d'indiscutables avantages pour la consommation générale. Elles constituaient, par la solidarité, une garantie sérieuse qui donnait au marchand l'assurance de vivre de son état et à

l'acheteur la certitude d'être bien servi. L'Art profitait aussi de cette discipline sévère où le patron était constitué en quelque sorte comme un *pater familias* antique. Les moindres produits de ces siècles disparus témoignent d'un souci artistique, d'un scrupule professionnel que les temps nouveaux ne connaissent pas. Une association progressive et libérale entre toutes, la « Société de l'Union des Arts appliqués à l'Industrie », constate elle-même cette évidence. « Nous nous étonnons parfois, écrit un de ses rapporteurs, M. René Ménard, de voir que dans certaines époques privilégiées tous les objets fabriqués portent le même cachet de solidité et d'élégance, et qu'on n'y trouve rien qui rappelle ce que nous nommons aujourd'hui pacotille ; mais nous oublions que la corporation, jalouse de l'honneur du métier et usant despotiquement de ses privilèges, n'aurait pas toléré la mise en vente d'un objet mal fabriqué. »

LES ALMANACHS HISTORIQUES

AU XVIIe SIÈCLE

I

Les collections d'estampes ont maintenant une valeur égale à celle des collections de tableaux les plus intéressantes. A la vente du comte de Béhague comme à la vente Firmin Didot, les belles épreuves ont atteint des prix inconnus autrefois. Sans doute il convient de faire la part de cette passion particulière à l'amateur qui, lui aussi, pourrait s'appliquer le vers fameux :

Nihil actum reputans si quid superesset agendum.

La feuille gravée qui manque à une série est pour les collectionneurs la feuille de rose qui troublait l'existence du Sybarite.

« J'ai tout Callot hormis un seul, qui n'est pas à la vérité de ses bons ouvrages, au contraire, c'est un de ses moindres, mais qui m'achèverait Callot. Je travaille depuis vingt ans à recouvrer cette estampe, et je désespère enfin d'y réussir. Cela est bien rude. » Ainsi parle le Démocède de La Bruyère, qui est le portrait de l'abbé de Marolles, et ce que dit Démocède, tous les collectionneurs passés, présents et à venir l'ont pensé, le pensent ou le penseront, s'ils ne le disent pas toujours.

En dehors cependant de ce besoin d'agrandir sans cesse leur empire, de l'arrondir si vous aimez mieux, afin qu'il soit semblable à la terre, sentiment inné chez les conquérants et chez les amateurs, le goût de plus en plus vif pour les estampes s'explique par les changements qui se sont opérés dans la façon de comprendre l'Histoire. L'Histoire maintenant n'est plus une Muse qui, du haut de quelque mont sacré, contemple de loin la vague silhouette des hommes et les lignes générales des événements ; c'est une indiscrète qui tient à tout savoir et qui veut revivre en quelque sorte la vie intime des siècles évanouis.

Ceci justifie l'importance qu'ont prise depuis quelque temps les pièces historiques et surtout ces curieux *Almanachs historiques* que nous payons si cher aujourd'hui, et qu'on abandonnait jadis aux jeux des enfants aussitôt que le calendrier qu'ils contenaient était arrivé à la Saint-Sylvestre.

Personne n'ignore ce qu'étaient ces Almanachs historiques, et nous nous étonnons que nul érudit n'ait eu l'idée de leur consacrer une étude approfondie. Il n'existe, en effet, sur ce sujet, qu'une monographie très utile à consulter et très savante, il est vrai, mais qui ne fait qu'effleurer cette question si importante au point de vue des renseignements qu'elle fournit sur la vie du passé : *Recherches sur les almanachs et calendriers historiés du XVI² au XVII² siècle, par M. F. Pouy*. Au XVII² siècle, où nous limiterons ce rapide travail, quand la fin de l'année approchait, quelques éditeurs d'estampes, Langlois, par exemple, rue Saint-Jacques, à la *Victoire;* Trouvain, au *Grand Monarque;* Jollain, à l'*Enfant Jésus;* Mariette, aux *Colonnes d'Hercule*, mettaient en vente une belle gravure encadrant l'almanach nouveau qu'ils donnaient sans doute à leurs clients de distinction,. et qu'en tous cas on vendait bon marché. On remarque en effet comme une singularité, à une date plus récente, il est vrai, que l'*Almanach de la Fortune*, représentant la rue Quincampoix au moment du Système, almanach autorisé d'abord, puis interdit, ait atteint, même débité clandestinement, le prix de trois écus.

A cette époque où la gravure parvint à un point de perfection qu'elle ne reverra jamais, ces planches confiées à des maîtres du genre comme Audran, Edelink, Bassan, étaient pour la plupart d'une exécution merveilleuse. Quelle que soit celle sur laquelle le regard s'arrête, il est frappé de la conscience que les artistes ont apportée à ces œuvres condamnées nécessairement à être éphémères, du degré de fermeté et de finesse auquel arrivaient ces actualités marquées, malgré leur destination spéciale, d'un signe de grandeur et de durée. L'orthographe seule déroute et agace dans des productions si soignées ; ces fautes grossières qui nulle part ne passeraient inaperçues font ici l'effet de *cuirs* sortant de la bouche d'une duchesse.

La disposition était très ingénieusement variée afin d'éviter les répétitions et la monotonie, néanmoins elle se rapprochait presque toujours du même modèle. Le dessin du haut représentait l'événement de l'année : victoire, prise de ville, naissance de prince du sang, réception d'ambassadeur, fête offerte au roi, inauguration de monument. Sur les côtés, des médaillons plus ou moins grands et plus ou moins nombreux rappelaient des épisodes de moindre importance. Au bas, enfin, un espace était réservé pour y coller ou y imprimer le calendrier. Autour de ces sujets réels, les commentant, les poétisant, les célébrant sur tous les modes, court, se déroule, s'agite une mythologie effrénée. Toutes les divinités, toutes les allégories, toutes les Muses jouent un rôle au milieu d'une profusion de trophées, de guirlandes, d'emblèmes, de bandes d'enfants folâtres, de génies souriants, d'Amours portant des fleurs...

On devine quel intérêt ont pour l'histoire ces almanachs qui mettent en scène chaque événement avec une exactitude absolue et, pour ainsi parler, avec l'autorité d'un témoin oculaire, qui sont une galerie de portraits autant qu'une revue des actes principaux de l'année, qui nous transportent, en quelque manière, dans le passé et nous disent les préoccupations, les spectacles, les surprises qui ont agité l'âme de nos pères pendant une période de douze mois. Qu'il s'agit d'une audience solennelle accordée à un ambassadeur, d'une remise de cordon bleu ou d'un lit de justice au Parlement, les personnages tenaient dans l'estampe le rang précis qu'ils occupaient ; ce serait un crime de lèse-majesté que de toucher à cette étiquette qui fait partie intégrante de la monarchie d'alors. Qu'il soit question d'une campagne, l'almanach nous offre dans un coin quelque plan, à vol d'oiseau, du pays conquis, le profil des villes assiégées, l'ordre de bataille des régiments.

On peut le dire, on ne comprend bien le règne de Louis XIV que lorsqu'on a feuilleté attentivement quelque collection de ces almanachs. Pendant plus d'un demi-siècle, l'idole qui trône à Versailles l'emplit chaque année de sa personne. Que l'almanach ait pour titre : Les *Beaux jours de la France*, *L'Alliance de Mars et de Minerve* ou la *Gloire des sciences et des lettres sous l'heureux règne de Louis 14ᵉ de ce nom*, — Le *Concert royal des Muses*, — Le *Miroir des vertus*, — Les *Glorieuses conquêtes de Sa Majesté Louis le Grand, la terreur et l'admiration de l'univers*, — *Louis le Grand, l'Amour et les Délices de son peuple*, — il est partout ; il plane au-dessus de toutes les batailles où il calvacade au-devant d'elles. Les généraux sont des nains, les soldats des pygmées à côté de ce personnage surhumain, portant sur la perruque traditionnelle le casque surmonté d'immenses couronnes de laurier, foulant aux pieds des ennemis vaincus, ayant toujours sur le front comme des reflets d'Olympe. Ne croyez à rien de choquant. C'est la royauté apothéotique unanimement acceptée, c'est le souverain réellement monté au rang des dieux, devant la statue duquel le duc de la Feuillade fera de très bonne foi allumer des flambeaux et brûler de l'encens.

Les poètes le chantaient, les médailles nous le présentaient sous les traits d'une déité; Lebrun, dans ses compositions magnifiques, ne se lassait point de le peindre avec les attributs de tous les dieux; il était Apollon, pour Versailles; Mars, pour Paris; le Soleil, pour le monde. L'*Almanach historique* contribuait à développer ce culte en installant l'image idolâtrique dans l'appartement de chaque sujet; dans le cabinet de travail de chaque magistrat, de chaque intendant, de chaque commis. Ainsi s'explique l'influence qu'exerça Louis XIV sur ce siècle qu'il a en quelque façon identifié avec lui-même; ainsi s'explique que rien ne détonne dans toutes ces manifestations lyriques, dans ces allégories courtisanesques, dans ces inscriptions dithyrambiques; chacune d'elles se rattache à un ensemble et représente seulement un violon de plus se mêlant au concert des adulations unanimes.

Chaque événement de ce règne éclatant a son écho dans l'almanach. Les victoires absorbent naturellement la part la plus considérable, ce qui aide à comprendre la phrase où Mme de Sévigné attribue la guerre à l'ambition des généraux de composer des almanachs. *La France triomphant en Hollande; Les Glorieuses conquêtes de Sa Majesté sur plusieurs villes de Hollande; Les Victoires de Sa Majesté*, est un thème qui revient sans cesse. *Le Marquis de Castel los Rios, ambassadeur d'Espagne, saluant Sa Majesté Catholique Philippe V*, nous annonce de nouveaux combats et nous vaut de nouveaux almanachs. Malgré tout cependant, et en dépit des formules les plus serviles, on entend crier ce mot de paix qui retentissait obstinément aux oreilles de Napoléon Ier à partir de 1810. Les almanachs consacrés à la paix ont un charme tout idyllique et une sincérité d'enthousiasme que ne possèdent point toujours les almanachs guerriers.

Citons parmi les meilleurs, une vaste composition ayant pour titre : *Le Trône de la Paix vacant, causé par les malheurs de la guerre répandus dans toute l'Europe et les Nations de l'Europe se réunissant pour commercer dans l'attente de la publication de la Paix*, qui a vraiment l'entrain joyeux d'une kermesse.

L'Almanach historique, on peut s'en convaincre, ressemblait à un journal d'une espèce particulière, à un journal qui ne paraîtrait que tous les ans, mais qui, en revanche, resterait en évidence pendant trois cent soixante-cinq jours. On songea évidemment à utiliser l'influence qu'il était susceptible d'avoir sous ce rapport. Il fut, dans plus d'une circonstance, un instrument de règne, un véhicule à transmettre et à répandre certaines idées, à communiquer à la nation certaines animosités, un moyen de propagande, en un mot.

Au dehors, l'almanach répond à ces gazettes de Hollande qui dénonçaient l'ambition du Roi-Soleil. et à ce déluge de caricatures d'un ton si violent par lesquelles les Provinces-Unies répliquaient aux fastueuses devises de Versailles. En prenant au hasard, nous en trouvons un qui exprime bien le dédain de cette cour somptueuse pour ce petit peuple hollandais qui prétendait rester libre. Celui-ci s'appelle : *La Malade abandonnée de tout secours.* Il a été publié à Paris, chez Pierre Landry, rue Saint-Jacques, *à Saint François de Salles.* Il est d'un accent tout différent de ceux que nous connaissons. Plus de déités, de filles du Pinde, de Renommée embouchant la trompette ; c'est un tableau d'un profond réalisme, pour employer un terme inconnu de l'époque. La pauvre Hollande est là défaillante, assise dans ce douloureux affaissement des malades que des peintres comme Gérard Dow ont rendu avec un naturel si impressionnant. Sa coiffe noire, son jupon vulgaire, le tablier même prêtent une signification de plus à cette personnification d'une nation modeste et travailleuse. En bas la table est mise, chargée de fromages et de harengs, et de galants seigneurs raillent cette frugalité qui contraste avec les splendeurs de Versailles. Écoutez plutôt ce couplet :

Les courtisans aux dames.

Mesdames, pour vous ragoûter
Ne vous plaît-il pas de goûter
La tranche de melon friande?
Croyez qu'un bon melon françois
Pour madame et pour vous vaudrait mieux mille fois
Que vos fromages de Hollande.

Quand la révolution de 1689, déjouant tous les calculs et rompant toutes les alliances, eut mis sur le trône d'Angleterre ce flegmatique Guillaume d'Orange qui sera pour Louis XIV un si redoutable et un si persévérant ennemi, l'Almanach historique devient un pamphlet. Rien n'est curieux comme l'Almanach en tête duquel on lit : *Couronnement d'un usurpateur fondé sur les pernicieuses maximes de Machiavel et appuyé des exemples des plus détestables tyrans de l'antiquité. — Almanach pour l'an de grâce M. D. C. L. XXXIX.* Il est véritablement d'un dramatisme étrange dans la haine. Le burin habitué aux figures mythologiques trouve pour écrire cette diatribe sur le cuivre une puissance de mouvement surprenante, une ardeur à mordre la planche absolument endiablée.

Au-devant de l'usurpateur que la Trahison couronne se pressent sur deux piédestaux deux personnages portant chacun un médaillon. Le premier médaillon représente Cromwell traîné sur la claie avec cette inscription :

De l'infâme Cromwell, dont tu suis les maximes,
    Vois le cadavre déchiré.
    Coupable de ces mêmes crimes,
    Le même sort t'est réservé.

Le second médaillon nous montre le supplice de Montmouth avec l'inscription suivante :

Montmouth, sur l'échafaud, te prête un grand exemple.
    Tremble ! la foudre est prête à choir,
    Et ta peine sera plus ample,
    Puisque ton forfait est plus noir.

Sur le piédestal du personnage de gauche on lit *les noms de plusieurs tyrans qui ont précédé celui-ci*; Abimelech, Romulus, Adramelech, Sennacherib, Busiris, Dardanus, Absalon, Cacus, Tarquin. La liste se continue sur le piédestal de droite où l'on déchiffre ces noms bizarrement assemblés : Strabon, Perpenna, Antoine, Néron, Claudius, Caligula, Andronic, Denys le Tyran, Clodomir, Timoléon, Hérode, Arteveld, Guillaume le Taciturne, Cromwell.

Au second plan, dans le haut, on aperçoit encore deux personnages tenant deux autres médaillons : l'un retrace la chute de Phaéton et l'autre l'adoration du Veau d'or.

Le dessin d'en bas évoque devant nous, enflammées de toutes les convoitises, les plus terribles passions de l'âme humaine : la Rage, la Corruption, le Pernicieux Conseil, l'Avarice, la Trahison, la Fourberie entourant la Mauvaise Politique en train de tracer sur des tablettes des pensées perverses.

Nulle description, encore une fois, ne peut rendre la systématique violence, l'âpreté de commande de cette composition tourmentée.

A cette classe d'almanachs historiques se métamorphosant en satires politiques, on peut joindre, mais dans une note infiniment moins amère, l'almanach qui s'intitule : *La folle comparaison de l'Usurpateur et de Jules César*. Il est original en ce qu'il reproduit, paroles et musique, un fragment de quelque chanson du temps :

César dit autrefois d'un ton rempli de gloire :
Je suis venu, j'ai vu, j'ai gagné la victoire.
Nassau dit aujourd'hui, d'un ton encore plus sûr :
Je suis venu, j'ai vu prendre Mons et Namur,
Je suis venu, j'ai vu prendre Mons et Namur.

II

Nous avons regardé l'*Almanach historique*, célébrant chaque année, sans se lasser et sans le lasser les triomphes du grand roi, servant ses haines, racontant ses campagnes; nous le retrouvons prenant part dans les querelles religieuses qui passionnèrent si vivement le XVIIe siècle.

Dès 1660, voici une œuvre d'Albert Flamen : *Le Jansénisme foudroyé*. En haut se tient le Pape, entouré de la Vérité et de la Puissance de l'Église, condamnant les doctrines du Jansénisme avec cette légende : « Ce que vous aurez condamné sur la terre, sera condamné au ciel. » Sur la gauche, le roi sur son trône avec cette parole de l'Écriture : « Le roi qui est assis sur son trône dissipe par ses regards toute sorte de mal. » Aux pieds du pape et aux pieds du roi, l'hydre du Jansénisme, que nous avons remplacée depuis par l'hydre de l'Anarchie se débat vaincue, mais menaçante encore. Sur les banderolles qui sortent de sa tête monstrueuse, on lit les principales propositions condamnées : *Il y a des commandements de Dieu impossibles; Jésus-Christ n'est pas mort pour tous; la Grâce manque aux justes*. Pêlemêle gisent à côté d'elle les ouvrages qui ont

défendu ces opinions : *Les Lettres d'un provincial,
Les Lettres d'Arnaud.* A droite, faisant pendant à

Louis XIV sur son trône, les hérétiques, le ministre de Groningue, le ministre de Zurich, Calvin accueillent les bras ouverts un groupe de Jansénistes, hommes et femmes, où nous reconnaissons ces types austères, mais marqués à un degré si frappant d'orgueil et d'entêtement, que Philippe de Champagne a fixés si souvent sur la toile.

Dans le bas, deux dessins de dimension égale encadrent le calendrier, *l'Almanach pour l'an bissextil mil six cent soixante exactement calculé par M. E. Commelet, spéculateur ès éphémérides célestes.*

Le dessin de gauche représente des tombeaux ouverts d'un côté, dans lesquels on aperçoit des squelettes, avec ces vers :

Nouveaux Pharisiens, voyez votre peinture,
Dans ces tombeaux pompeux tout emplis de corps morts;
Si, comme eux, vous avez quelque éclat au dehors,
Vous n'avez au-dedans comme eux que pourriture.
Ils diffèrent de vous seulement en un point :
On y repose en paix et vous n'y vivez point.

Le dessin de droite, nous offre un paysage charmant où paissent des moutons si bien déguisés qu'on a peine à reconnaître en eux des loups. Les vers suivants nous expliquent encore le sens de cette allégorie :

Que ces loups travestis, que tous ces faux prophètes,
Dans leur déguisement font voir de lâcheté !
Docteurs qui vous piquez de générosité,
Levez enfin le masque et montrez qui vous êtes ;
C'est mal authoriser l'erreur que vous prêchez,
De ne la débiter qu'en vous tenant cachés.

L'almanach de 1684, le *Consistoire de l'Erreur désolé, chez M. Bonnart, rue Saint-Jacques, à l'Aigle*, appartient au même ordre d'idées. En haut du trône l'*Erreur* assise sur la *chaire de Pestilence*, environnée des hérésiarques, de Luther, de Calvin, de de Bèze qui, à l'aide de soufflets, lui soufflent des maximes perverses. Au-dessous d'elle l'Ignorance, ornée de gigantesques oreilles d'âne et tenant une plume à la main, est assise devant un bureau. Dans le bas, deux personnages semblent s'adresser à l'Erreur et avoir hâte de lui apprendre de pénibles nouvelles. L'un, le personnage de gauche est le *Fâcheux courrier* agitant une feuille où est dessiné un combat avec ce titre : *La défaite des protestants rebelles de Hongrie*. L'autre, le personnage de droite est le *Crieur de gazettes*, portant dans sa boîte les *déclarations des édits du roy* et déroulant une bande de papier où l'on aperçoit un temple avec cette inscription : *Démolition du temple de Charenton*.

Cette démolition du temple de Charenton, nous

la retrouvons encore dans l'almanach de 1686, qui a pour titre : *Louis le Grand la Terreur et l'Admiration de l'univers*, chez Langlois, *à la Victoire*. La grande composition du haut, représente la soumission de la ville de Gênes, mais dans le bas de petits cartouches nous racontent les principaux événements de l'année 1685.

A gauche, comme placée sous la protection de cette figure la *Religion triomphante*, voici la *Mission établie pour la conversion des hérétiques et l'instruction des nouveaux convertis ; Les Églises réparées suivant la déclaration du 16 décembre 1684 ; La Charité du roy ou les ateliers publics pour l'embellissement de Paris* et, dans des proportions un peu moins étroites, les *Remerciements du clergé à Sa Magesté à Versailles, le 21 juillet*.

A droite sous les ailes d'un génie personnifiant les *Arts florissants*, nous rencontrons : *L'Audience et les présents de l'ambassadeur de Moscovie ; L'Entrevue de l'ambassadeur de Pologne à Fontainebleau ; Le Pont Royal des Tuileries comme il doit être*, et dans un cartouche de dimensions égales aux *Remerciements du clergé : La Magnificence des plaisirs du roy*. Au milieu un dessin plein d'animation et de vie, nous fait assister à *La Démolition du temple de Charenton, le 29 octobre 1685*, puis vient *La Révocation de l'Édit de Nantes*.

Au bas enfin, une large bande nous donne la hauteur de l'aqueduc de Versailles dans le fond de Maintenon.

On devine, sans qu'il soit nécessaire de nous répéter sur ce point, l'influence qu'avaient ces gravures. En dépit de leur perfection artistique et de l'allure solennelle du temps, elles offraient plus d'un point de ressemblance avec ces caricatures de journaux que chaque semaine voit éclore et qui, regardées incessamment aux étalages par les passants, jouent un rôle si considérable à notre époque. Seulement l'impression qu'elles laissaient était plus durable et en outre, elles avaient seules le droit de parler; — ce qui est encore le meilleur moyen de n'être pas contredit.

On a pu s'en rendre compte, l'*Almanach historique* réfléchit en quelque sorte comme un miroir fidèle tous les événements qui s'accomplissent. Parfois aussi il nous fournit de précieux renseignements sur les côtés pittoresques, les mœurs et les modes du moment. Mêlés à cette foule où les grandes dames, les bourgeoises, les femmes du peuple sont réunies dans un sentiment d'espoir commun, nous devenons témoins du tirage de la Loterie royale (1)

(1) Cette loterie fut instituée par Louis XIV, en 1700, pour activer l'achèvement de quelques églises, et surtout pour fournir à Paris des pompes à incendie, dont la ville était absolument

avec l'almanach de Larmessin qui a pour titre : *Loterie tirée par permission du roi pour le bien public, le soulagement des hôpitaux, l'édification des églises et la sûreté de la ville de Paris contre les incendies.* Six médaillons nous montrent les œuvres auxquelles sera consacré le produit de cette loterie : l'hôpital de Limoges, Saint-Pierre-d'Arnetal, de Rouen, Saint-Louis-en-l'Isle, de Paris, à gauche ; Saint-Louis, de Poissy, Saint-Roch, enfin, les pompes à incendies, à droite. Au milieu, on aperçoit le portrait du roi, avec ces vers, ou plutôt ces semblants de vers :

Grand roi ! dont les vertus étonnent toute la terre ;
Malgré les soins que demandent la guerre,
On te voit attentif à des desseins pieux,
Où sont intéressés tes sujets et les cieux.
  En permettant des loteries,
Tu te fais voir aussi bon que puissant :
Le pauvre est secouru dans ses besoins pressants,
  Et tu préviens les incendies.

Cette étrange poésie est signée : *Henri Sellier, dit le réparateur des brodequins d'Apollon.*

dépourvue. Elle était au capital de dix millions, et se composait de 440.000 billets à deux louis ; elle comprenait 85 lots en argent qui représentaient 500.000 livres de rente.

L'ordonnance rendue pour la création de cette loterie est un chef-d'œuvre. « Sa Majesté, dit le préambule, ayant remarqué l'inclination naturelle de la plupart de ses sujets à mettre de

Au haut de la gravure, nous voyons groupés autour des fauteuils où sont assis le Procureur du roi et le Prévôt des marchands, les Échevins et le greffier : M. Testebout, M. Lamourette, M. Boucot, etc. Une boîte contient les billets noirs, qui sont les gagnants, et un enfant du Saint-Esprit tourne la roue de fortune.

Un peu plus bas, voici M. Chifflotain, garde, et M. *l'Annonceur de bonne nouvelle*. La foule, où sont représentés tous les corps d'État, se presse anxieuse et attentive. Une femme ouvre à droite un billet sur lequel nous déchiffrons N° 214.601 *Saint-Antoine*. A gauche se tient debout une autre femme dont le visage illuminé par l'espérance est plein d'une grâce pénétrante. Rien n'est charmant comme le type de cette figure où la majestueuse régularité des lignes qui est comme l'air de famille de tous les personnages du XVII⁰ siècle, se voile d'une sorte de langueur poétique qui n'est point de ce temps. Sur le billet qu'elle déroule à demi nous lisons : N° 4.516 *la Femme qui pète*. Il faut avoir sous les yeux cette

l'argent aux loteries particulières, et désirant leur procurer un moyen de se faire un revenu considérable pour le reste de leur vie, et même d'enrichir leurs familles, en donnant au hasard des sommes si légères qu'elles ne puissent leur causer aucun inconvénient, a jugé à propos d'établir une loterie de dix millions. »

Quelques années plus tard une autre loterie fut autorisée spécialement pour terminer l'église Saint-Roch.

gravure magistrale, d'une si noble et si superbe apparence, pour comprendre ce qu'a de discordant et de choquant cette malhonnêteté qui rappelle ce crapaud qui, dans les contes de fées, sort de la bouche d'une princesse belle comme le jour.

Au-dessous, un second dessin de moindres proportions représente le tirage de la loterie de Saint-Roch, en présence de M. le duc de Noailles, de M. d'Argenson et des marguilliers. A droite et à gauche, encore des vers de Sellier :

Que nous sommes heureux de gagner un bon lot :
    Crois-moi, mon cher ami Gilot,
    Profitons de la loterie,
    Passons joyeusement la vie.
    Nous ne tenons, mon ami Pierre,
    Ce bonheur que du seul hasard ;
On ne connaît ici copère ni comère,
La faveur pour aucun n'a, ma foy, point d'égard.

Au-dessous du calendrier, cet enragé Sellier, restaurateur du cothurne d'Apollon, et qui, au lieu de s'occuper des chaussures du dieu, aurait bien dû soigner les pieds de ses propres vers, a encore profité du peu d'espace qui restait pour placer une dédicace rimée, disposée dans l'ordre suivant :

A M. le lieutenant de police.

« Illustre magistrat, que votre intégrité — répond

bien à ce ministère — le public prévenu de votre caractère — ne doute pas de votre probité. — Votre équité partout éclate — plus que la pourpre et l'écarlate. »

Un autre almanach évoque devant nous dans son aimable désordre et dans son pêle-mêle joyeux cette foire de Besons si célèbre autrefois. « Besons, nous dit l'almanach, est un village à trois lieues de Paris où tous les ans, au mois de septembre, on voit une affluence prodigieuse de personnes de toute condition, la plupart déguisées, qui y vont se divertir. » Un almanach plus original encore représente *Le Trône de la mode* et tient en réserve des indications du plus haut intérêt pour nos romanciers, nos peintres nos impresarii désireux de ne point commettre d'anachronisme de costumes.

Dans un ordre d'idées plus sérieux l'almanach vous offrira un tableau statistique très intéressant sur l'état de la France en M.D.CC.X. Il est intitulé : « La clef géographique du royaume de France pour l'an de grâce M.D.CC.X., dans lequel on trace par lettre alphabétique la situation des plus considérables villes et leurs provinces suivant les degrés de longitude et de latitude, leur distance à compter de Paris, leurs qualitez et dignitez ecclésiastiques et séculières comme archevêchés et évêchés, leur revenu, le nombre des clochers ou paroisses de chaque diocèse, les universitez et académies, les parlements, chambres des comptes, présidiaux, sénéchaussées, bailliages royaux, généralités, élections, greniers à sel, cours des monnaies, ports de mer, duchez et comtez de ce royaume, dressé et mis au jour par F. G. J. »

Un almanach curieux encore à un autre point de vue est l'almanach pour l'année bissextile M. D. C. L. XXX, qui a pour titre *La Comédie de la devineresse* et qui donne bien l'écho de ce procès de la Voisin à laquelle des grandes dames, des contemporaines de Mme de Sévigné, allaient demander de leur montrer le diable.

Le procès de la Voisin, commencé en mars 1679, produisit sur cette société, si élégante et si polie en apparence, une impression de stupeur. Quand on pénétra chez cette femme moitié sorcière et moitié empoisonneuse, il sembla que le spectre du Moyen Age se dressait tout à coup devant les admirateurs de Molière, de Racine et de Boileau. La Fontaine en fit une fable et La Bruyère un caractère. Les comédiens eurent l'idée de mettre cette aventure sinistre en comédie ; ils chargèrent de ce soin de Visé qui s'adjoignit Thomas Corneille, Corneille de l'Isle. *La Devineresse* ou *Madame Jobin*, qui devait d'abord s'appeler *Les Enchantements*, fut représentée sur le théâtre de la rue Guénégaud le dimanche 15 novembre 1679, quelques mois avant le supplice de la Voisin.

Dans *le Mercure galant* de janvier 1710, de Visé lui-même nous apporte quelques renseignements sur la pièce :

« Les Comédiens, raconte-t-il, m'ayant pressé avec de fortes instances de mettre en scène, après la mort de Mme Voisin, tout ce qui s'était passé chez elle pendant sa vie à l'occasion du métier dont elle s'était mêlé, je fis un grand nombre de scènes qui auraient pu fournir de la matière pour trois ou quatre pièces, mais qui ne pouvaient former un sujet parce qu'il était trop uniforme et qu'il ne s'agissait que de gens qui allaient demander leur bonne aventure et faire des propositions qui les regardaient. Toutes ces scènes ne pouvaient former le nœud d'une comédie parce que toutes ces personnes se fuyant au lieu de se parler, il était impossible de faire une liaison de scènes. Je donnai mes scènes à M. Corneille de l'Isle et il en choisit un nombre avec lesquels il composa un sujet dont le nom parut des plus agréables et qui a été regardé comme un chef-d'œuvre. Le succès de la pièce, qui a été un des plus prodigieux du siècle, en fait foi. »

De Visé se trompe — ce qui est excusable à trente ans de distance — sur la date de la représentation, puisqu'il est certain que la Voisin n'était pas encore exécutée à ce moment ; il manque peut-être de modestie en prétendant que la pièce est un chef-d'œuvre, mais il a raison d'affirmer le succès qu'elle obtint.

Les frères Parfait, qui apprécient durement le mérite de de Visé, constatent qu'elle atteignit à un chiffre de représentations véritablement merveilleux pour le temps. « *La Devineresse*, lisons-nous dans l'*Histoire du théâtre français*, eut quarante-sept représentations dont la dernière fut donnée le 10 mars 1680. Les frais montèrent à 2,569 livres et la recette à 49,522 livres 5 sols. »

L'Almanach de la Devineresse contient huit épisodes ou huit scènes principales résumant la pièce à peu près complètement. Ici, c'est la Devineresse qui fait voir à Giraudier, dans un bassin plein d'eau, les pistolets qui lui ont été enlevés et le portrait de celui qui les lui a pris. Là, la Devineresse, voulant épouvanter le marquis, fait sortir un diable de la muraille, le marquis s'en saisit et l'oblige à lui demander quartier. Ailleurs, c'est une scène qui rappelle un chef-d'œuvre de Nerval, *La Main enchantée :* Du Clos, d'intelligence avec la Devineresse, se laisse désarmer par M. Gilot pour lui faire croire que l'épée qu'elle lui a donnée pour n'être jamais blessé est véritablement enchantée.

On le voit, l'Almanach historique correspondait

un peu à nos *Revues* de fin d'année où des tableaux d'imitation et des parodies de pièces célèbres succèdent au défilé des actualités. Rien n'y manque, ni l'allusion qui se glisse discrètement et rit dans un coin, ni le couplet de facture toujours cher au Français né malin. La *Revue*, c'est l'*Almanach historique* sortant des demeures privées pour monter sur le théâtre.

L'*Almanach historique* offre ainsi des données piquantes pour l'histoire de l'art dramatique en France, même en dehors de pièces comme *La Devineresse*, à laquelle les circonstances assuraient un exceptionnel retentissement. S'il vous convient d'assister à la réouverture du théâtre des comédiens italiens à l'hôtel de Bourgogne, vous n'avez qu'à regarder attentivement l'almanach de M. DC. L. XXXIX, encadré et exposé dans la salle de lecture de la bibliothèque Carnavalet comme pièce précieuse, car il n'a pas coûté moins de 400 francs à la vente du comte de Béhague. Sur la banderolle du haut se déroule cette inscription : *La troupe royale des comédiens italiens représentant sur le théâtre de l'Hôtel de Bourgogne toutes sortes de pièces tant sur les histoires anciennes que modernes curieuses et plaisantes.*

Au-dessus du rideau on remarque la fameuse devise de Santeuil : *Castigat ridendo mores*, imaginée pour la circonstance. Sur le théâtre nous reconnaissons tous les personnages qui nous sont familiers, tous les types traditionnels de la comédie italienne : Isabelle, Colombine, Aurelio, le Docteur, Mezzetin, Pasquariel, Scaramouche, Pierrot, M. Friquet.

De chaque côté les médaillons rappellent deux situations d'une comédie d'alors : l'une, *le Marchand dupé fait à la demoiselle Isabelle un présent de vingt-cinq louis* ; l'autre, *la demoiselle Isabelle, après avoir rejeté les vingt-cinq louis, régale le marchand dupé.*

En bas de l'almanach nous découvrons encore deux scènes de cette pièce du *Marchand dupé* qui, vraisemblablement, avait eu la vogue pendant l'année. Ici, c'est le duel formé entre le marchand dupé et le docteur Bellande au sujet de la demoiselle Isabelle ; là, c'est le marchand dupé chassé de chez la demoiselle Isabelle par les masques que son fils y avait envoyés pour lui faire cet affront. Cet Almanach est vraiment un chef-d'œuvre de dispositions. Citons encore parmi ceux où des motifs assez monotones se trouvent rajeunis par un arrangement ingénieux : *Le bureau d'adresses pour les curieux où ils trouveront les principaux événements de l'année et les heureux présages pour l'année présente* 1693. Assise dans son bureau, la belle *Gazettina* distribue des nouvelles à la foule qui se presse autour d'elle ;

sur les feuilles volantes que chacun tient à la main, on distingue facilement tous les événements un peu importants des douze mois qui viennent de s'écouler...

Un almanach de M. DC. XCIX s'appelait : *L'État glorieux et florissant de la famille royale par le nombre et le mérite des princes et princesses qui la composent.* Plus tard des almanachs, pleins de tableaux d'obsèques, se chargent d'énumérer les deuils qui frappent dans ses affections le vieux roi, si douloureusement atteint dans son orgueil. Nous n'avons qu'à avancer encore, et l'almanach, aussi éloquent que Bossuet, proclamera une fois de plus devant nous la fragilité de nos espérances et le néant des projets humains. « *Le roi, après avoir donné la paix à ses sujets et dissipé les troubles d'Espagne, assure le repos de ses peuples par son édit du mois de juillet 1714, qui appelle à la couronne Nos Seigneurs les ducs du Maine et le comte de Toulouse et leurs enfants après les princes légitimes de sang royal.* » Ainsi parle le dernier almanach qui ait paru sous Louis XIV. « *Le roi Louis XV tenant son lit de justice en son parlement où il a déclaré le duc d'Orléans régent du royaume le 12 septembre 1715.* » Ainsi s'exprime le premier almanach qui nous annonce l'avènement de cet enfant qui sera Louis XV. En même temps qu'on assiste à l'entrée du roi à Paris et qu'on entrevoit un visage souriant à la portière d'un carrosse d'apparat, on découvre un dessin presque minuscule qui représente *le cortège et pompe funèbre de Louis XIV à Saint-Denis.*

Les almanachs historiques ne s'arrêtent pas là, quoiqu'ils ne tardent guère à changer d'accent, d'allures et de style; ils vont jusqu'en 1749; mais

nous interromprons ici ce travail, car nous n'avons pas eu l'intention d'écrire une étude complète sur ce sujet si complexe et si vaste; l'ensemble d'une telle tâche réclamerait un volume qui, nous l'espérons bien, sera écrit prochainement. Nous avons essayé simplement, en laissant même de côté l'appréciation du mérite artistique, d'indiquer à très larges traits quelle importance présentent pour l'histoire ces documents qui résument d'un règne tout ce que la multitude en a saisi, qui racontent près d'un siècle entier dans ses aspects accessibles à tous, c'est-à-dire dans ses spectacles extérieurs, dans ses triomphes, dans ses fêtes, dans ses inaugurations de monuments, dans ses événements politiques, dans ses déclarations de guerre et dans ses proclamations de paix.

LES
CAFÉS ET LES RESTAURANTS D'AUTREFOIS

Il nous faut encore répéter ce que nous avons dit à deux ou trois reprises. Nous ne prétendons pas faire l'histoire des cafés et des restaurants qui exigerait un volume tout entier, nous comptons simplement, pour employer une expression de Saint-Simon, tracer un court crayon et montrer à traits rapides l'influence qu'eut sur le mouvement parisien la création des cafés d'abord, des restaurants ensuite.

Le XVIIe siècle commençant ne connut point le café ; il aimait le cabaret, le cabaret bruyant où l'on s'arrête devant la broche qui tourne ; le cabaret où l'on boit du vin. Racine, La Fontaine, Chapelle, l'austère Boileau ne dédaignaient point la *purée septembrale;* ils se promenaient de la *Pomme de pin,* située rue de la Licorne, dans la Cité, au *Mouton blanc,* de Boucingo chez la Guerbois, pour trouver du vin qui ne fût point *adultère.* Déjà, en effet, la réputation des cabaretiers était faite : « Le plus honnête cabaretier, écrit un auteur du temps, est celui qui débite la liqueur la moins meurtrière, c'est-à-dire abondamment coupée avec de l'eau de puits. » Chacun agissait comme eux, et, selon sa bourse, ses relations, ses occupations, s'attablait dans ces innombrables *Cabarets* dont M. Albert de la Fizelière a relevé la liste dans ses *Cabarets du XVIIe siècle :* l'*Aigle et l'Ange,* près de l'hôtel de Bourgogne; l'*Écu,* près de l'Arsenal; le *Cormier fleuri,* près des Halles; la *Croix de fer,* rue Saint-Denis; la *Galère,* rue Saint-Thomas-du-Louvre; le *Cygne et la Lamproie,* l'*Épée de bois,* rue de Venise; le *Galion,* la *Tour d'argent,* qui existe encore quai des Tournelles.

Il se portait bien, ce XVIIe siècle buveur de vin; il parlait, en diplomatie comme en littérature, une langue très ferme et très claire, il aimait son roy et son Dieu; il n'avait point de nerfs, comme le XVIIIe siècle; il ne connaissait point le *vague à l'âme* du XIXe siècle; il fut grand et il fut heureux.

En 1672, l'Arménien Pascal avait installé à la foire Saint-Germain une boutique de *caffé* semblable à celles de Constantinople. Chargés d'une cafetière et munis de tout ce qu'il faut pour préparer le café, ses garçons se promenèrent bientôt dans toute la ville comme les débitants qui circulent dans nos marchés en distribuant le *petit noir*.

En 1689, Procope, que nous avons déjà rencontré sur notre passage en nous occupant du boulevard Saint-Germain, ouvrit son café en face de la Comédie-Française. Si l'emplacement qu'il occupait n'était point encore aujourd'hui indiqué par son enseigne, nous le trouverions clairement désigné dans un document contemporain : *Mémoire pour Alexandre-Laurent Procope-Couteau, marchand épicier-limonadier à Paris, intimé contre Jean-Maurice Durand de Chastas, secrétaire du roy, receveur général des finances de Champagne, appelant.* « La place sur laquelle est bâtie la maison du sieur Procope, dit ce mémoire en débutant, était originairement un terrain vague de la ville, hors l'enceinte de Paris. Ce terrain régnait le long des fossés de la ville entre les portes de Saint-Germain et de Bussy et en était la contrescarpe. »

Dès ce moment les cafés étaient fondés à Paris.

Comme si ces gens, qui commençaient à s'énerver avec la liqueur antipathique à Mme de Sévigné, eussent eu besoin de reprendre des forces, on créait les restaurants quelque temps après.

Quoi qu'en dise le sieur de Chantoiseau, lequel, dans un ouvrage dont nous parlerons plus loin, s'intitule *premier inventeur et fondateur des restau-*

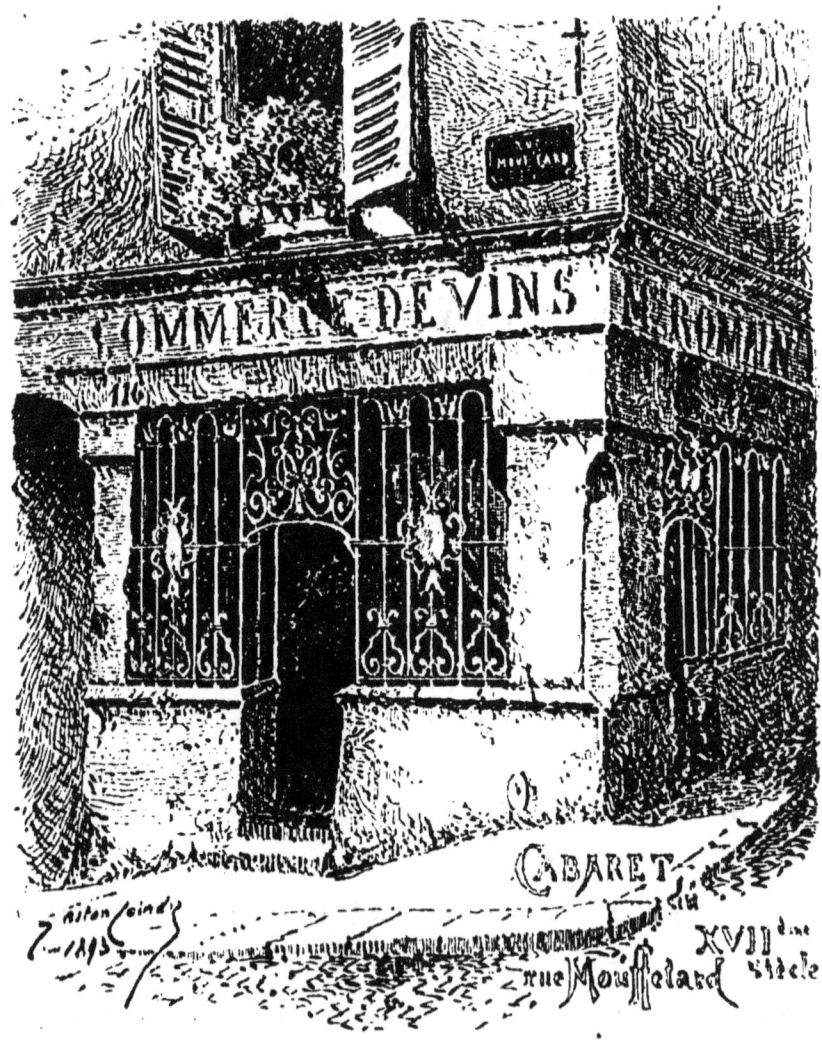

rants, le premier restaurant semble avoir été ouvert par Boulanger, rue des Poulies, dans une maison qui a été seulement démolie l'an dernier. Ce Boulanger avait travesti irrévérencieusement, pour s'en faire une enseigne, la parole évangélique : *Venite ad me qui stomacho laboratis et restaurabo vos.* Il paraît qu'il fit de mauvaises affaires.

Le lecteur sourira peut-être de ce titre : *fondateur des restaurants;* mais l'époque, hiérarchique dans les choses les plus minimes, établissait des nuances précises entre le traiteur, le restaurateur et le limonadier.

Le traiteur seul avait le droit de faire des ragoûts. Quant au rôle du restaurateur, Chantoiseau lui-même va nous le définir. « Les restaurateurs sont ceux qui ont l'art de faire de véritables consommés, dits restaurants ou bouillons de princes, et le droit de vendre toutes sortes de crèmes, potages au riz, au vermicelle, œufs frais, macaronis, chapons au gros sel, compotes, confitures et autres mets salubres et délicats. » Les limonadiers devaient rester strictement dans la limonade. « Les limonadiers sont ceux qui ont le droit de faire et vendre toutes sortes de liqueurs et rafraîchissements, tels que limonade, orgeat, glace, thé, café, chocolat. »

Ce Chantoiseau publia en 1769 et 1771 une sorte de Bottin, *les Tablettes royales de renommée, ou Almanach général d'indications, par le sieur Rose de Chantoiseau, premier inventeur et fondateur des restaurants.* La Revue de poche en a réédité jadis un curieux extrait, où nous voyons en quelles proportions les cafés s'étaient augmentés depuis l'Arménien Pascal.

Parmi les cafés que recommande Chantoiseau, nous trouvons le *Café Alexandre*, boulevard du Temple, Bourette, rue Croix-des-Petits-Champs, renommé pour ses *syrops*, — c'est le café de Mme Bourette, la Muse limonadière ; — un *Café anglais*, faubourg Saint-Germain ; Gibus, *Au prophète Élie ;* le *Café militaire*, de Godeau, rue Saint-Honoré, avec cette devise : *Hic virtus bellica gaudet ;* Maillard, rue des Petits-Champs « un des plus fréquentés par les dames de considération, qui y prennent volontiers des rafraîchissements. » Les joueurs de dames se rendaient chez Manoury, qui avait rédigé un traité sur le jeu de dames. Les joueurs d'échecs suivaient Philidor et Rousseau au *Café de la Régence*.

Dès cette époque, les cafés peuvent se diviser en deux classes distinctes. Les uns, ainsi qu'en témoigne le *Dictionnaire des Curiosités de Paris*, étaient par excellence le rendez-vous de la bonne compagnie ; on n'y fumait point, on y buvait peu, on y causait beaucoup, surtout on y lisait à force les papiers publics en y ajoutant les plus contradictoires commentaires. Le nouvelliste n'était plus le personnage grotesque que nous peint La Bruyère.

On raillait volontiers, dans certains hôtels que n'enfiévrait point l'esprit nouveau, ces économistes qui réformaient l'État en dégustant une bavaroise. On racontait, en en faisant des gorges chaudes, la dernière audience qu'avait accordée le ministre à un de ces rêveurs plus importun que les autres.

— Monseigneur, avait dit l'homme, j'apporte dix millions à l'État.

— Grand merci! avait répondu le ministre, en toisant le personnage vêtu comme le neveu de Rameau aux mauvais jours ; mais le roi ne trouvera pas mauvais que sur les dix millions vous preniez dix écus pour vous acheter une culotte...

En dépit de toutes les railleries, ces hommes à projets sentaient que l'Avenir était à eux. Succursales des salons, accessibles aux idées nouvelles, annexes des *bureaux d'esprit*, ces cafés, où le ton de la bonne société dominait, représentaient assez bien le monde qui allait commencer.

D'autres cafés, où l'orgie d'en haut allait volontiers s'amuser du spectacle de l'orgie d'en bas, personnifiaient le monde qui allait finir.

Celui qui veut connaître à fond le XVIII° siècle dans ses manifestations extérieures, doit toujours, sans dédaigner les Porcherons et Ramponneau, se diriger vers le boulevard du Temple, la foire Saint-Germain ou la foire Saint-Laurent. Cette société merveilleusement spirituelle, sincère jusque dans ses vices, se livre là plus qu'ailleurs ; on y retrouve ce pêle-mêle charmant de grands seigneurs et de gens du peuple, de duchesses et de filles, de gardes françaises, de comédiennes et de bouquetières, et tous semblent, avec leur sourire épanoui et leurs allures satisfaites, jouer un rôle dans la même pièce.

Les cafés étaient innombrables au boulevard du Temple ; ils s'étaient groupés les uns après les autres autour des théâtres d'Audinot et de Nicolet : café Sergent, café Yon, café Caussin, café Armand... Le café Turc, situé en face, venait de se fonder ; il excitait l'admiration des badauds, grâce à ses pavillons orientaux et à ses kiosques ; les gens respectables en franchissaient le seuil, et les femmes de condition pouvaient sans se compromettre y descendre de carrosse ou se faire apporter des glaces dans leur voiture. Je ne jure point, par exemple, qu'il ne leur arrivât point, en lorgnant de loin la parade de chez Nicolet, de jeter un œil curieux sur les cafés de l'autre côté, où se pressait la plus mauvaise compagnie, où « les traiteurs facilitaient les moyens de sacrifier à l'Amour en buvant à Bacchus. »

Le café Alexandre, qui s'élevait sur l'emplacement du petit Lazary, jouissait surtout d'une abominable réputation. *Le chroniqueur désœuvré, ou l'espion du boulevard du Temple*, nous fournit sur lui les plus déplorables renseignements.

Tel qu'on le retrouve dans ces vues d'optique qu'on regardait alors à l'envers à l'aide d'un appareil composé d'une loupe et d'un miroir, il a vraiment l'aspect d'un lieu de plaisir champêtre et urbain à la fois. Sur la porte on lit dans un écusson :

CAFÉ ALEXANDRE
boulevard du Temple.

Grand caffé royal d'Alexandre, et dès l'entrée on aperçoit un vaste jardin qui donne sur les champs. A droite et à gauche s'étendent des bâtiments, des baraques plutôt, où rit une foule insouciante et joyeuse. Ici l'on mange avec entrain, là se dresse l'orchestre des musiciens et l'estrade des chanteuses.

Notre siècle, en effet, n'a rien inventé. Ces cafés étaient de véritables cafés-concerts. « Les cafés qui n'ont point de musiciens ne font rien », dit Thévenot de Morande. « Ces détestables musiciens, ajoute-t-il, d'accord avec les chanteurs et les chanteuses, vous arrachent le tympan par leurs cris discordants. Voilà cependant ce qui attire la populace, voilà ce qui la captive dans ces lieux, où elle s'enivre de *ponche* et de différentes liqueurs. »

Aux cantatrices ordinaires de l'endroit venaient s'adjoindre des *vielleuses* courant d'un café à un autre, prenant place aux tables hospitalières, et chantant, en s'accompagnant de la vielle, des couplets qui feraient rougir aujourd'hui une chambrée de cuirassiers. Tout cela se passait en plein jour, presque à ciel ouvert, sur ce boulevard si pittoresque alors avec ses arbres touffus et ses talus couverts de verdure. Les grandes dames qui flânaient par là en carrosse riaient discrètement sous leur éventail en regardant leur cavalier quand l'écho leur apportait le refrain de ces grivoiseries épicées. « Après nous le déluge », répétaient-elles volontiers, elles aussi.

Quelques années après, Louis XVI suivait ces boulevards dans une voiture, escorté par une armée. Le roi martyr, penché sur son livre d'heures, consacrait à méditer sur l'Éternité les quelques minutes qui le séparaient du roulement de tambour de Santerre. Il portait un habit couleur puce, un gilet de molleton blanc, une culotte grise et un chapeau rond. L'échafaud sur lequel il allait monter le premier se dressait en face du piédestal que Pigalle avait sculpté pour la statue de l'amant de la Du Barry...

A la fin du XVIIIᵉ siècle, le mouvement parisien se déplaça ; naturellement les cafés le suivirent, et bientôt le Palais-Royal, autour duquel le duc d'Orléans venait de faire construire des boutiques, devint le centre de l'animation, la véritable capitale de Paris. Bien avant la Révolution, le jardin avait été le rendez-vous des politiqueurs et des nouvellistes ; le fameux *arbre de Cracovie* abritait les gens qui gagnaient des batailles sur le sable, les stratégistes en jardin, que notre siècle progressif a remplacé par des stratégistes en chambre. L'agitation révolutionnaire trouva là un foyer tout préparé. C'est sur une table du café de Foy, on le sait, que Camille Desmoulins monta pour haranguer le peuple, la veille de la prise de la Bastille.

Le café de Foy fut, en réalité, le premier café du Palais-Royal. Il avait été fondé, dès 1749, dans une maison de la rue Richelieu et, au moment de la transformation du jardin, n'avait eu qu'à traverser la rue Beaujolais. Là se réunissait une société d'écrivains, d'artistes, d'hommes du monde qui, les volets une fois posés, après minuit, devisaient comme dans un salon, tandis qu'à l'étage supérieur on organisait un concert dans la pièce qu'avait occupée toute la journée le *club des échecs*. Là se rencontraient le poëte Lebrun-Pindare, qui arrivait appuyé sur le bras de sa cuisinière; Carle Vernet, enragé faiseur de calembours, et son fils Horace qui peignit la fameuse hirondelle. Il semble que l'oiseau de bon augure ait porté bien longtemps bonheur à la maison, car tous les propriétaires y firent fortune : Jousserand se retira millionnaire; Lenoir trouva le moyen de former sur ses économies cette précieuse collection de tabatières estimée 300.000 francs et qu'il a généreusement léguée au musée du Louvre.

Vers la même époque, naissaient le café de Valois, le café de Chartres, au-dessous du théâtre Montansier, devenu plus tard le restaurant Véfour, le café de la Rotonde, où se groupait la société du *Caveau*, dont les premiers fondateurs avaient été Piron, Collé et Crébillon fils...

Le 20 janvier 1793, ou 1er pluviôse an Ier, le conventionnel Lepelletier de Saint-Fargeau fut assassiné au restaurant Février par le garde du corps Pâris.

Le restaurant Février était situé à l'angle de la cour principale; il avait probablement un sous-sol ou une cave, comme le café Frontin actuel. Nous lisons en effet, dans le *Tableau de la Révolution*, qu'à la faveur de la surprise, l'assassin put s'échapper de la *grotte*.

On fumait dans les restaurants à cette époque, car dans la curieuse gravure qui nous retrace cet assassinat, nous distinguons un des personnages assis à la table du fond, qui aspire imperturbablement la fumée de sa pipe, tandis que son voisin, tenant à la main une bouteille, semble se demander s'il doit finir sa bouteille ou s'en tenir à la demie. Sans doute cette génération, qui vivait au milieu de toutes les fièvres de la rue, aimait à dîner tranquillement. Seuls, le monsieur et la dame du comptoir donnent des signes de consternation. Ce fut effectivement devant le comptoir que Paris frappa sa victime, en entendant nommer Lepelletier de Saint-Fargeau qu'il ne connaissait pas. C'est du comptoir sans doute que sont sortis cet enfant qui crie devant l'assassin et ce petit chien qui aboye...

J'avoue que j'aime ces dessins contemporains, qui donnent souvent une impression plus vive d'un fait que les descriptions les plus circonstanciées.

Qui ne se plairait, par exemple, à examiner un tableau exact du café Lemblin sous l'Empire, alors qu'entre deux campagnes accouraient ces jeunes généraux et ces colonels de trente ans, qui faisaient de l'Épopée sans s'en douter, en se demandant de leurs nouvelles en se disant : « D'où viens-tu ? »

Le Palais-Royal était alors le point de ralliement de ces soldats, qui se reposaient là quelques jours avant d'entrer victorieux dans quelque nouvelle capitale. On sait l'histoire de ces deux officiers qui s'arrêtent une minute avant de charger à Wagram. « Rendez-vous dans quinze jours, n'est-ce pas ? — Oui. — Chez Lemblin ? — Quelle heure ? — Cinq heures. » Et tous

Café Manoury

deux disparaissent dans l'ardente mêlée pour se trouver, quinze jours après, fidèles au rendez-vous...

Au milieu de ces uniformes ruisselants d'or, on voyait passer, pour aller gagner leur place habituelle, des hommes heureux et doux que le bruit que faisait César en conquérant le monde dérangeait à peine de leurs occupations et de leurs pensées. C'étaient Ballanche et Boïeldieu ; Jouy, l'*Ermite de la Chaussée-d'Antin* ; Brillat-Savarin, qui accomplissait là tous les matins, — car pour lui manger était un sacerdoce, — en compagnie de son chien *Sultan*, ce déjeuner dont M. Marc Constantin raconte les minutieux détails dans ses *Cafés de Paris*.

Un jour, en lisant les gazettes, ces gens paisibles apprirent le formidable écroulement : Waterloo. Puis, un à un, traînant la jambe, noirs de poudre, les vêtements déchirés, les épaulettes faussées, la haine au cœur, les larmes aux yeux, vinrent s'abattre dans ce café, comme une volée d'aigles blessés, les survivants de la suprême bataille. Beaucoup n'avaient d'autre famille que la famille militaire ; au delà de l'espace que le drapeau couvrait de ses plis, ils ne connaissaient rien, et, tandis que ces héros pleuraient de rage, ces grands enfants se demandaient ce qu'ils allaient devenir...

Pendant qu'ils commentaient les péripéties de la

journée, l'inaction de Grouchy, la fuite de Bourmont, la charge des cuirassiers, la bravoure de Ney, une clameur immense retentit à la porte d'entrée... Quelques officiers autrichiens et prussiens avaient demandé à la barrière Clichy : Où est le Palais-Royal ? Et, tout enamourés, ils accouraient vers ce lieu de délices, vers ce Paradis, vers cet Enfer dont toute l'Europe s'entretenait. Devant eux se dressait brusquement non point l'image du Plaisir, mais le fantôme terrible et farouche, déguenillé et menaçant encore, de ce qui avait été la Grande Armée. Les yeux lancèrent des éclairs, les épées sortirent du fourreau. Devant cette personnification vivante de l'Invasion, un cri unanime sortit de toutes les bouches, le cri que poussaient cent mille hommes jadis, quand le canon tonnait à l'aube pour Austerlitz ou pour Friedland, pour Wagram ou pour Iéna : « Vive l'Empereur ! » Ce fut tout. La porte se referma...

A partir de 1815, le café Lemblin fut le théâtre de querelles incessantes entre les officiers en demi-solde et les gardes du corps. D'innombrables duels commencèrent là. Le café Montansier eut sa part aussi de ces agitations. Sous les Cent jours il était devenu un café-concert où le public chantait en chœur des refrains contre les Bourbons. Au retour de Gand, les gardes du corps vinrent briser toutes les glaces du café. A quelques pas, au café Valois, les voltigeurs de Coblentz gémissaient sur cette dynastie qui tenait si peu ses promesses.

Ce fut l'époque la plus brillante des cafés du Palais-Royal, qui profitaient du mouvement qu'amenaient les maisons de jeu et les sourires de ces *filles du monde*, comme on les appela très longtemps avant le *Demi-Monde*, sirènes provoquantes, dont le nombre était incalculable dans les environs du Palais. Les galeries de bois, le *Camp des Tartares*, ainsi qu'on les nommait, en souvenir d'un roman de Louvet, étaient dans tout leur éclat.

Ce n'est que dans Balzac que l'on peut revoir ce Palais-Royal dont le romancier s'est fait l'amoureux historiographe et le peintre véritablement merveilleux. Tous les acteurs de la *Comédie humaine*, en effet, ont, un jour ou l'autre, traversé ce théâtre étrange, éclairé par toutes les passions enflammées, cette grande foire des vices où l'univers entier a passé, où allait, venait, grouillait, criait, blasphémait une foule ondoyante, une foule à la fois brillante et fétide, comme un océan de boue qu'une vive lumière ferait çà et là miroiter. C'était le beau temps du café des *Mille-Colonnes*, du café *Hollandais*, du café des *Circassiennes*. Il n'est pas un provincial qui ne voulût contempler la belle Mme Romain, trônant sur un fauteuil d'argent massif qui, disait-on, avait été un véritable trône royal. Pas un habitant de Pezenas n'eût consenti à s'en retourner s'en s'être fait servir par les Circassiennes, sans avoir entendu l'*Homme à la Poupée*, dans le souterrain du café des *Aveugles*.

Quand la prostitution et le jeu disparurent, la scandaleuse fortune du Palais-Royal s'écroula tout à coup. Le lendemain, les balayeurs surpris ramassèrent moins de bouts de cigares ; les galeries exhalèrent une odeur de poussière, les marchands une odeur de ruine, et tout fut dit : le Palais-Royal avait vécu.

Avec lui avaient vécu les cafés d'autrefois. Sans doute quelques-uns ont subsisté et subsistent encore, mais chaque jour ils disparaissent comme les vétérans des grandes guerres. Qui n'a une fois en sa vie au moins, pénétré dans un de ces établissements qui ont un caractère si particulier? On est frappé en entrant du profond silence qui règne sur cette assemblée. Le garçon fait son service sans bruit. Des hommes d'âge se glissent jusqu'à la table ronde pour prendre un journal et échangent un salut avec celui qui vient d'y poser ce journal. On n'appelle point le garçon à haute voix ; on ne crie point du comptoir : « Veillez à l'as! Voyez au quatre? » La monnaie qu'on rend ne sonne point. On ouvre la porte doucement devant celui qui sort de ce salon, et la maîtresse du logis, c'est-à-dire la dame de comptoir, s'incline quand on passe devant elle. On fume ici et l'on ne fume pas là ; on mange dans ce coin et l'on boit ailleurs ; de ce côté on joue aux jeux savants et de cet autre côté on joue aux cartes.

Et, tout enveloppé de cette tranquillité profonde, étonné, sans être choqué, de cette étiquette, qui de Versailles est venue échouer ici, vous regardez machinalement aux plafonds les peintures antiques qui tiennent bon et les *ors* qui sont solides encore... Voilà un établissement qui n'en a pas pour longtemps, pensez-vous, et quelques mois après vous apercevez des affiches collées sur des volets fermés...

Malgré vous, une impression de tristesse vous étreint : vous sentez qu'avec ce café s'écroule un débris des mœurs d'autrefois, et, que ce soit le café de Foy, le café Lemblin, le café Desmarres, ou le café d'Orsay et le café Procope qui ont disparu pour revivre, il est vrai, dans des conditions différentes, vous songez aux générations qui se sont succédées là, aux conversations qui y furent tenues, aux célébrités oubliées qui furent les hôtes habituels de ces salles aujourd'hui abandonnées.

Quant aux cafés modernes, que des générations différentes emplissent de leurs juvéniles passions, en parler serait sortir du cadre de ce volume qui reste sur la lisière de cette société contemporaine que nous comptons bien aborder quelque jour et peindre, en toute indépendance d'esprit, dans un livre qui sera comme le complément de celui-ci.

au Palais-Royal,
1786.

CINERES ET OSSA

LE CIMETIÈRE DES SAINTS-INNOCENTS. — LES CATACOMBES

Nous nous sommes efforcé de reconstituer, du moins par fragments, l'existence de nos ancêtres; voulez-vous que nous les suivions jusque dans la mort, que nous allions visiter les cimetières où ils allaient se reposer de l'âpre labeur de la vie?

Chaque paroisse, chaque couvent avait son cimetière. A chaque coup de pioche donné dans le vieux Paris, on découvre soit des sépultures contemporaines des premiers jours du christianisme, comme dans les environs de la rue Monge, soit des sépultures de protestants, comme celles mises au jour rue Taranne, où se trouvait un cimetière réservé aux Réformés. Autour de l'église, on enterrait les paroissiens ordinaires ; dans l'église même, on enterrait les grands seigneurs, les hommes illustres, les bienfaiteurs.

Ici, c'était l'église des Célestins, qui comptait par centaines les tombeaux magnifiques et où Germain Pilon sculpta les trois Grâces qui supportaient l'urne de bronze contenant les cœurs de Henri II et de Charles IX ; là, le cimetière Saint-Paul, où furent ensevelis Rabelais et l'homme au masque de fer ; le cimetière Saint-Marcel, où l'on porta les restes de Mirabeau quand ils furent retirés du Panthéon ; le cimetière Saint-Médard, que les scènes des Convulsionnaires firent fermer momentanément.

Le véritable cimetière parisien était néanmoins le cimetière des *Saints-Innocents*. C'était l'ossuaire consacré, le *Campo Santo*, où beaucoup tenaient spécialement à être inhumés, où les évêques de Paris faisaient prendre parfois de la terre afin qu'on la mît dans leur cercueil.

Fondé dès la seconde race, à côté du marché des Champeaux, le cimetière avait été clos de murs au moment où Philippe-Auguste ordonnait de construire l'église des *Saints-Innocents*. Puis on avait élevé tout autour une série de galeries voûtées en forme de cloître, c'étaient les *charniers*.

Dans le cimetière proprement dit, on enterrait les morts de plus de vingt paroisses privées de cimetières ou encombrées déjà; on jetait les morts des hôpitaux dans la fosse du milieu, « en la fosse des misérables dicte de Sainte-Catherine ».

Dans les charniers on enterrait les personnages de condition moyenne (Mézeray et le président Le Boulanger y furent inhumés) et les parents de ceux qui, en construisant une partie de ces charniers, s'étaient assurés une concession à perpétuité. Le seul grand homme inhumé là fut La Fontaine. On a cru longtemps qu'il reposait à côté de Molière dans le cimetière Saint-Joseph. Les registres de Saint-Eustache ne laissent pas de doute à cet égard. « Le jeudi 14 avril 1695, portent-ils, deffunt Jean de La Fontaine, un des quarante de l'Académie Française, âgé de soixante-seize ans, demeurant rue Platrière, à l'hôtel Derval (au lieu d'hôtel d'Hervart), décédé le 13 du présent mois, a esté inhumé au cimetière des Saints-Innocents. Reçu 64 livres 10 sols. »

Un de ceux dont le nom est lié aux charniers des

Innocents est le fantastique Nicolas Flamel. Il débuta sous le charnier et y construisit pour sa femme Pernelle, un beau tombeau de marbre blanc. D'autres noms, grâce aux *épitaphiers*, ont survécu à ce temps qui détruit tout. C'est ainsi que nous savons que Guillaume Tirechappe, *bouteiller* du roi, et sa femme Jeanne, ont bâti une arcade, et qu'en 1396, Mathieu d'Auteville et sa femme Martine ont élevé la douzième arcade avec le résidu de leur bien, et en demandant à tous des prières pour leur âme et l'âme de tous les trépassés.

Rien de bizarre comme l'aspect de ces charniers, où les imaginations naïves du Moyen Age brodaient sur le thème de la mort des variations toujours nouvelles.

Au-dessus des arcades étaient des greniers, des galetas où l'on reléguait pêle-mêle les os que les fouilles mettaient à découvert. Chacune de ces arcades représentant une concession à perpétuité, était en général décorée d'armoiries, de sculptures, de devises ou de stances, réclamant les prières du passant, comme celles-ci :

> Les povres âmes trespassées,
> Qui de leurs hoirs sont oubliées,
> Requièrent des passants par cy
> Qu'ils prient à Dieu et que mercy
> Veuille avoir d'elles, et leur fasse
> Pardons et à tous doint sa grâce.

Les portes d'entrée du cimetière des Innocents étaient au coin de la rue aux *Fers*, au coin de la rue de la *Ferronnerie*, et la troisième place aux *Chaps*.

On distinguait quatre galeries dans les charniers : le *Petit Charnier* ou *Charnier de la chapelle de la Vierge*, le long de la rue *Saint-Denis*; le

Vieux Charnier, sur l'alignement de la rue aux

Fers; le *Charnier des écrivains,* en face du *Petit Charnier* et de l'église; et le *Charnier des lingères,* longeant la rue de la *Ferronnerie.*

Dans cette dernière galerie, celle par laquelle les valets de pied du roi se détournèrent pour se garer d'un char de foin, ce qui permit à Ravaillac d'approcher du carrosse et de frapper Henri IV, on voyait la fameuse *Danse macabre.* Cette fresque étrange, ornement naturel d'un tel lieu, s'étendait sur une longueur de quinze arcades. « Illec, dit Guillebert de Metz, sont paintures notables de la danse macabre, avec escriptures pour émouvoir gens à dévocion. »

La Danse macabre, qui disparut au commencement du XVIIe siècle sous l'humidité méphytique du charnier, était assurément un des plus curieux souvenirs du Paris du Moyen Age, s'il faut en juger par la reproduction qu'en a donnée M. l'abbé Dufour, dans un livre d'une érudition sérieuse : *La Danse macabre des saints Innocents de Paris* (1).

Le duc de Berry, qui avait enrichi le portail de l'église des Saints-Innocents d'une légende sculptée, le *dict des trois Morts et des trois Vifs,* aurait fait

(1) M. l'abbé Dufour vient de consacrer au cimetière des Innocents dans le *Paris à travers les âges,* publié par Firmin Didot, une importante monographie illustrée d'admirables restitutions des états anciens du cimetière, reconstitués d'après tous les documents encore existants par M. F. Hoffbauer.

entreprendre cette fresque sous l'impression de tristesse amère qu'il éprouvait de l'assassinat du duc d'Orléans, son neveu, par le duc de Bourgogne, son autre neveu.

Les vers écrits sous chaque personnage seraient de Jean Gerson, et auraient été inspirés par la pensée profonde de moraliser par le saisissant enseignement de la Mort les contemporains de ce XVᵉ siècle, si atroce, si désespéré, si ardent au crime, si dénué de sens moral qu'on put croire arrivé le règne de l'Enfer. Jean Gerson aurait voulu, en ce temps où le livre et le journal n'existaient pas encore, imprimer en quelque sorte sur un mur, d'une façon matérielle, durable et dramatique une leçon qui fût un sermon sans cesse présent et sans cesse regardé...

En tout cas, cette *théorie* funèbre, cette procession où figuraient les hommes de tous les corps d'état et de toutes les conditions sociales, en tête-à-tête avec un squelette, était conçue de manière à inspirer les plus austères réflexions. Chaque arcade servait de cadre à deux personnages séparés par la clef de voûte, un mort et un vivant. Au-dessous étaient écrits les vers contenant l'interpellation adressée par le mort au vivant et la réponse adressée au mort par le vif. Et pape, empereur, roi, évêque, moine, grand seigneur, magistrat, avocat, médecin, clerc, mendiant, espacés par un squelette, défilaient sur ces murailles mortuaires, et le dialogue se déroulait ainsi le long des quinze arcades, commentant la fragilité de la vie terrestre, montrant l'orgueil des hommes et proclamant leur néant...

Quelle mélancolique promenade,

pensez-vous, avec vos idées modernes, quels fantômes horribles devaient hanter ces lieux, où tout rappelait le trépas, où les inscriptions, les épitaphes, les chapelles, les cercueils sous vos pieds, les ossements au-dessus de vous, dans les greniers, devaient étreindre le cœur et épouvanter l'esprit !

Les *Charniers* étaient, au contraire, l'endroit le plus gai de Paris ! Un peuple de marchands forains, de revendeuses à la toilette, de teneurs de jeux de hasard, s'y pressait, s'y entassait, s'y bousculait incessamment. Sous la Danse macabre, des écrivains publics rédigeaient des lettres d'amour que dictaient les galants. Devant la Camarde, les jeunes filles essayaient des bonnets et ajustaient des fanfreluches. En ces galeries où se dressait partout le spectre de la Mort dans l'appareil sinistre que lui prêtait le Moyen Age, les roses éclatantes et les lilas odorants mêlaient leurs parfums aux exhalaisons qui sortaient des tombes. Le rire retentissait sonore sous ces voûtes suintantes, et, le matin, les fleurs humides encore laissaient tomber sur ces dalles, qui couvraient des cadavres, des perles de rosée, les larmes de l'Aurore, eût dit un de ces Grecs qui craignaient même de prononcer le nom des Parques.

Un convoi arrivait-il, précédé des *crieurs de morts et de vins* en dalmatique blanche semée d'os de mort, on allait quérir le gardien en sa logette ; on disait l'absoute en quelque chapelle ou au préchoir, on dérangeait les marchands et leurs échoppes mobiles, et l'on procédait à l'inhumation en cette galerie qui bientôt reprenait son aspect joyeux...

Un tel mélange de choses saintes et de choses profanes, de choses tragiques et de choses folâtres, n'est plus dans nos mœurs Moins croyants que nos pères, nous sommes plus respectueux dans la forme, et nous ne prendrions pas envers la Mort ces familiarités qui, chez eux, n'étaient point blasphème, mais seulement expansion naïve d'âmes très simples et ne pensant pas au mal.

Il fallut près de trente années de négociations, d'énergiques rapports de médecins, l'écroulement d'un certain nombre de maisons, la menace de la peste, l'intervention du Parlement pour qu'on se décidât, en 1786, à supprimer le cimetière des *Innocents* dont les ossements furent transportés aux Catacombes.

C'est aux Catacombes qu'il nous faut aller si nous voulons saluer une dernière fois dans la mort ces aïeux qui, après avoir attaché aux distinctions de caste, aux témoignages extérieurs qui attestaient la différence de rang une importance que nous ne comprenons plus, reposent dans un pêle-mêle absolu, où rien ne distingue maintenant le grand seigneur du vilain.

Vous plaît-il d'abandonner pour une heure les régions d'en haut pour descendre aux régions d'en bas, de quitter l'agitation de la vie et le bruit de la ville pour entrer tout à coup dans le silence des nécropoles ?

Suivez cette foule qui, tous les premiers samedis de chaque mois, descend aux Catacombes, et, à défaut de violentes émotions, vous aurez l'impression profonde que laisse cet ossuaire immense où reposent d'innombrables générations d'ancêtres.

On descend par la rue d'Enfer, *via inferna*, un vrai nom prédestiné pour cette descente aux Enfers parisiens où Dante, le vieux Gibelin, est représenté par des bandes d'étrangers, où Virgile, qui guidait le Dante, apparaît sous la figure d'un agent voyer ou sous le costume d'un gardien de la paix.

Devant le pavillon de l'octroi, la caravane, successivement accrue par les voitures qui arrivent chargées de retardataires, stationne rieuse, folâtre, bruyante. Si, par quelque prodige, on pouvait tout à coup mettre à nu ces cervelles et en apercevoir le fonctionnement, on verrait que presque toutes accomplissent le même travail, c'est-à-dire s'efforcent de se donner peur.

Chacun, selon sa faculté d'imagination, évoque quelque chemin subitement perdu, quelques instants d'horrible anxiété et, au détour d'une galerie, un cadavre qui s'est rongé le bras dans les effroyables fringales de l'agonie. L'homme est ainsi bâti. Il éprouve un tel besoin d'entendre battre son cœur qu'il cherche partout non des leçons, mais des impressions. Il demande à l'Amour de le faire mourir en faisant semblant de le faire vivre ; il demande à la Terreur de faire semblant de le faire mourir, c'est-à-dire de lui prouver qu'il est vivant.

Quand on a compté tout le monde, quand chacun a allumé sa bougie, on s'engage dans un escalier en colimaçon, et l'on se met à suivre un couloir où il est impossible de marcher deux de front.

Ce chemin à travers les carrières est bien la plus pittoresque partie du voyage. N'est-ce point l'image de la vie mortelle que cette marche précipitée où l'on s'avance avec le sentiment qu'il y a des gens devant vous et des gens derrière vous ? Cent visiteurs sont descendus déjà et on ne les distingue plus. Cent personnes courent sur vos traces et l'on court sur les talons de ceux qui vous ont précédé et on est aiguillonné en quelque sorte par la pensée de ceux qui vous emboîtent le pas.

Une lumière brillait devant vous tout à l'heure, voici qu'elle a disparu au tournant d'une galerie, et que maintenant c'est la lumière que vous portez qui guide vos compagnons. Cette carrière ne fait-elle pas songer — sans équivoque — à tant d'aînés entrés dans la carrière avant vous et qui soudainement s'éteignent et glissent dans l'ombre du tombeau au moment où vous vous apprêtiez à suivre leur sillon lumineux ? Ces vivants qui se hâtent racontent éloquemment la vie à ces trépassés qui les regardent défiler; ils apportent en quelque sorte le spectacle de l'existence à ceux qui leur offrent le spectacle de la mort.

Pourquoi tous ces visiteurs prennent-ils le galop? pourquoi ne s'accordent-ils pas le loisir de respirer? Nul ne les contraint à aller si vite. C'est ainsi pourtant. Un homme pressé a imprimé le mouvement, et tous le subissent et l'exagèrent, et il vous serait impossible de le modérer sous peine de recevoir dans le dos toute l'arrière-garde qui se dépêche sans savoir pourquoi.

A l'Ossuaire, on s'arrête un peu.

On est dans un lugubre et vaste chantier, et de chaque côté se dressent des piles de bois, c'est-à-dire des piles de tibias, de fémurs. Au sommet des piles sont alignés des crânes. Parfois l'humidité des voûtes suinte à travers les ouvertures de ces crânes et semble mettre une dernière larme dans ces yeux qui n'ont plus de regard.

Des inscriptions indiquent la provenance de ces ossements. Tous les cimetières de Paris ont apporté leur funèbre contingent à cette cité des Morts, plus peuplée que ne fut jamais aucune des cités géantes, aucune des Babylones, des Memphis et des Ecbatanes qui jadis firent un bruit retentissant sous le ciel. Huit millions d'être humains dorment là.....

L'aspect de l'ossuaire n'est ni poétique, ni religieux. La décoration architecturale composée avec des ossements laisse froid comme ces petits tableaux que certains industriels confectionnent avec des cheveux de parents défunts.

Une littérature effrénée enlève, d'ailleurs, à l'âme la possibilité de se recueillir dans cet asile du recueillement. De quelque côté que l'on se retourne on trouve des vers latins, français et anglais. Les vers poursuivent

Le Cimetière de Charonne

partout ces morts. La Fontaine et Lemierre, Malfilâtre et Baour-Lormian, Gilbert et Santeuil, Lamartine et Rousseau ont été mis à contribution. C'est une véritable anthologie de la Mort, quelque chose comme un bouquet de fleurs noires...

Ces beaux vers, ces strophes émues, ces stances attendrissantes quand on les lit sur la terre, pro-

duisent là l'effet de devises de mirlitons. On ne se
persuade bien que là du néant de l'homme, même
quand le génie l'a visité. Les vers de Lamartine
semblent aussi ridicules devant le formidable entas-
sement de ces milliers d'ossements que le nom
qu'un badaud grave avec son couteau sur les murs
de ce colossal hypogée.

Et l'on reprend la course un moment ralentie.
Des chaînes de fer ferment les passages défendus,
et c'est justement dans cette direction qu'on voudrait s'aventurer. Le Béant et le Noir attirent. Du
regard on sonde ces espaces confus. Où mènent-
ils? On n'en sait rien. Sous le Luxembourg ou sous
les rues du faubourg Saint-Germain, probablement.
C'est là qu'on pourrait se perdre et crier de longues
heures sans que le Paris des vivants, occupé de ses
plaisirs ou de ses affaires entendît votre appel
désespéré.

C'est là peut-être que quelques fédérés qui, dit la
légende, avaient cherché un refuge dans les Catacombes, s'égarèrent et moururent après une épou-
vantable agonie.

L'entrée a eu lieu par la barrière d'Enfer, la sortie s'opère rue Darreau à Montrouge. Le grand soleil
vous aveugle après cette excursion, pourtant bien
courte, dans ces parages souterrains. Les rues de
Montrouge, toujours pleines d'enfants, paraissent

gaies à regarder comme tout ce qui respire sous la douce lumière des régions supérieures.

Malgré la désillusion relative que vous a causée cette excursion, ce souvenir vous accompagne longtemps, non point comme une vision Macabre, comme un cauchemar qui effraye, mais plutôt comme un philosophique enseignement, comme un mélancolique rappel du *Memento quia pulvis es.*

Certains crânes aperçus en passant vous regardent encore. Celui-ci avait la bosse de la vénération, c'était sans doute quelque moine dont les jours se sont écoulés paisiblement à l'ombre d'un cloître. Celui-là avait les proéminences qui indiquent le courage et la passion des aventures : sans doute il appartenait à quelque batailleur frappé dans un duel et tombé dans l'herbe du Pré-aux-Clercs ou sur le pavé de quelque rue du vieux Paris. Ce crâne de femme a peut-être été couvert d'idolâtres baisers ; ce crâne d'homme a peut-être contenu les plus hautes et les plus généreuses pensées. L'Amour et la Politique, l'Ambition et le Dévouement, la Débauche et la Vertu, l'Amitié et la Haine, l'Intelligence et l'Esprit, la Joie et la Tristesse, l'Abnégation et l'Orgueil, ont animé tous les milliers d'être humains dont les ossements s'étagent les uns sur les autres, comme les bûches dans un magasin de bois gigantesque.

Ainsi l'on va; dans le Luxembourg, on aurait envie d'arrêter le jeune homme qui passe, étudiant ou artiste, poursuivant quelque rêve d'avenir,

le vieux professeur qui chemine le nez penché sur un

livre, la Parisienne qui trottine accorte et souriante. On frappe à la porte d'un atelier du voisinage pour parler du prochain Salon, pour admirer l'œuvre commencée, pour entendre vivre, en un mot, le Paris qui travaille, qui lutte, qui espère, afin de chasser l'obsession de ce Paris des Catacombes dans lequel des générations sans nombre dorment de l'éternel sommeil.....

FIN

TABLE DES MATIÈRES

	Pages
Avant-propos	i
Préface de la première édition 1879	v
Les Expositions universelles d'autrefois	1
Les anciennes Halles	2
La Foire Saint-Germain	11
Les Expositions au Champ de Mars	20
Les Anciens Plans de Paris	31
Le Premier Historien de Paris	47
Promenades dans Paris. — Du Corps législatif à la Bastille par le boulevard Saint-Germain	73
Du Théâtre-Français à l'Opéra par l'avenue de l'Opéra	153
Un souvenir de la maison de Corneille	165
L'Abbaye de Saint-Germain-des-Prés	175
Un Financier du XVIe siècle	207
Ange Pitou. — Le Chanteur parisien	249
Les Anciennes Corporations d'Arts et Métiers. — Images de Confréries, Jetons et Méreaux de Corporations	289
Les Almanachs historiques au XVIIe siècle	311
Les Cafés et les Restaurants d'autrefois	341
Cineres et Ossa. — Le Cimetière des Saints-Innocents. — Les Catacombes	316

TABLE DES GRAVURES

―――

	Pages
COUVERTURE : Cour, rue des Deux-Écus, n° 33.	
Rue de l'Université, n° 157 (M. Ed. D.)............	I
Rue du 29 Juillet (id.)	IV
Paris, vue prise de Chaillot.................	V
Jardin japonais.................	VII
Un mur de couvent.................	IX
Rue des Chantres.................	X
Rue Galande.................	XIII
Paris qui veille.................	XVI
L'Hôtel Carnavalet.................	XIX
Fin de l'Exposition de 1889.................	1
Les Piliers des Halles (démolis).................	6
La Foire Saint-Ovide (Carnavalet).................	10
La Foire Saint-Germain (1670).................	18
Le Pilori des Halles.................	29
Paris en 1600.................	31
Le Plan de Tapisserie (fragment).................	39
Plan de Turgot (id.)	43
Le Marchand de Plans (dessin de V.-A. Poirson).......	45
Les Carmes de la place Maubert (démolis)............	47
Le Collège de Clermont (Louis-le-Grand)............	52

	Pages
Le Collège Fortet (rue Valette)	55
Lit du Château d'Effiat (Musée de Cluny)	59
La Place Maubert	63
Les Jacobins de la rue Saint-Jacques (démolis)	71
Un Jardin, 217, boulevard Saint-Germain	73
Rue de Lille (Portail)	75
Rue de Verneuil	77
Rue de l'Université (la Fontaine)	79
Rue de Bellechasse	81
Rue Saint-Dominique (à la jonction du boulevard Saint-Germain)	82
Passage de la Visitation (rue Saint-Simon)	84
Square, à l'amorce du boulevard Raspail (démoli)	87
Rue de l'Égout (démolie)	89
Rue de l'Éperon (modifiée)	95
Rues de l'École-de-Médecine et Dupuytren	97
Tourelle de la rue de l'École-de-Médecine, au coin de la rue Larrey (démolie)	99
L'ancien Couvent des Cordeliers	100
Rue des Poitevins	103
Tourelle de la rue du Jardinet (démolie)	104
Cour de Rohan	105
Rue Pierre-Sarrazin	106
Rue Hautefeuille	106
Les Thermes et le Boulevard Saint-Michel	109
Rue Boutebrie	111
Église Saint-Jean-de-Beauvais, avant sa restauration	115
Rue de la Montagne-Sainte-Geneviève	117
Église Saint-Nicolas-du-Chardonnet	124
L'ancien Marché-aux-Veaux (démoli)	125
L'Hôtel Lambert	135
Rue des Jardins-Saint-Paul (quai des Célestins)	139
Rue Beautreillis (Hôtel Fieubet, au fond)	147
Le Pont Marie	150
La Butte des Moulins en 1875 (démolie)	153
La Porte Saint-Honoré (enceinte de Charles V)	154
Rue Jeannisson (démolie)	156
Rue des Mulets (démolie)	157
Carrefour des Orties (démoli)	158
Passage Saint-Roch (modifié)	160
Passage Saint-Guillaume (démoli)	161
Rue d'Argenteuil et Porche de la maison de Corneille (démoli)	164

	Pages
Ancien Marché Saint-Honoré (démoli)	168
Rue Saint-Roch (modifiée)	171
Cour de la Maison de Corneille (démolie)	174
L'Abbaye de Saint-Germain-des-Prés au XV° siècle	175
Dépendances de l'Abbaye, rue Saint-Benoît (démolies)	179
Rue de l'Abbaye	184
Jardin du Palais abbatial	189
Passage de la Petite-Boucherie (modifié)	194
Rue de l'Échaudé	199
Rue du Four (modifiée)	201
Prison de l'Abbaye (démolie)	204
Rue Scipion (modifiée)	207
Médaillon de l'Hôtel de Scipion Sardini	209
— —	210
— —	210
— —	211
Hôtel de Scipion Sardini (façade aux médaillons)	214
Isabelle de Limeuil (d'après un portrait au crayon de la Bibliothèque nationale)	219
Rue du Cendrier (démolie en 1857)	225
Rue du Marché-aux-Chevaux, actuellement rue Geoffroy-Saint-Hilaire (modifiée)	237
Hôtel Scipion (fenêtre Louis XV en retour à gauche sur la façade aux médaillons)	247
Place Saint-Germain-l'Auxerrois (groupe d'Ange Pitou, d'après le Chansonnier parisien) (modifiée)	249
Rue Saint-Denis	260
Rue Pavée-Saint-André (rue Séguier)	272
Le Marché des Innocents (square actuel)	287
Bâton de Confrérie (Musée de Cluny)	289
Image de corporation. Saint Éloi (Carnavalet)	293
— Saints Crépin et Crépinien (Bibliothèque nationale)	297
Jetons et Méreaux	304
Enseigne de Rémouleur, rue des Nonnains-d'Hyères	309
Rue de la Parcheminerie (Graveurs, Éditeurs d'Almanachs, aujourd'hui encore)	311
L'Almanach de la Fortune (Carnavalet)	324
Le Calendrier du Pauvre	339
Le Café Turc, 1810	341
Cabaret, rue Mouffetard	344
Le Café Alexandre, boulevard du Temple (XVIII° siècle)	349
Le Café Manoury, quai du Louvre (modifié)	354

	Pages
Cabaret, rue Saint-Sauveur	358
Le Palais-Royal en 1786	360
Le Père La Chaise	361
Cimetière des Innocents	365
Les Charniers de Saint-Paul, et le Passage Saint-Pierre	368
Le Cimetière de Charonne	374
Les Catacombes et le Luxembourg	377

IMPRIMERIE E. FLAMMARION, 26, RUE RACINE, PARIS.

	Pages
Cabaret, rue Saint-Sauveur	358
Le Palais-Royal en 1786	360
Le Père La Chaise	361
Cimetière des Innocents	365
Les Charniers de Saint-Paul, et le Passage Saint-Pierre	368
Le Cimetière de Charonne	374
Les Catacombes et le Luxembourg	377

IMPRIMERIE E. FLAMMARION, 20, RUE RACINE, PARIS.

	Pages
Ancien Marché Saint-Honoré (démoli).	168
Rue Saint-Roch (modifiée).	171
Cour de la Maison de Corneille (démolie).	174
L'Abbaye de Saint-Germain-des-Prés au XV° siècle.	175
Dépendances de l'Abbaye, rue Saint-Benoît (démolies).	179
Rue de l'Abbaye.	184
Jardin du Palais abbatial	189
Passage de la Petite-Boucherie (modifié)	194
Rue de l'Échaudé.	199
Rue du Four (modifiée)	201
Prison de l'Abbaye (démolie)	204
Rue Scipion (modifiée).	207
Médaillon de l'Hôtel de Scipion Sardini.	209
— —	210
— —	210
— —	211
Hôtel de Scipion Sardini (façade aux médaillons)	214
Isabelle de Limeuil (d'après un portrait au crayon de la Bibliothèque nationale).	219
Rue du Cendrier (démolie en 1857).	225
Rue du Marché-aux-Chevaux, actuellement rue Geoffroy-Saint-Hilaire (modifiée)	237
Hôtel Scipion (fenêtre Louis XV en retour à gauche sur la façade aux médaillons).	247
Place Saint-Germain-l'Auxerrois (groupe d'Ange Pitou, d'après le Chansonnier parisien) (modifiée).	249
Rue Saint-Denis.	260
Rue Pavée-Saint-André (rue Séguier).	272
Le Marché des Innocents (square actuel).	287
Bâton de Confrérie (Musée de Cluny).	289
Image de corporation. Saint Éloi (Carnavalet).	293
— Saints Crépin et Crépinien (Bibliothèque nationale).	297
Jetons et Méreaux.	304
Enseigne de Rémouleur, rue des Nonnains-d'Hyères.	309
Rue de la Parcheminerie (Graveurs, Éditeurs d'Almanachs, aujourd'hui encore).	311
L'Almanach de la Fortune (Carnavalet).	324
Le Calendrier du Pauvre	339
Le Café Turc, 1810	341
Cabaret, rue Mouffetard.	344
Le Café Alexandre, boulevard du Temple (XVIII° siècle).	349
Le Café Manoury, quai du Louvre (modifié)	354

www.ingramcontent.com/pod-product-compliance
Lightning Source LLC
Chambersburg PA
CBHW051831230426
43671CB00008B/914